特別支援教育における学校・教員と専門家の連携

企画編集　市川 裕二・緒方 直彦・宮﨑 英憲

編著　全国特別支援教育推進連盟

障害のある子供への支援を
専門家と共に進めるために

ジアース教育新社

はじめに
～特別支援教育における学校・教員と専門家の連携を進めるために～

　従来から我が国の学校における教員は、授業を担当するだけではなく、多くの役割・業務を担うことが期待されてきた。これは、子供に対して総合的な指導を行うという利点がある半面、役割や業務を際限なく担うこととなり、専門外のことも担当せざるを得ず、結果的に子供の支援の質の低下につながりかねないという側面があった。こうした状況を改善していくために、個々の教員が個別の教育活動に取り組むだけではなく、校長のリーダーシップの下、組織として教育活動に取り組む体制をつくり上げること。その上で、学校や教員が心理や福祉等の専門家や専門機関との連携・分担する体制を整備し、学校の機能を強化していくことの重要性が指摘されるようになってきた。

　特別支援教育にあっては、障害のある子供の自立や社会参加を支援するため個々の教育的ニーズを把握し、個別の教育支援計画を作成して、生活や学習上の困難を改善・克服するために適切な指導及び支援を行うことが肝要である。この計画作成に当たっては、乳幼児期から学校卒業後までの一貫した支援を行うことを目的として作成されるもので、教育のみならず、福祉・医療・労働等の様々な側面からの取組を含めて関係機関が密接な連携協力を確保することが目指されてきている。

　このような状況から、特別支援学校、特別支援学級、通級による指導において、作業療法士、理学療法士、公認心理師、医師、看護師等々多くの専門家が、学校現場での支援・助言等に参画している。特別支援教育を推進するに当たり、学校・教員と専門家の連携は不可欠である。専門家の中には、学校等の教育内容や教育課程が分かりにくく、どのような支援を行ったらよいか悩む場合があるとの言を耳にする。一方、学校側でも、専門家に求める支援と、専門家が提供してくれる支援に相違があるという意見も聞く。

　本書は、特別支援教育を支援する専門家に、学校等の制度や教育課程を理解してもらうとともに、学校・教員等と専門家の連携の事例を紹介することで、特別支援教育における学校・教員と専門家の連携の充実に資する内容を意図した構成とした。さらに、親の会（保護者）やNPO法人等との連携を図ることも念頭に置いた構成としている。

　今後一層の特別支援教育の推進のために、学校・教員と専門家の連携が進み、全体として有機的なネットワークを構築することが不可欠である。本書が、その一助となれば誠に幸いである。関係各位のご一読を願うとともにご叱責を仰ぎたい。

編者を代表して
全国特別支援教育推進連盟　理事長　宮﨑 英憲

目　次 ───────────────────────────

第3章　専門家との連携の事例

第4章　保護者の声

おわりに

第1章

特別支援教育における
学校・教員と専門家の連携

現在、特別支援学校や特別支援学級、通級による指導、通常の学級における特別支援教育において、専門家による巡回相談や指導方法等の改善のための助言など、様々な方法で教員以外の心理士や理学療法士、作業療法士等の専門家との連携が図られている。

　特殊教育から特別支援教育に変わり、障害のある子供の教育の場は、通常の学級、通級による指導、特別支援学級、特別支援学校といった、連続性のある多様な学びの場となり、全ての学校で特別支援教育が実施されることとなった。特別支援教育は、障害のある子供の自立や社会参加に向けた主体的な取組を支援するという視点に立ち、障害のある子供の一人一人の教育的ニーズを把握し、その持てる力を高め、生活や学習上の困難を改善又は克服するため、適切な指導及び必要な支援を行うということである。各学校で行われる特別支援教育は、一人一人の教育的ニーズを「どのように把握するか」、生活や学習上の困難を「どのように改善するか」などの具体的な支援を明確にすることが重要になってくる。そのためには、学校教育の枠の中に、教育の視点以外の心理学、医学、福祉・保健、就労等、障害のある子供の支援に関わる専門領域や機関等の知見や経験等を加えていく必要がある。今後は、こうした多様な領域の専門家と学校・教員が連携してくことが特別支援教育の推進のためには不可欠である。

　ここでは、特別支援教育に関する国の報告や施策等においての特別支援教育と専門家との連携に関する経過と今後について整理するとともに、学校・教員と専門家との連携についてまとめる。

1　特別支援教育における専門家との連携の充実に向けた経過

（1）「今後の特別支援教育の在り方について（最終報告）」

　平成15年3月にとりまとめられた「今後の特別支援教育の在り方について（最終報告）」において、特別支援教育における専門家との連携について、「第2章　今後の特別支援教育の在り方についての基本的な考え方」の「2　質の高い教育的対応を支える人材」の項では、以下のように示されている。

○　障害のある児童生徒への質の高い教育的対応を考えるに当たっては、障害の程度、状態等に応じて教育や指導の専門性が確保されることが必要であることはいうまでもない。教科指導や自立活動の指導を通じて学校生活において中心的に児童生徒と関わる教員は、障害のある児童生徒の身近な理解者であり、その意味で、児童生徒の指導に直接関わる教員が、特別支援教育の中でも重要な役割を果たすことが必要である。これまでも、このような認識の下で教員の指導の専門性の向上に向けて様々な取組が

行われてきたが、今後は特別支援教育の視点から児童生徒一人一人の教育的ニーズに対応した一層質の高い教育の実現を目指して、教員自ら指導面での専門的な知識や技能の向上に向けて努力することはもちろん、児童生徒の理解者という認識の下で保護者の相談にも親身に対応していく努力が求められる。

○　児童生徒の指導に直接関わる教員の役割に加えて、校長、教頭等学校教育における指導的・管理的役割を果たすべき者のリーダーシップの発揮等が重要である。

　　また、障害の多様化を踏まえ、養護教諭、学校医等の学校内の人材の効果的な活用は今後ますます重要になるものと考えられる。さらに、学校内に限らず、医師、教育心理学者、教員の経験者など専門家を幅広く活用して障害に応じた適切な教育を行う必要がある。例えば、盲・聾・養護学校においては、作業療法士（OT：Occupational Therapist）、理学療法士（PT：Physical Therapist）、言語聴覚士（ST：Speech Therapist）等の専門家が指導に参画するほか、小・中学校においても専門家チーム（障害や障害のある児童生徒への指導等について専門的な知識等を有する者の集団で都道府県の教育委員会等に置かれるもの）が巡回相談などの形で学校の教育において有効に活用されている場合がある。このように学校内外の人材の総合的な活用を図るという視点が大切である。

　この報告では、いくつかの重要な観点が示された。

　一つには、障害のある子供の教育の充実に当たっては、障害の程度、状態等に応じた教育を進めることが大切であり、そのためには、教員の専門的な知識や技能の向上、加えて、障害のある子供の保護者の相談に応じられる力の向上が必要であることである。

　もう一つが、障害の多様化に対応するため、学校内外にかかわらず、医師、心理士、OT、PT、ST等の専門家の活用が必要であることである。

（2）「特別支援教育を推進するための制度の在り方について（答申）」

　「今後の特別支援教育の在り方について（最終報告）」（平成15年3月）を受け、国は、中央教育審議会の報告として、今後、特別支援教育が着実に推進されるために、平成17年12月に「特別支援教育を推進するための制度の在り方について（答申）」をとりまとめた。この答申の中で、特別支援教育における専門家との連携についてふれられている点は、以下の内容である。

　通常の学級に在籍するLD・ADHD・高機能自閉症等の児童生徒に対する指導及び支援のため、教育委員会内に「専門家チーム」を設置する。専門家チームの役割は、一つは、通常の学級に在籍するLD・ADHD・高機能自閉症等の可能性のある子供の障害の

有無の判断、望ましい教育的対応等の示唆である。もう一つは、小・中学校等を定期的に巡回し、LD・ADHD・高機能自閉症等の幼児児童生徒に対する指導内容・方法に関する指導や助言を行う「巡回相談」をすることである。

　また、乳幼児期から学校卒業後まで一貫して計画的に教育や療育を行うなど、障害者一人一人のニーズに対応して総合的かつ適切な支援を行うといったことを推進するため、総合的な支援体制整備を構築することである。この総合的な支援体制整備を構築するに当たっては、生活指導担当教員や養護教諭、学校医などの学校内の人材に加え、学校外の医師、看護師、PT、OT、ST 等の外部の専門家の総合的な活用を図ることが必要であることが示された。加えて、福祉、医療、労働など関係機関等との連携協力を進めること、親の会や NPO 等との連携を図ることなどネットワークを構築する必要があることが示された。

（3）特別支援学校等の指導充実事業

　国は、特別支援学校に、児童生徒の障害の状態が極めて重度であったり、三つ以上の障害を併せ有したりする者が在籍するなど、障害の重度・重複化、多様化が進んでいることを踏まえ、こうした児童生徒の教育を充実させるため、特別支援学校において、外部の専門家や関係機関との密接な連携を図った指導内容・方法の改善を図る必要があることから、特別支援教育研究協力校を定め、PT、OT、ST 等の外部専門家を活用した指導方法等の改善等について、実践研究を実施した。外部専門家の活用の視点は、○外部専門家の指導・助言による指導方法等の改善、○外部専門家の専門的な視点からの指導の向上、○校内研修による専門性の向上であった。

　この国の事業による実践研究の普及により、多くの特別支援学校においても、専門家との連携が進んだ。

（4）「発達障害を含む障害のある幼児児童生徒に対する教育支援体制整備ガイドライン」

　前述のような報告や答申、実践研究を踏まえ、平成 29 年 3 月に国は「発達障害を含む障害のある幼児児童生徒に対する教育支援体制整備ガイドライン」を示した。

　このガイドラインでは、特別支援教育を支援する専門家向けの指針が示されている。

　専門家は、巡回相談員と専門家チームに分かれている。

　巡回相談員については、まず、巡回相談員の役割として、各学校を巡回し、教員に対して教育上特別な支援を必要とする児童等に対する支援内容・方法に関する支援・助言を行うこととしている。具体的には、○対象となる児童等や学校の教育的ニーズの把握と支援内容・方法に関する助言、○校内における教育支援体制作りへの助言、○個別の

教育支援計画等の作成への助言や協力、○専門家チームと学校の連携の補助、○校内での実態把握の実施への助言等である。なお、各学校に在籍する児童等に対する教育的支援については、あくまで各学校が主体となって行うものであることが前提であると示されている。また、学校全体への支援として、校内委員会への支援や校内研修、理解啓発推進等の支援が示されている。

　専門家チームについては、各学校に対して障害による困難に関する判断、望ましい教育的対応等についての専門的意見を示すこととしている。その内容は、○障害による困難に関する判断、○児童等への望ましい教育的対応についての専門的意見の提示、○校内における教育支援体制についての指導・助言、○保護者、本人への説明、○校内研修への支援等があげられている。なお、障害による困難に関する判断が行われた後（判断されなかった場合も含め）も、年齢段階による成長や発達の状態によって、困難の状態や必要な支援内容が変化していくことも考慮し、定期的な見直しを行うことができる体制をつくっておくことが重要であるとしていることから、特別支援教育の推進に当たり、専門家の関わりは継続していくことが大切であると考えられる。

　さらに学校を経営する校長に対して、全ての学校で特別支援教育を推進するため、学校や教員が、心理や福祉等の専門家や専門機関と連携・分担する体制を整備・強化すること、こうした「チームとしての学校」の体制を整備することが重要であると示している。

　特別支援学校に対しては、特別支援学校の教員は、特別支援学校のセンター的機能の充実のため、障害等による困難に関する理解、実態把握の進め方、集団指導の中で行える支援内容及び個別の教育支援計画等の作成に係る助言等を行うための専門性や、早期からの教育相談を含めて多様な相談に対応できる知識や能力、様々な障害による困難への理解と指導技術、障害者福祉・雇用の制度の理解及び就労・移行支援に関する考え方等も身に付ける必要があることを示している。

2　新しい時代の特別支援教育における専門家との連携

　中央教育審議会は、令和3年1月に、「「令和の日本型学校教育」の構築を目指して〜全ての子供たちの可能性を引き出す、個別最適な学びと、協働的な学びの実現〜（答申）」をとりまとめた。この審議と並行する形で、文部科学省は、新しい時代の特別支援教育の在り方に関する有識者会議における検討を進め、同月に報告をとりまとめた。この報告においても、次のような特別支援教育における専門家との連携の在り方が示されている。

（1）小中学校における障害のある子供の学びの充実

○　発達障害を含む特別な支援を必要とする児童生徒が通常の学級に在籍すること等を踏まえ、各学級では、担任が特別支援教育コーディネーターや専門家と連携しつつ、例えば、チェックリスト等を活用するなど、在籍している児童生徒の読み書きの特性をはじめとする多様な子供一人一人の特性について把握し、通常の学級での指導方法等を含め、必要な支援を行うことが重要である。

（2）特別支援学校における教育環境の整備

○　障害の種類や障害の状態等によっては、臨床心理士、作業療法士、理学療法士、言語聴覚士等の専門家の知見を活用して指導に当たる必要があり、引き続き、学校の内外の専門家と連携した教育体制整備の推進が必要である。

特に発達障害については、それだけでは特別支援学校の対象障害種ではないものの、特別支援学校で学習する者もいるため、専門家の知見を活用しながら発達障害の特性を踏まえた指導の充実を図る必要がある。その際、ICT等を積極的に活用した指導体制の整備を進めていく必要である。

（3）教師に求められる特別支援教育に関する専門性

○　日々の教育実践において、目の前の子供の障害の状態等により、障害による学習上又は生活上の困難さが異なることを理解し、個に応じた分かりやすい指導内容や指導方法の工夫を検討し、子供が意欲的に課題に取り組めるようにすることが重要である。その際、困難さに対する配慮等が明確にならない場合などは、校内の特別支援教育コーディネーターや特別支援学級、通級による指導の担当教師、スクールカウンセラー等の心理の専門家に相談したり、必要に応じて特別支援学校や関係機関等に対し専門的な助言又は援助を要請したりするなどして、主体的に問題を解決していくことができる資質や能力が求められる。

○　特別支援学校では、幼稚部から高等部までの幅広い年齢や発達段階の子供が在籍し、障害の状態等は個々に違っており、また、特別支援学校に設置されている学級のうち約4割が重複障害の学級であり、重複障害の子供が多く含まれていることから、一人一人の実態に応じて指導に当たる必要がある。

こうした多様な実態の子供の指導を行うため、特別支援学校の教師には、障害の状態や特性及び心身の発達の段階等を十分把握して、これを各教科等や自立活動の指導等に反映できる幅広い知識・技能の習得や、学校内外の専門家等とも連携しながら専

　門的な知見を活用して指導に当たる能力が必要である。

　この報告によって、今後、専門家と連携をして特別支援教育を進めていく観点がいくつか示された。

　一つには、小中学校においても、専門家と連携をして、担任や特別支援教育コーディネーターは、発達障害のある児童生徒を含む障害のある児童生徒の障害の特性や状態等を把握して、必要な指導・支援を行うことである。特別支援学校においては、引き続き臨床心理士、OT、PT、ST等の専門家の知見を活用して指導に当たることが必要であること、それに加えて、「特に発達障害」の児童生徒について、専門家と連携し、発達障害の特性を踏まえた指導の充実を図ることである。その際、ICTの積極的な活用が示唆されていることから、GIGAスクール構想に基づく一人一台端末の活用等、ICTの活用に関しても、専門家との連携が必要になってくると言える。

　もう一つが、特別支援学級、通級による指導の担当教員や特別支援学校の教員は、特別支援教育を担う教員として、その専門性を学校内外の専門家と連携しながら高めていく必要があることである。

　このように今後は、特別支援教育が行われる通常の学級、通級による指導、特別支援学級、特別支援学校と全ての場において、専門家との連携がますます重要になってくると考えられる。

3　特別支援教育における学校・教員と専門家の連携

　特別支援教育における学校・教員と専門家の連携は、例えば、次のような場面で行われると考える。

（1）児童生徒の障害の状態等の把握

　まずは、児童生徒の障害の状態等の把握についての支援や助言を受けることがあげられる。通常の学級に在籍する学習上、生活上の困難を示している児童生徒、通級による指導を受けている児童生徒、特別支援学級や特別支援学校の児童生徒一人一人の障害の状態は異なるため、そうした障害の状態等の把握のために専門家から支援や助言等を得ることは重要である。

　例えば、肢体不自由のある児童生徒の遊具や道具等を使用する際の上肢の動かし方などの粗大運動の状態やその可動範囲の把握などは、PTやOTとの行動観察によって詳細な状態の把握ができる。また、知的障害のある児童生徒の知的機能の発達の状態や適

応機能の状態の把握については、標準化された発達検査等の結果の読み取りについて、心理士等から支援を受けることができる。

こうした障害の状態等の把握は、一人一人の児童生徒の状況に応じて実施されることが重要である。児童生徒によっては、複数の障害を併せ有している場合もあるため、例えば、知的障害のある児童生徒であっても、PT等と連携し、学習場面での姿勢の状態等を把握する場合や、視覚障害の程度の状態等を把握する場合もある。

（2）障害のある児童生徒の指導方法の検討（個別の指導計画の作成）

（1）の児童生徒の障害の状態の把握を踏まえ、一人一人の児童生徒の指導目標や指導方法の検討が始まる。具体的には、専門家と連携しながら個別の指導計画を作成することで、より具体的で妥当な指導目標や指導方法を決定することが期待できる。

例えば、特別支援学校の日常生活の指導における歯磨き指導については、歯科衛生士からの支援を受けて正しい歯磨きの指導を行う、自閉症のある児童生徒については、心理士等から教室などの構造化や視覚支援、言葉に頼らないコミュニケーションについて支援を受け、一人一人に応じた指導方法を決定するなどが期待される。また、個別の指導計画は保護者と相談して作成されるが、指導目標や指導方法の妥当性について、専門家からも意見を聴取することは、保護者との信頼を深めることにもつながると考える。

（3）児童生徒の将来の生活を踏まえた指導

障害のある児童生徒の教育では、学校卒業後の自立と社会参加を踏まえた指導を行うことが重要である。その場合は、障害のある生徒が学校卒業後に実際に働く企業や作業所、実際に生活する福祉機関等と関係しているような専門家から助言等を受けることにより、指導に具体性と現実性を与えると考える。

例えば、知的障害特別支援学校高等部で行われている作業学習の食品加工では、実際の障害のある人が活躍するパン工房の方から直接アドバイスを受けることもある。また、特例子会社で、実際に障害のある生徒を採用している方から、学校で伸ばしてほしい技術や態度について、アドバイスを受けることなどが考えられる。

（4）ICTの活用

これからの教育は、GIGAスクール構想に基づく一人一台端末を活用した授業改善が大きな課題になる。GIGAスクール構想では、ICTの活用を鉛筆やノートを使うように、全ての児童生徒が使いこなし、高速ネットワーク環境の中で、端末を一人一人に応じて使っていくことによる授業改善を目指している。ICT活用の推進のため、学校には、

ICT活用教育アドバイザーやGIGAスクールサポーター、ICT支援員等が配置されているが、こうした人材も学校内外の専門家と言える。

　特別支援教育においても、このGIGAスクール構想に基づく授業改善が重要になってくる。特別支援教育では、従来から、障害に基づく困難の軽減のためICTの活用を行ってきた。例えば、視覚障害のある児童生徒に対して単眼鏡や拡大読書器の代わりにカメラ機能の活用や、聴覚障害のある児童生徒に対してUDトークの活用など多様な活用が行われてきている。

　今後は、一人一台端末が整備されることで、一層、一人一人に応じたICTの活用を進めていく必要がある。現在でも、例えば、書字が苦手な児童生徒のためのタブレットPC上のキーボード入力によるノートの記録、読むことが苦手な児童生徒のための読み上げアプリの活用など、一人一人の障害に対応した活用が進んでいる。このためには、ICTに関する技術的なサポートのみならず、障害による困難の軽減につながるようなアプリの活用などの専門家の支援が有効になってくると考える。

（5）校内委員会における助言等

　障害のある児童生徒の生活指導を考えるとき、学校内の教育や支援だけでは不十分なことが多い。こうした場合は、当該児童生徒の対応方策を検討するために校内委員会を開催することがあるが、学校関係者だけで検討するのではなく、地域の福祉関係者等外部の人材と共に検討することが有効な場合も多い。時には、当該生徒の学校卒業後のことも含めて、地域の就労支援センターの関係者等が参加する場合もある。

　こうした関係者も、特別支援教育においては、学校・教員をサポートしてくれる大切な専門家であるため、連携を深めることが大切である。

　ここに示したのは、特別支援教育における学校・教員と専門家の連携の場面の例である。実際は、前述の特別支援教育に関する報告や答申に中で示されていた臨床心理士、OT、PT、STだけでなく、障害のある児童生徒の治療・療育の様々な関係者が学校・教員と連携を図っていると考える。

　学習指導要領では、「社会に開かれた教育課程の実現」を重要なテーマとしている。社会に開かれた教育課程は、社会の変化に目を向け、教育が普遍的に目指す根幹を堅持しつつ、社会の変化を柔軟に受け止めていく教育を実現するため教育課程である。

　学校卒業後、障害のある児童生徒は、社会に中で生活に活躍をしていく。そうした一人一人の障害のある児童生徒の自立や社会参加に向けた主体的な取組を支援するという視点に立ち、児童生徒一人一人の教育的ニーズを把握し、その持てる力を高め、学習上

又は生活上の困難を改善又は克服するため、適切な指導及び必要な支援を行うという特別支援教育の目的を踏まえると、特別支援教育において「社会に開かれた教育課程の実現」は、より重要な課題となる。こうした課題を解決するためには、学校内外の障害のある児童生徒に関係するまさに多種多様な専門家との連携を深め、支援や助言を受け、特別支援教育の質の充実を図っていく必要がある。

さらに、令和3年8月に、学校教育法施行規則の一部が改正された。この改正は、学校や教員が直面する課題が多様化・複雑化し、学校における働き方改革の推進、GIGAスクール構想の着実な実施、医療的ケアをはじめとする特別な支援を必要とする児童生徒への対応等が喫緊の課題となっていることを踏まえ、こうした課題に対応する学校の指導・運営体制の強化・充実を図るため、学校において教員と連携協働しながら不可欠な役割を果たす支援スタッフとして、医療的ケア看護職員、情報通信技術支援員、特別支援教育支援員及び教員業務支援員について、新たにその名称及び職務内容を規定したものである。この法改正の趣旨からも、学校において、今後一層、教員と多様なスタッフと連携しながら学校教育の質の向上を図っていく必要があると言える。

4　学校における専門家との連携の配慮点

特別支援教育における学校・教員と専門家の連携は、様々な内容で行われる。しかしながら、学校教育は、教育課程の枠の中で実施されることを忘れてはならない。小中学校、特別支援学級、特別支援学校の教育課程は、それぞれの学習指導要領に基づいて編成される。各学校で実施される各教科等の指導目標や指導内容も、学習指導要領に示されたもので実施される。通級による指導も特別支援学校小学部・中学部学習指導要領にある自立活動の内容を参考とし、具体的な目標や内容を定め、指導を行うものである。

このため、学校・教員が専門家と連携を図る場合は、学校が編成した教育課程や学習指導要領に定められた指導目標や指導内容を専門家に説明、理解してもらいながら、支援や助言を受けることが大切である。

同様に、学校・教員を支援する専門家も、学校の教育課程や学習指導要領の趣旨等を理解して学校・教員と連携することで、特別支援教育の質の向上を図ることができると考える。

第2章

特別支援教育の教育課程と専門家との連携

第1節 特別支援教育の制度

（1）特殊教育から特別支援教育へ

　平成19年4月に、学校教育法等の一部を改正する法律が施行された。この改正は、児童生徒等の障害が重複化や多様化していることを踏まえ、児童生徒の一人一人のニーズに柔軟に対応し、適切な指導及び支援を行う必要があること、さらに、学校と福祉、医療、労働等の関係機関との連携を一層深める必要があることから、①盲学校・聾学校・養護学校から、複数の障害種別に対応した教育を実施することができる特別支援学校に制度変更すること、②小中学校等における特別支援教育を推進することが主な内容になる。これにより、我が国の障害のある子供の教育の制度は、特殊教育から特別支援教育へ転換された。

　平成19年4月の文部科学省「特別支援教育の推進について（通知）」では、特別支援教育の理念を以下のように示している。

　特別支援教育は、障害のある幼児児童生徒の自立や社会参加に向けた主体的な取組を支援するという視点に立ち、幼児児童生徒一人一人の教育的ニーズを把握し、その持てる力を高め、生活や学習上の困難を改善又は克服するため、適切な指導及び必要な支援を行うものである。

　また、特別支援教育は、これまでの特殊教育の対象の障害だけでなく、知的な遅れのない発達障害も含めて、特別な支援を必要とする幼児児童生徒が在籍する全ての学校において実施されるものである。

　さらに、特別支援教育は、障害のある幼児児童生徒への教育にとどまらず、障害の有無やその他の個々の違いを認識しつつ様々な人々が生き生きと活躍できる共生社会の形成の基礎となるものであり、我が国の現在及び将来の社会にとって重要な意味を持っている。

　このように特殊教育から特別支援教育に変わり、全ての学校で特別支援教育を実施することとなった。これによって、障害のある児童生徒の教育や支援は、特殊学級や盲学校・聾学校・養護学校という特別な場による教育から、通常の学級、通級による指導、特別支援学級、特別支援学校といった連続性のある多様な学びの場において、一人一人の教育的ニーズに応じて適切な教育を提供することになった。

（2）多様な学びの場における特別支援教育

　通常の学級を除く、通級による指導、特別支援学級、特別支援学校が対象とする障害の程度については法令等で定められている。特別支援学校は、学校教育法施行令第22条の3に、特別支援学級と通級による指導については、平成25年10月4日に、文部科学省初等中等教育局長名で通知された「障害のある児童生徒等に対する早期からの一貫した支援について（通知）」に示されているが、一人一人の児童生徒が、具体的にどのような場で学ぶかの判断は、障害の状態、その者の教育上必要な支援の内容、地域における教育の体制の整備の状況などを勘案して、教育学、医学、心理学等の観点から総合的かつ慎重に行うことになる。

　法令等に定められた通級による指導、特別支援学級、特別支援学校の対象となる障害種と程度を表2-1-1に示す。

表 2-1-1　通級による指導、特別支援学級、特別支援学校の対象となる障害種と程度

① 　通級による指導（文部科学省 30 文科初第 756 号通知及び 17 文科初第 1178 号通知）

視覚障害者 弱視者	拡大鏡等の使用によっても通常の文字、図形等の視覚による認識が困難な程度の者で、通常の学級での学習におおむね参加でき、一部特別な指導を必要とするもの
聴覚障害者 難聴者	補聴器等の使用によっても通常の話声を解することが困難な程度の者で、通常の学級での学習におおむね参加でき、一部特別な指導を必要とするもの
知的障害者	
肢体不自由者	肢体不自由の程度が、通常の学級での学習におおむね参加でき、一部特別な指導を必要とする程度のもの
病弱者	病弱又は身体虚弱の程度が、通常の学級での学習におおむね参加でき、一部特別な指導を必要とする程度のもの
言語障害者	口蓋裂、構音器官のまひ等器質的又は機能的な構音障害のある者、吃音等話し言葉におけるリズムの障害のある者、話す、聞く等言語機能の基礎的事項に発達の遅れがある者、その他これに準じる者（これらの障害が主として他の障害に起因するものではない者に限る。）で、通常の学級での学習におおむね参加でき、一部特別な指導を必要とする程度のもの
自閉症者	自閉症又はそれに類するもので、通常の学級での学習におおむね参加でき、一部特別な指導を必要とする程度のもの
情緒障害者	主として心理的な要因による選択性かん黙等があるもので、通常の学級で学習におおむね参加でき、一部特別な指導を必要とする程度のもの
学習障害者	全般的な知的発達に遅れはないが、聞く、話す、読む、書く、計算する又は推論する能力のうち特定のものの習得と使用に著しい困難を示すもので、一部特別な指導を必要とする程度のもの
注意欠陥多動性障害者	年齢又は発達に不釣り合いな注意力、又は衝動性・多動性が認められ、社会的な活動や学業の機能に支障をきたすもので、一部特別な指導を必要とする程度のもの

② **特別支援学級**（文部科学省 30 文科初第 756 号通知及び 17 文科初第 1178 号通知）

視覚障害者 弱視者	拡大鏡等の使用によっても通常の文字、図形等の視覚による認識が困難な程度のもの
聴覚障害者 難聴者	補聴器等の使用によっても通常の話声を解することが困難な程度のもの
知的障害者	知的発達の遅滞があり、他人との意思疎通に軽度の困難があり日常生活を営むのに一部援助が必要で、社会生活への適応が困難である程度のもの
肢体不自由者	補装具によっても歩行や筆記等日常生活における基本的な動作に軽度の困難がある程度のもの
病弱者	一　慢性の呼吸器疾患その他の疾患の状態が持続的又は間欠的に医療又は生活の管理を必要とする程度のもの 二　身体虚弱の状態が持続的に生活の管理を必要とする程度のもの
言語障害者	口蓋裂、構音器官のまひ等器口蓋裂、構音器官のまひ等器質的又は機能的な構音障害のある者、吃音等話し言葉におけるリズムの障害のある者、話す、聞く等言語機能の基礎的事項に発達の遅れがある者、その他これに準ずる者（これらの障害が主として他の障害に起因するものでない者に限る。）で、その程度が著しいもの
自閉症者 情緒障害者	一　自閉症又はそれに類するもので、他人との意思疎通及び対人関係の形成が困難である程度のもの 二　主として心理的な要因による選択性かん黙等があるもので、社会生活への適応が困難である程度のもの

③ **特別支援学校**（学校教育法施行令第 22 条の 3）

視覚障害者	両眼の視力がおおむね 0.3 未満のもの又は視力以外の視機能障害が高度のもののうち、拡大鏡等の使用によっても通常の文字、図形等の視覚による認識が不可能又は著しく困難な程度のもの
聴覚障害者	両耳の聴力レベルがおおむね 60 デシベル以上のもののうち、補聴器等の使用によっても通常の話声を解することが不可能又は著しく困難な程度のもの
知的障害者	一　知的発達の遅滞があり、他人との意思疎通が困難で日常生活を営むのに頻繁に援助を必要とする程度のもの 二　知的発達の遅滞の程度が前号に掲げる程度に達しないもののうち、社会生活への適応が著しく困難なもの
肢体不自由者	一　肢体不自由の状態が補装具の使用によっても歩行、筆記等日常生活における基本的な動作が不可能又は困難な程度のもの 二　肢体不自由の状態が前号に掲げる程度に達しないもののうち、常時の医学的観察指導を必要とする程度のもの
病弱者 （身体虚弱者を含む）	一　慢性の呼吸器疾患、腎臓疾患及び神経疾患、悪性新生物その他の疾患の状態が継続して医療又は生活規制を必要とする程度のもの 二　身体虚弱の状態が継続して生活規制を必要とする程度のもの

　また、こうした判断で一度決められた学びの場は、固定されたものではなく、それぞれの児童生徒の発達の程度、適応の状況等を踏まえ、柔軟に転学等を行うことが可能である。その際、児童生徒の状況等を判断するため、学校内外の専門家との連携による検討が有効である。

（3）教育課程・教育内容

　通常の学級、通級による指導、特別支援学級、特別支援学校の教育内容や指導内容は、基本的には当該学校種の学習指導要領に基づくことになる。詳細は別項で紹介するが、ここでは各学びの場の指導の根拠を簡単に示す（表 2-1-2）。

表 2-1-2　各学びの場の指導の根拠

通常の学級	小学校学習指導要領・中学校学習指導要領・高等学校学習指導要領
通級による指導	**特別支援学校の学習指導要領に規定されている「自立活動」を参考とする。**
特別支援学級	小学校学習指導要領・中学校学習指導要領・高等学校学習指導要領 **☆特別支援学校の学習指導要領を参考にできる。**
特別支援学校	特別支援学校教育要領・学習指導要領（幼稚部・小学部・中学部）、特別支援学校高等部学習指導要領 小学校学習指導要領・中学校学習指導要領・高等学校学習指導要領

　このように、特別支援教育における教育とは（特別な教育課程とは）当該の学校種の学習指導要領を基本とするが、特別支援学校の学習指導要領の「自立活動」を参考にしながら（加えて）行うこと（編成すること）であると言える。

（4）個に応じた指導を実現するための計画

　特別支援教育の特徴は、一人一人の児童生徒の障害の程度・状況等に応じた「個に応じた指導」を提供することである。この個に応じた指導の充実を図るための計画である「個別の教育支援計画」と「個別の指導計画」について紹介する。

①　個別の教育支援計画

　個別の教育支援計画は、障害のある児童生徒の一人一人の教育や支援について、長期的な視点で乳幼児期から学校卒業後までを通じて一貫して行うために作成するものである。作成に当たっては、保護者と十分に相談を行い、児童生徒本人と保護者の意向や将来の希望等を把握することが大切である。また、児童生徒の現在の状態やこれまでの経過、関係機関等における支援の状況などを踏まえて作成することから、福祉、医療、労働等の関係機関との連携を十分に図っていく必要がある。そうした連携の上で作成することで、学校在校時における教育からの側面だけでなく、福祉、医療等の側面からの支援との調整や、学校卒業後の福祉、労働等の関係機関等に対しての支援の引継ぎに活用することができる。

　個別の教育支援計画は、通級による指導を受けている児童生徒、特別支援学級、特別支援学校に在籍している児童生徒に対して作成する。また、通常の学級に在籍し通級に

よる指導を受けていない障害のある児童生徒の場合についても作成し、活用することが好ましい。

作成は、学級担任と共に特別支援教育コーディネーターや校内委員会などが関わり作成する。また、作成に当たっては、教育的ニーズを的確に把握するために保護者の意見や意向を十分に踏まえるとともに、支援会議を実施し、目標・評価についての共通理解が図られるようにする必要かがある。

個別の教育支援計画の様式に定めはなく、学校設置者である都道府県教育委員会や市区町村教育委員会が様式を定めているため、全国的に同一の様式ではないが、主に表2-1-3の内容が含まれる。

表2-1-3　個別の教育支援計画の様式の主な内容

児童生徒について	氏名、住所、連絡先、保護者氏名、障害者手帳等の情報
本人の希望	学校生活やこれからの生活について、どのようなことがしたいかなど
保護者の希望	学校生活やこれからの生活について、どのような子供に育ってほしいか、どのような生活をしてほしいかなど
児童生徒の現在の状況	行動面や学習面の状況や障害の状態など
支援目標	保護者や本人と相談した、長期的視点に立った大まかな支援の目標
指導・支援内容	学校や家庭等で、行う指導や支援の内容など
活用している支援機関等の情報	病院や放課後デイサービス等、学校以外に活用している支援機関等の情報
年度のまとめ・引継ぎ	年度のまとめと、次年度に引き継いでいく情報

次頁に、特別支援学校における個別の教育支援計画の様式例を紹介する（図2-1-1）。

また、令和3年6月に、文部科学省より「個別の教育支援計画の参考様式について」が発出された。これは、今後の特別支援教育におけるICTの利活用を踏まえ、特別支援教育の支援や指導の基本となる個別の教育支援計画や個別の指導計画がICTを介して学校内外で的確に共有されていないことや、統合型校務支援システムの活用が進むことを意図し、様式の統一を目指す取組である。下記の文部科学省のホームページに参考様式等が掲載されているので、参照されたい。

◆文部科学省：個別の教育支援計画の参考様式について

https://www.mext.go.jp/a_menu/shotou/tokubetu/material/1340250_00005.htm

個別の教育支援計画

本人	フリガナ		性別		生年月日					
	氏名									
	住所		保護者氏名							
			緊急連絡先							
	障害名 手帳		知的	度	平成・令和	年	月	日		
			身体	種　級	平成・令和	年	月	日		
			精神	級	平成・令和	年	月	日		

1　願い（こんな学校生活がしたい、こんな生活がしたい、こんな子ども（大人）に育ってほしいなど）

本人	
保護者	

2　現在のお子さんの様子

健康身体面	・
学習面	・
行動面	・

3　支援の目標

・

学校の指導・支援内容	家庭の支援内容
・	・

4　支援機関等

在籍校	令和元年度　　　年　　組　担任名：	前籍校：　　　　—
	令和2年度　　　年　　組　担任名：	前籍校：　　　　—
	令和３年度　　　年　　組　担任名：	前籍校：　　　　—

医療・療育機関	支援機関名 支援内容 支援期間	担当者名	連絡先
相談支援事業所	支援機関名 支援内容 支援期間	担当者名	連絡先
その他（余暇、移動支援等）	支援機関名 支援内容 支援期間	担当者名	連絡先

5　支援会議の記録

日時 令和　　年　　月　　日	参加者	協議内容・引継事項等
日時 令和　　年　　月　　日	参加者	協議内容・引継事項等

6　成長の様子

7　来年度への引継ぎ

以上の内容について了解し確認しました。

　　　　　　　　　　令和　　年　　月　　日　　保護者氏名

図 2-1-1　特別支援学校における個別の教育支援計画の様式例

② 個別の指導計画

　個別の指導計画は、一人一人の児童生徒の障害の状態や学習習得状況などの実態に応じて、個に応じた指導を適切に行うための計画である。個別の教育支援計画と違い、主に学校の指導内容に関する計画であり、一人一人の児童生徒の個別の指導目標、指導内容、指導方法を明確に計画するものである。個別の教育支援計画と同様に、通級による指導を受けている児童生徒、特別支援学級、特別支援学校に在籍している児童生徒については全員作成し、通常の学級に在籍し通級による指導を受けていない障害のある児童生徒の場合についても、作成し、活用することが好ましい。

　個別の指導計画の作成は、通級の指導の担当教員や特別支援学級の担任、特別支援学校の担任が中心になり作成していくが、一人一人の児童生徒の障害の状態や特性、学習習得の状況を踏まえて、適切な目標や指導の手立て等を計画していくといった障害の理解や指導方法に関する知識等の専門性が必要であるため、学校内外の専門家の支援が有効になってくる。また、こうした専門性に関わる計画のため、通常の学級の担任が作成することは難しい面もあり、通常の学級に在籍している児童生徒の計画の作成は、通級による指導の担当教員や特別支援教育コーディネーター、校内委員会などの関わりを通して作成することが必要である。このため、在籍学級における個別の指導計画と通級による指導における個別の指導計画を連携させて作成する場合もある。もちろん、学校内外の専門家の支援は極めて重要である。

　個別の指導計画の作成の手順は、一般的に表 2-1-4 のようになる。

表 2-1-4　個別の指導計画の作成の手順

1	実態把握 （教育的ニーズの把握）	障害の程度・状況の把握、学習習得状況等を把握する。
2	長期目標（年間目標）の決定	個別の教育支援計画の場合は、例えば３年といって長期的な視野にたった長期目標となるが、個別の指導計画の場合は、学年単位の目標を決定する。
3	短期目標（学期の目標）の決定	学期の目標を短期目標にしたり、学年を前期・後期に分け、期間目標としたりすることが多い。
4	指導方法の決定	短期目標を達成するための手立てを決定する。
5	指導の結果	指導した結果としての評価を行い、次期に向けての課題を検討する。

　作成の手順を見てもわかるように、個別の指導計画では、学年や学期の期間で計画・指導・評価・改善の PDCA のサイクルで計画を見直していくことが重要であり、このサイクルにも学校内外の専門家が関われることが好ましい。

児童氏名			
在籍学級担任		通級による指導担当	

在籍学級の長期的目標

通級による指導の長期的目標

在籍学級の指導

1学期の目標		指導の結果・課題	
手だて			

通級による指導

1学期の目標		指導の結果・課題	
手だて			
1学期のまとめ			

図 2-1-2　在籍学級の担任と通級による指導の担当教員が共に作る個別の指導計画の様式例

生徒名		学部		年組	2　年　　　組
主担任		副担任			●●　●●

生徒の様子	
健康・身体	・
学習面	・
生活面	・

今年度の目標
①

前期の評価	後期の評価
①	①

学校の教育活動全体で指導する内容		
自立活動	目標	①
	指導内容	①
	手だて・配慮事項	①
	評価	①

各授業で指導する内容			
教科等	目標	手だて	評価
国語			
社会			
理科			

「各教科等を合わせた指導」で指導する内容			
教科等	目標	手だて	評価
日常生活の指導			
生活単元学習			

教科書一覧	

図 2-1-3　特別支援学校の個別の指導計画の様式例

③　特別支援教育の課題

　平成 19 年に特別支援教育が本格的に始まり、約 15 年が経過した。この間、特別支援教育を取り巻く状況は様々な変化があった。令和 3 年 1 月に、文部科学省は、「新しい時代の特別支援教育の在り方に関する有識者会議　報告」を示した。この報告も踏まえ、近年、特別支援教育において特に課題となっている点を紹介する。

ア）高等学校における特別支援教育の推進

　平成 30 年度から高等学校においても、通級による指導を実施できるようになり、現在は、全ての都道府県で通級による指導を行っている。高等学校には、発達障害のある生徒を含む障害のある生徒が一定数入学していると考えられる。今後は、高等学校においても、個別の教育支援計画や個別の指導計画を作成・活用し、特別支援教育の充実を図ることが求められるが、高等学校における通級による指導は開始されて間もないため、教員が発達障害等のある生徒の指導について十分な知識や経験がない場合もある。また、高等学校段階における発達障害のある生徒の指導の在り方や、進学や就労等に関する支援に在り方については、実践や指導の経験等を積み上げることで開発していく必要もある。このため、高等学校における特別支援教育においても、一層、学校内外の専門家との連携が重要となってくる。

イ）医療的ケア

　近年、学校において日常的にたんの吸引や経管栄養等の「医療的ケア」が必要な児童生徒が増加している。学校における医療的ケアの実施については、原則として、主として看護師が医療的ケアに当たり、教員等はバックアップする体制で行われるため、看護師が配置されている学校も多くなっている。医療的ケアは、基本的に個々の学校において、個々の児童生徒等の状態等を踏まえて、その安全性を判断しながら、具体的な対応を検討していくことになるため、主治医、指導医、学校医等の医療や看護師等の学校内外の専門家との連携が大切である。令和 3 年に「医療的ケア児及びその家族に対する支援に関する法律」が施行され、学校における医療、保健等の関係機関との連携を含む支援体制の構築は急務となっている。各学校では、医療的ケアを必要とする児童生徒の増加や医療的ケアの内容の多様化、医療技術の進歩などに対して、安全に対応する必要があり、まさに医療関係者等の専門家の具体的支援が不可欠になる。

ウ）特別支援教育を担う教員の専門性の向上

　「新しい時代の特別支援教育の在り方に関する有識者会議　報告」において、特別支援教育を担う教員の専門性の向上は、重要な課題として取り上げられている。特別支援教育は、通常の学級、通級による指導、特別支援学級、特別支援学校といった連続性のある学びの場で行われることから、特別支援教育を担う教員の専門性についても、全て

の教員に求められる特別支援教育に関する専門性、特別支援学級、通級による指導を担当する教員に求められる専門性、特別支援学校の教員に求められる専門性について、その在り方が報告としてまとめられている。

　報告では、全ての教員には、障害の特性等に関する理解と指導方法を工夫できる力や、個別の教育支援計画・個別の指導計画などの特別支援教育に関する基礎的な知識、合理的配慮に対する理解等が必要であるとしている。そのためには、初任から管理職まで、発達障害を含む特別支援教育に係る資質を育成するため、体系的な研修を計画的に実施することが求められるとしている。こうした研修の実施に当たり、まさに、学校内外の専門家の活用は有効であると言える。

　特別支援学級や通級による指導の担当教員には、通常の教育課程に基づく指導の専門性を基盤として、実際に指導に当たる上で必要な、特別な教育課程の編成方法や、個別の教育支援計画と個別の指導計画の作成方法、障害の特性等に応じた指導方法、自立活動を実践する力、障害のある児童生徒の保護者支援の方法、関係者間との連携の方法等に関する専門性の習得が必要である。

　特別支援学校では、幼稚部から高等部までの幅広い年齢や発達段階の児童生徒や、重複障害のある児童生徒が在籍するなど、多様な実態の子供の指導を行うため、障害の状態や特性及び心身の発達の段階等を十分把握して、これを各教科等や自立活動の指導等に反映できる幅広い知識・技能の習得が必要であるとしている。

　このように、通常の学級の教員を超える専門性の向上が求められることから、日頃の具体的な指導に、専門家の支援を活用するなど、一層の学校内外の専門家との連携が必要になる。

エ）特別支援教育におけるICT利活用

　令和3年1月に示された中央教育審議会の「「令和の日本型学校教育」の構築を目指して〜全ての子供たちの可能性を引き出す、個別最適な学びと、協働的な学びの実現〜（答申）」では、2020年代を通じて実現すべき「令和の日本型教育」の姿として、個別最適な学び（「個に応じた指導」（指導の個別化と学習の個性化）を学習者の視点から整理した概念）を重要な柱とし、その実現にためには、GIGAスクール構想による新たなICT環境の活用が大きな課題であるととりまとめている。

　「新しい時代の特別支援教育の在り方に関する有識者会議　報告」においても、特別支援教育におけるICT利活用については重要な課題としている。報告では「ICTは、特別な支援を必要とする子供に対しては、その障害の状態や特性及び心身の発達の段階等に応じて活用することにより、各教科等の学習の効果を高めたり、障害による学習上又は生活上の困難を改善・克服するための指導に効果を発揮したりすることができる重

要なものである。」としている。

　今後は、GIGA スクール構想に基づき、全ての児童生徒が一人一台端末を活用して学習を進める体制整備が進むとともに、デジタル教科書やデジタル教材の開発が進むと考えられる。

　障害のある児童生徒の学習ツールとして ICT を活用する場合は、一人一人の児童生徒の障害の状態等に応じて効果的な活用方法等が異なることから、特別支援教育を担う教員は、個に応じた ICT の活用方法など、より高いスキルが必要になる。そのため、ICT の活用に長けたリハビリテーション分野や工学分野などの専門家からの支援が重要になってくる。

第2節 特別な教育課程と自立活動

（1）特別支援学校の教育課程

① 特別支援学校の教育課程の編成

　特別支援学校の教育課程は、幼稚園に準ずる領域、小学校、中学校及び高等学校に準ずる各教科、特別の教科である道徳、特別活動、総合的な学習の時間のほか、障害による学習上又は生活上の困難の改善・克服を目的とした領域である「自立活動」で編成されている。なお、知的障害者である児童生徒に対する教育を行う特別支援学校（以下、「知的障害特別支援学校」という）の各教科については、別に示している。

　知的障害特別支援学校の各教科は、知的障害の特徴や学習上の特性等を踏まえ、児童生徒が自立し社会参加するために必要な知識や技能、態度などを身に付けることを重視し、その目標・内容等が示されている。

表 2-2-1　知的障害特別支援学校の各教科

学　部	各　教　科
小学部	生活、国語、算数、音楽、図画工作、体育
中学部	国語、社会、数学、理科、音楽、美術、保健体育、職業・家庭、 ※外国語（必要がある場合は加えることができる）
高等部	【共通教科】 国語、社会、数学、理科、音楽、美術、保健体育、職業、家庭、 ※外国語、情報（外国語及び情報は必要に応じて設けることができる） 【専門教科】 家政、農業、工業、流通・サービス、福祉 【学校設定教科】※各学校で設定

【参考】

学　部	特別の教科 道徳、外国語活動、総合的な学習（探究）の時間及び特別活動の構成
小学部	道徳科、特別活動
中学部	道徳科、総合的な学習の時間、特別活動
高等部	道徳、総合的な探究の時間、特別活動

② その他特別支援教育に係る教育課程

ア）特別支援学級（小・中学校）

　特別支援学級の教育課程は、基本的には、小・中学校の学習指導要領に基づいて編成される。特に必要がある場合には、特別の教育課程を編成することができる。

　特別の教育課程を編成する場合は、特別支援学校の小・中学部の学習指導要領を参考とし、実情に合った教育課程を編成する必要がある。そのため、小学校及び中学校学習

指導要領において、特別支援学級で実施する特別の教育課程の編成に係る基本的な考え方の一つとして、「障害による学習上又は生活上の困難を克服し自立を図るため、特別支援学校小学部・中学部学習指導要領に示す自立活動を取り入れること。」と示されている。

イ）通級による指導（小・中・高等学校等）

通級による指導は、小・中学校の通常の学級に在籍している障害のある児童生徒が、通常の学級で各教科等の指導を受けながら、障害に応じた特別の指導（自立活動の指導等）を特別の場（通級指導教室等）で受けることとなるため、小・中学校の教育課程に加え、又はその一部に替えて特別の教育課程を編成することができる。小学校及び中学校学習指導要領には、通級による指導を行い、特別の教育課程を編成する場合について、「特別支援学校小学部・中学部学習指導要領に示す自立活動の内容を参考とし、具体的な目標や内容を定め、指導を行うものとする。その際、効果的な指導が行われるよう、各教科等と通級による指導との関連を図るなど、教師間の連携に努めるものとする。」と示されている。

なお、学校教育法施行規則第 140 条の改正により、平成 30 年 4 月 1 日から高等学校においても、小・中学校と同様に障害に応じた特別の指導を行う必要性がある生徒を教育する場合に、特別の教育課程（通級による指導）によることができることとなった。

ウ）通常の学級（幼稚園、小・中・高等学校等）

通常の学級では、幼稚園教育要領、小・中・高等学校の学習指導要領に基づいた教育課程を編成している。通級による指導の対象とならない幼児児童生徒に対して、個別に特別の教育課程を編成することはできないことから、幼児児童生徒の障害の状態等に応じて、適切な配慮の下に指導を行っている。

（2）自立活動とは

①　自立活動の意義

特別支援学校には、原則的には学校教育法施行令第 22 条の 3 において規定している程度の障害を有する視覚障害、聴覚障害、知的障害、肢体不自由又は病弱（身体虚弱を含む）の幼児児童生徒、これらの障害を複数併せ有する重複障害の幼児児童生徒が在学している。そして、それらの障害に言語障害、自閉症、情緒障害、学習障害、注意欠陥多動性障害等を併せ有する幼児児童生徒が在学している場合もある。特別支援学校の教育では、障害のある幼児児童生徒を対象として、小・中学校等と同様に、学校の教育活動全体を通じて、幼児児童生徒の人間として調和のとれた育成を目指している。しかし、障害のある幼児児童生徒の場合は、その障害によって、日常生活や学習場面において様々

なつまずきや困難が生じることから、個々の障害による学習上又は生活上の困難を改善・克服するための指導が必要となる。このため、特別支援学校においては、小・中学校等と同様の各教科等に加えて、特に自立活動の領域を設定し、それらを指導することによって、幼児児童生徒の人間として調和のとれた育成を目指している。自立活動は、特別支援学校に設定された教育課程上極めて重要な領域なのである。

② 自立活動の目標

特別支援学校学習指導要領では、自立活動の目標として、「個々の児童又は生徒が自立を目指し、障害による学習上又は生活上の困難を主体的に改善・克服するために必要な知識、技能、態度及び習慣を養い、もって心身の調和的発達の基盤を培う。」と示されている。

③ 授業時数

自立活動の指導は、学校の教育活動全体を通じて行うとともに、自立活動の時間を設けて行うこととしている。自立活動の時間を設けた指導に係る授業時数は、児童生徒の障害の状態に応じて適切に定めるものとしている。

④ 自立活動の内容

自立活動の「内容」は、人間としての基本的な行動を遂行するために必要な要素と、障害による学習上又は生活上の困難を改善・克服するために必要な要素で構成されている。そして、それらの代表的な要素である27項目を「健康の保持」「心理的な安定」「人間関係の形成」「環境の把握」「身体の動き」及び「コミュニケーション」の6区分に分類・整理している。自立活動の内容は、6区分の下に、それぞれ3〜5項目あり、現行の特別支援学校学習指導要領では、表2-2-2のとおり6区分27項目が示されている。

表 2-2-2　自立活動の６区分 27 項目

区分	項　目
1　健康の保持	(1) 生活のリズムや生活習慣の形成に関すること。 (2) 病気の状態の理解と生活管理に関すること。 (3) 身体各部の状態の理解と養護に関すること。 (4) 障害の特性の理解と生活環境の調整に関すること。 (5) 健康状態の維持・改善に関すること。
2　心理的な安定	(1) 情緒の安定に関すること。 (2) 状況の理解と変化への対応に関すること。 (3) 障害による学習上又は生活上の困難を改善・克服する意欲の向上に関すること。
3　人間関係の形成	(1) 他者とのかかわりの基礎に関すること。 (2) 他者の意図や感情の理解に関すること (3) 自己の理解と行動の調整に関すること。 (4) 集団への参加の基礎に関すること。
4　環境の把握	(1) 保有する感覚の活用に関すること。 (2) 感覚や認知の特性についての理解と対応に関すること。 (3) 感覚の補助及び代行手段の活用に関すること。 (4) 感覚を総合的に活用した周囲の状況についての把握と状況に応じた行動に関すること。 (5) 認知や行動の手掛かりとなる概念の形成に関すること。
5　身体の動き	(1) 姿勢と運動・動作の基本的技能に関すること。 (2) 姿勢保持と運動・動作の補助的手段の活用に関すること。 (3) 日常生活に必要な基本動作に関すること。 (4) 身体の移動能力に関すること。 (5) 作業に必要な動作と円滑な遂行に関すること。
6　コミュニケーション	(1) コミュニケーションの基礎的能力に関すること。 (2) 言語の受容と表出に関すること。 (3) 言語の形成と活用に関すること。 (4) コミュニケーション手段の選択と活用に関すること。 (5) 状況に応じたコミュニケーションに関すること。

⑤　自立活動の留意点

　特別支援学校の学習指導要領等で示している自立活動の「内容」は、各教科等のようにその全てを取り扱うものではなく、個々の幼児児童生徒の実態に応じて必要な項目を選定して取り扱うものである。

　つまり、自立活動の内容は、個々の幼児児童生徒に、その全てを指導すべきものとして示されているものではないことに十分留意する必要がある。

⑥　自立活動の具体的な指導内容

　各障害のある幼児児童生徒に対する自主活動の主な指導内容を表 2-2-3 に示す。

表 2-2-3　自立活動の主な指導内容

対象障害	主な指導内容
視覚障害	白杖を使った歩行指導、視覚情報を補うための触覚や聴覚等の活用の指導、弱視レンズ、拡大映像設備等の視覚補助具の活用の指導
聴覚障害	補聴器等をつけての発音指導、言語指導、手話や指文字などの多様なコミュニケーション手段を活用する指導
知的障害	知的障害に随伴してみられる、極端な表出言語の遅れや強い情緒不安定に対する指導、自己の行動のコントロールなど
肢体不自由	姿勢保持や移動、食事・排泄・衣服の着脱などの日常生活動作、ICT 支援機器等を活用したコミュニケーションの指導
病弱	病気の原因や回復を図るために必要な食事や運動制限の理解、長期入院などからくる不安状態の改善に関する指導
自閉症	話を聞く態度の形成などコミュニケーションの基礎に関する指導、話し言葉を補うための機器等の活用、手足を協調させて動かすことに関する指導
学習障害	言葉の基礎的な概念の形成に関する指導、自分で内容をまとめながら話を聞くなどの能力を高める指導
注意欠陥多動性障害	姿勢保持に関する指導、自分の感情をコントロールする方法に関する指導

⑦　自立活動の目標、指導内容の設定の流れ

　次々頁に示す図 2-2-1 は、個々の幼児児童生徒の実態把握から具体的な指導内容を設定するまでの流れの例を示したものである。

ア）図 2-2-1 の①：実態把握のために必要な情報を収集する段階

　幼児児童生徒のできないことばかりに注目するのではなく、できることにも着目することが望ましい。

イ）図 2-2-1 の②：①で収集した情報を整理する段階

　②−1の「自立活動の区分に即して整理」とは、障害名のみに頼って特定の指導内容に偏ることがないよう、対象となる幼児児童生徒の全体像を捉えて整理することを意図している。

　②−2は、「学習上又は生活上の困難の視点で整理」する段階である。その際、これまでの学習状況を踏まえ、学習上又は生活上の難しさだけでなく、既にできていること、支援があればできることなども記載することが望ましい。

　②−3は、幼児児童生徒の生活年齢や学校で学ぶことのできる残りの年数を視野に入れた整理である。幼児児童生徒の「○○年後の姿」をイメージしたり、卒業までにどのような力を、どこまで育むとよいのかを想定したりして整理する。

ウ）図 2-2-1 の③：指導すべき課題を整理する段階

　②で整理した情報から、指導開始時点で課題となることを抽出するものである。

エ）図2-2-1の④：③で抽出した課題同士がどのように関連しているのかを整理し、中心的な課題を導き出す段階

　課題同士の関連とは、例えば「原因と結果」や「相互に関連し合っている」などの観点や発達や指導の順序等が考えられる。

オ）図2-2-1の⑤：④に基づき指導目標（ねらい）を設定する段階

　指導目標（ねらい）は、学年等の長期的な目標とともに、当面の短期的な目標を定める。このことにより、自立活動の指導の効果を高めることができる。

カ）図2-2-1の⑥：⑤の指導目標（ねらい）を達成するために必要な項目を選定する段階

　ここでは、自立活動の内容6区分27項目から必要な項目を選定する。

キ）図2-2-1の⑦：具体的な指導内容を設定するために項目同士を関連付ける段階

　最終的に具体的な指導内容を設定するに当たって、⑥において根拠をもって項目同士を関連付けることが大切であるため、項目同士を関連付けるポイントを示すこととなっている。

ク）図2-2-1の⑧は、具体的な指導内容を設定する段階

　⑦で示した検討のポイントをもとに項目同士を関連付けて設定することが重要である。

学部・学年	
障害の種類・程度や状態等	
事例の概要	

実態把握

① 障害の状態，発達や経験の程度，興味・関心，学習や生活の中で見られる長所やよさ，課題等について情報収集

②－1　収集した情報（①）を自立活動の区分に即して整理する段階

健康の保持	心理的な安定	人間関係の形成	環境の把握	身体の動き	コミュニケーション

②－2　収集した情報（①）を学習上又は生活上の困難や，これまでの学習状況の視点から整理する段階

②－3　収集した情報（①）を○○年後の姿の観点から整理する段階

指導すべき課題の整理

③　①をもとに②－1，②－2，②－3で整理した情報から課題を抽出する段階

④　③で整理した課題同士がどのように関連しているかを整理し，中心的な課題を導き出す段階

⑤　④に基づき設定した指導目標（ねらい）を記す段階

課題同士の関係を整理する中で今指導すべき指導目標として	

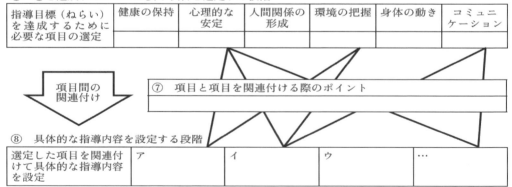

図 2-2-1　実態把握から指導目標・内容設定までの流れ図

第**3**節　特別支援学校の教育課程の理解と専門家との連携

（1）教育課程の概要

①　特別支援学校の教育課程の特徴

　学校教育法第 72 条には、「特別支援学校は、視覚障害者、聴覚障害者、知的障害者、肢体不自由者又は病弱者（身体虚弱者を含む。以下同じ。）に対して、幼稚園、小学校、中学校又は高等学校に準ずる教育を施すとともに、障害による学習上又は生活上の困難を克服し自立を図るために必要な知識技能を授けることを目的とする。」と示されている。

　前半にある「準ずる教育を施す」とは、「幼稚園、小学校、中学校又は高等学校の教育」を基準にして、それにならう、もしくは、それに見合った扱いをするという意味のため、特別支援学校の教育は、小・中学校の教育とほぼ同じ内容である。

　一方、後半にある「障害による学習上又は生活上の困難を克服し自立を図るために必要な知識技能を授ける」とは、障害に応じた必要な教育を行うということで、「自立活動」がそれに当たる。

　学校教育法施行規則第 126 条では、「特別支援学校の小学部の教育課程は、国語、社会、算数、理科、生活、音楽、図画工作、家庭、体育及び外国語の各教科、特別の教科である道徳、外国語活動、総合的な学習の時間、特別活動並びに自立活動によって編成するものとする。」とあることからも、特別支援学校の教育課程の基本的考え方は、中学校及び高等学校の各教科、道徳、特別活動、総合的な学習の時間（高等部は総合的な探究の時間）に準ずる教育に加え、障害に基づく種々の困難の改善・克服を目的とした領域である「自立活動」で編成されると言える。特別支援学校小学部の時間割（準ずる教育課程）を表 2-3-1 に示す。時間割例にあるとおり、通常の小学校にある各教科等の授業

表2-3-1　特別支援学校小学部の時間割（準ずる教育課程）の例

	月	火	水	木	金
1	国語	国語	家庭／体育	国語	算数
2	算数	音楽	家庭	体育	自立活動
3	外国語	算数	国語	音楽／図画工作	道徳
4	社会	理科	算数	図画工作	理科
5	理科	社会	外国語	社会	国語
6	学級活動	自立活動	総合的な学習の時間	算数	総合的な学習の時間

のコマに加えて、自立活動のコマがあることがわかる。

自立活動とは、例えば、視覚障害であれば点字の読み書きや白杖歩行、聴覚障害であれば補聴器の活用や発音指導などがこれに当たるが、詳細は別項で記載する。

なお、特別支援学校の教育課程の基準として文部科学大臣が別に公示する特別支援学校幼稚部教育要領、特別支援学校小学部・中学部学習指導要領及び特別支援学校高等部学習指導要領によるものと規定されている。

② 特別支援学校にある３つの教育課程

特別支援学校には、視覚障害、聴覚障害、肢体不自由、知的障害、病弱（身体虚弱を含む）の５種類の障害種等がある。

視覚障害、聴覚障害、肢体不自由、病弱（身体虚弱を含む）の児童生徒を対象とする場合の教育課程は、上述の小学校、中学校及び高等学校の各教科等に加えて、自立活動で構成する教育課程がある。一般には「準ずる教育課程」と呼ばれており、これが１つ目の教育課程である。

学校教育法施行規則第126条第2項に「前項の規定（筆者注：前項は上述）にかかわらず、知的障害者である児童を教育する場合は、生活、国語、算数、音楽、図画工作及び体育の各教科、特別の教科である道徳、特別活動並びに自立活動によって、教育課程を編成するものとする。ただし、必要がある場合には、外国語活動を加えて教育課程を編成することができる。」と規定されている。このことから、知的障害のある児童生徒の場合は、その障害に応じた教育課程を編成することができることになる。この教育課程は、知的障害の特徴や学習上の特性などを踏まえた教育課程となり、この教育課程が２つ目の教育課程となる。表2-3-2に、知的障害の特徴や学習上の特性などを踏まえた教育課程の中学部の時間割の例を示す。

こうした教育課程では、知的障害の特徴や学習上の特性などを踏まえた教育内容を学習することになるので、具体的には、知的障害特別支援学校の小学部では、小学校にあ

表 2-3-2　知的障害の特徴や学習上の特性などを踏まえた教育課程の中学部の時間割の例

	月	火	水	木	金
1	日常生活の指導				
2	音楽	体育	作業学習	音楽	体育
3	生活単元学習	数学	作業学習	美術	国語
4	生活単元学習	総合的な学習の時間	作業学習	美術	自立活動
5	国語	生活単元学習	数学	理科／社会	特別活動
6	数学	生活単元学習	自立活動	自立活動	
7	日常生活の指導				

る「社会」「理科」の代わりに、教科「生活」があったり、中学部では「職業・家庭」という教科があったりする。教科の目標や内容も、学年別になっているのではなく、小学部3段階、中学部2段階、高等部2段階で示されている。

　加えて、必要がある場合は、各教科の全部又は一部を合わせた授業を行うことができるため、多くの学校では、「各教科等を合わせた指導」として、「日常生活の指導」「生活単元学習」「作業学習」「遊びの指導」の授業を行っている。

　また、上述の多くの視覚障害、聴覚障害、肢体不自由、病弱（身体虚弱を含む）の児童生徒を対象とする特別支援学校においても、知的障害を併せ有する児童生徒もいるため、そうした児童生徒には、知的障害の特徴や学習上の特性などを踏まえた教育課程を編成している。「準ずる教育課程」に替えて、知的障害の特徴や学習上の特性などを踏まえた教育課程を編成していることから、「準ずる教育課程」に対して「知的代替の教育課程」と呼ばれることもある。

　3つ目の教育課程が、「自立活動を主とする教育課程」である。特別支援学校の学習指導要領にある「重複障害者等に関する教育課程の取扱い」に示されている「重複障害者のうち、障害の状態により特に必要がある場合には、各教科、道徳科、外国語活動若しくは特別活動の目標及び内容に関する事項の一部又は各教科、外国語活動若しくは総合的な学習の時間に替えて、自立活動を主として指導を行うことができるものとする」という規定に基づいて、編成される教育課程であり、一般に「自立活動を主とする教育課程」と呼ばれる。表2-3-3に自立活動を主とする教育課程の中学部時間割の例を示す。

表2-3-3　自立活動を主とする教育課程の中学部の時間割の例

	月	火	水	木	金
1	日常生活の指導				
2	自立活動	自立活動	自立活動	自立活動	自立活動
3	生活単元学習	生活単元学習	生活単元学習	自立活動	自立活動
4	自立活動	自立活動	自立活動	自立活動	自立活動
5	音楽	生活単元学習	生活単元学習	美術	特別活動
6	音楽	自立活動	自立活動	美術	総合的な学習の時間
7	日常生活の指導				

　このように特別支援学校の場合は、「準ずる教育課程」「知的代替の教育課程」「自立活動を主とする教育課程」の3つがあるが、いずれの教育課程においても自立活動は重要な領域であり、特別支援学校の教育課程の特徴とも言える（特別支援教育の教育課程の特徴でもある）。特別支援学校における専門家との連携において、自立活動は重要な要素となる。なお、自立活動は、自立活動という授業としての取組と、学校全体の教育

活動における取組の二面がある。詳細は別項を参照されたい。

③ 知的障害の特徴や学習上の特性などを踏まえた教育課程における各教科等を合わせた指導

表 2-3-2 の知的障害の特徴や学習上の特性などを踏まえた教育課程の中学部の時間割の例の中に、「日常生活の指導」「生活単元学習」という通常の中学校では見られない授業が設定されている。これらは「各教科等を合わせた指導」と言われ、知的障害の特徴や学習上の特性を踏まえた教育課程の特徴とも言える。詳細は別項を参照されたい。

④ 学習指導要領の改訂

平成 29 年 4 月に公示された特別支援学校幼稚部教育要領小学部・中学部学習指導要領、平成 31 年 2 月に公示された特別支援学校高等部学習指導要領が最も新しい特別支援学校の学習指導要領である（令和 4 年現在）。

前述のように、特別支援学校の教育は、小学校、中学校及び高等学校に準ずる教育であるため、特別支援学校の学習指導要領も、小学校、中学校及び高等学校の学習指導要領の改訂の趣旨に沿って改訂される。そのため、今回の改訂の重要な観点である育成を目指す資質・能力の 3 つの柱の「知識及び技能」「思考力、判断力、表現力等」「学びに向かう力、人間性等」は、特別支援学校の教育においても重要な観点になっている。

また、学校の教育目標等を社会と共有し、連携する「社会に開かれた教育課程」や、子供たちが学ぶことに興味や関心を持ち、自己のキャリア形成の方向性と関連付けながら、見通しを持って粘り強く取り組み、自己の学習活動を振り返って次につなげる「主体的な学び」や、子供同士の協働、教職員や地域の人との対話、先哲の考え方を手掛かりに考えること等を通して、自己の考えを広げ深める「対話的な学び」といった「主体的・対話的で深い学び」の実現に向けた授業改善の推進、各学校が教育課程の編成、実施、評価、改善というサイクルで、計画的かつ組織的に進め、教育の質を高めていく「カリキュラム・マネジメント」の推進も、小学校等と同様に、特別支援学校でも重要な観点になる。

こうした同様の方向に加えて、今回の特別支援学校の学習指導要領の改訂のポイントとして、重要な観点がある。それは、小・中学校との「学びの連続性」の重視である。子供たちの学びの場は、一度決められた学校でずっと固定されることではない。児童生徒の発達の程度、適応の状況等を勘案しながら、特別支援学校から小・中学校等へ、またその逆もある。現在は、柔軟に転学ができるようにするという仕組に変わっている。こうした円滑な転学を踏まえ、特別支援学校の各教科の内容等は、小・中学校との連続性を重視する形になった。さらに、児童生徒の学習の状況によっては、小学校学習指導要領又は中学校学習指導要領における各教科等の目標及び内容の一部を取り入れること

ができるようにもなった。

⑤　個別の指導計画と個別の教育支援計画

　特別支援学校では、在籍する全ての児童生徒に対して個別の指導計画を作成している。個別の指導計画とは、教育課程を具現化し、個々の児童生徒の実態に応じて適切な指導を行うために、一人一人の児童生徒の指導目標、指導内容や指導方法を定めた計画である。特別支援学校のきめ細かい指導を支える重要な計画であると言える。個別の指導計画の様式に定めはないため、都道府県や学校ごとで違いがあるが、計画に記載される主な内容は、○児童生徒・保護者の思いや願い、○児童生徒の特別な教育的ニーズ、○長期・短期目標、○各教科等の目標・指導方法（手立て）、○指導の評価などである。

　個別の指導計画を作成する上で、○児童生徒の実態の把握、○指導すべき課題の抽出、○指導目標（ねらい）の設定、○具体的指導内容の設定という過程があるが、こうした過程における専門家との連携は極めて重要となる。

　また、個別の指導計画に基づく指導は、計画（Plan）‐実践（Do）‐評価（Check）‐改善（Action）のサイクルで進められなければならない。個別の指導計画に基づいた実践において、○児童生徒の学習状況の評価、○評価に基づく指導の改善、○評価を踏まえての計画の見直しという過程を通して、児童生徒にとってより適切な指導が展開されることになる。こうした過程における専門家の支援にも大きく期待できると考えられる。

　特別支援学校では、個別の教育支援計画が全ての児童生徒に作成される。平成15年度から実施された障害者基本計画においても、教育、医療、福祉、労働等の関係機関が連携・協力を図り、障害のある児童の生涯にわたる継続的な支援体制を整え、それぞれの年代における児童の望ましい成長を促すため、個別の支援計画を作成することが示された。このことを受け、個別の支援計画のうち、児童生徒に対して、学校教育の期間について作成される計画が、個別の教育支援計画である。学校において個別の教育支援計画を作成する場合は、学校だけではなく福祉、医療、労働等の様々な側面の関係機関等との密接な連携協力が必要である。このため個別の教育支援計画の作成においても、学校外部の専門家との連携が不可欠となる。

⑥　特別支援学校の教育の特色

　特別支援学校の教育の特色と言える観点を以下に整理する。

ア）個に応じた指導

　特別支援学校では、子供一人一人の障害の状態や発達段階などが異なるため、一人一人の教育的ニーズを把握し、それぞれが持てる力を高めることが重要である。このため前述の個別の指導計画に基づき、個に応じた指導を大切にしながら指導に当たっている。

イ）少人数の学級

特別支援学校の学級編制の標準は、小学部・中学部は6人、高等部は8人（重複学級で3人）である。小学校・中学校の1学級40人（小1は35人）に比べ、少人数で学級を編制できるようになっている。

ウ）教科用図書（教科書）

学校教育法第34条第1項では、「小学校においては、文部科学大臣の検定を経た教科用図書又は文部科学省が著作の名義を有する教科用図書を使用しなければならない。」とあり、学校教育法附則第9条においては、「特別支援学校並びに特別支援学級においては、当分の間、第34条第1項の規定にかかわらず、文部科学大臣の定めるところにより、第34条第1項に規定する教科用図書以外の教科用図書を使用することができる。」とされている。この規定に基づき、特別支援学校で使用されている教科書は、まず、小・中学校、高等学校と同じ教科書である文部科学省検定済教科書となる。また、必要に応じて下学年の教科書を使用することもできる。

障害に応じた教科書として、表2-3-4のような文部科学省著作教科書もある。

表2-3-4　障害に応じた教科書

視覚障害	○小学部児童向けの国語、社会、算数、数学、理科、英語の点字教科書と拡大教科書 ○中学部生徒向けの音楽、美術、保健体育、技術・家庭の拡大教科書
聴覚障害	○言語指導や音楽の教科書
知的障害	○国語、算数・数学、音楽

障害の程度によって、上記の文部科学省検定済教科書や文部科学省著作教科書の使用が適切でない場合は、学校教育法附則第9条に基づき、一般の書店で売られている絵本などを教科書として使用できるが、教科書として使用する場合は、教育委員会に申請して使用する必要がある。

⑦　交流及び共同学習

障害の有無にかかわらず、誰もが相互に人格と個性を尊重し合える共生社会の実現のためには、障害のある子供と障害のない子供がふれあい、共に活動することは重要な取組である。特別支援学校は、小学校・中学校・高等学校等の通常の学校と、こうした取組として交流及び共同学習を行っている。

特別支援学校と通常の学校と交流及び共同学習は、特別支援学校が所在している地域にある通常の学校との交流及び共同学習を行う学校間交流と、特別支援学校に在籍している児童生徒が居住している地域にある通常の学校と交流及び共同学習を行う居住地交流がある。居住地交流は、特別支援学校に通学する児童生徒の居住地との関係が薄くなるという課題に対応するため、児童生徒の住所地の近くの通常の学校との交流及び共同

学習を実施する。居住地交流を推進するため、特別支援学校に在籍する児童生徒が、住所地の近くの通常の学級に副次的な籍を設けている自治体もある。

⑧　進路指導

特別支援学校の高等部を卒業した後は、それぞれの障害や能力に応じて進学、就職、福祉施設を利用する等の様々な進路を選択するが、そのために丁寧な進路指導を行うことも、特別支援学校の特徴の一つである。

特別支援学校では、進路指導の一つとして、産業現場における実習が行われる。これは「現場実習」とも言われ、高等部第2学年や第3学年において、一人一人の生徒の実際の進路先となるような企業や福祉施設等で、数日、もしくは1～2週間、実際に働いてみることである。

特別支援学校高等部学習指導要領には、次のように記載されている。学校においては、「キャリア教育及び職業教育を推進するために、生徒の障害の状態や特性及び心身の発達の段階等、学校や地域の実態等を考慮し、地域及び産業界や労働等の業務を行う関係機関との連携を図り、産業現場等における長期間の実習を取り入れるなどの就業体験活動の機会を積極的に設けるとともに、地域や産業界や労働等の業務を行う関係機関の人々の協力を積極的に得るよう配慮するものとする。」

このように、特別支援学校では、卒業後の社会参加を進めるために、学校と関係機関とが連携を図り、卒業生一人一人の障害や能力、本人の希望等の状況に応じた様々な支援を行っていくことを大切にしている。こうした連携においても、関係機関に所属する様々な専門家との連携が重要となる。

また、卒業時には、学校と進路先とをつなぎ、一貫した支援ができるようにするため、前述の個別の教育支援計画が活用されることになる。

多くの特別支援学校では、学校卒業後しばらくの期間、進路先等との連携を図り、卒業生のフォローアップを行っている。

（2）各教科等を合わせた指導とは

①　法的根拠及び教育課程上の位置付け

知的障害のある児童生徒の教育については、児童生徒の障害の状態に即した指導を進めるために、各教科等・道徳、特別活動及び自立活動のそれぞれの時間を設ける場合と、各教科等の全部又は一部を合わせた授業（各教科等を合わせた指導）を適宜組み合わせ、指導を行う場合がある。

各教科等を合わせた指導に関しては、学校教育法施行規則第130条2にその根拠が定められている。

【学校教育法施行規則第130条2】
　特別支援学校の小学部、中学部又は高等部においては、知的障害者である児童若しくは生徒又は複数の種類の障害を併せ有する児童若しくは生徒を教育する場合において特に必要があるときは、各教科、特別の教科である道徳、外国語活動、特別活動及び自立活動の全部又は一部について、合わせて授業を行うことができる。

②　知的障害のある児童生徒の学習上の特性と指導形態

　知的障害のある児童生徒の学習上の特性としては、学習によって得た知識や技能が断片的になりやすく、実際の生活の場面で生かすことが難しいことが挙げられる。

　そのため、実際の生活場面に即しながら、繰り返して学習することにより、必要な知識や技能等を身に付けられるようにする継続的・段階的な指導が重要となる。

　そこで、知的障害者である児童生徒に対する教育を行う特別支援学校等では、児童生徒の学校での生活を基盤として、学習や生活の流れに即して学んでいくことが良い側面もあることから、知的障害のある児童生徒への指導形態として、「各教科等を合わせた指導」が設定されており、具体的には「日常生活の指導」「遊びの指導」「生活単元学習」「作業学習」などが実践されている。

③　各教科等を合わせた指導の具体

ア）日常生活の指導

　日常生活の指導は、児童生徒が毎日の生活で繰り返す様々な活動を、日常の生活の流れにそって働きかけることで、日常の生活が充実し高まることを意図した指導の形態である。

　日常生活の指導は、身辺生活の処理の技能を高めることだけでなく、児童生徒自身が一日の生活に見通しをもって、日常生活を自立的・発展的に行うための意欲や態度を育てることを目的としている。主な内容は、例えば、衣服の着脱、洗面、手洗い、排泄、食事、清潔など基本的生活習慣の内容や、あいさつ、言葉遣い、礼儀作法、時間を守ること、きまりを守ることなどの日常生活や社会生活における基本的な内容で、各教科・領域の内容が広範囲に扱われる。多くの場合、日課表の中で「朝の会」「○○タイム」など、具体的な活動名で時間割上では帯状に設定される。毎日、同じように繰り返される活動なので、児童生徒の実態に応じ、活動を積み重ね段階的な指導を行っている。

　また、日常生活に密接に関係した内容であるので、家庭と連携し、家庭と学校が一貫した取組を進めていくことが重要となる。

【日常生活の指導の留意点等】

　（ア）日常生活の自然な流れに沿い、その活動を実際的で必然性のある状況下で取り

　組むことにより、生活や学習の文脈に即した学習ができるようにすること。

（イ）毎日反復して行い、望ましい生活習慣の形成を図るものであり、繰り返しながら取り組むことにより習慣化していく指導の段階を経て、発展的な内容を取り扱うようにすること。

（ウ）できつつあることや意欲的な面を考慮し、適切な支援を行うとともに、生活上の目標を達成していくために、学習状況等に応じて課題を細分化して段階的な指導ができるものであること。

（エ）指導場面や集団の大きさなど、活動の特徴を踏まえ、個々の実態に即した効果的な指導ができるよう計画されていること。

（オ）学校と家庭等が連携を図り、児童生徒が学校で取り組んでいること、また家庭等でこれまで取り組んできたことなどの双方向で学習状況等を共有し、指導の充実を図ること。

イ）遊びの指導

　遊びの指導は、主に小学部段階において、遊びを学習活動の中心に据えて取り組み、身体活動を活発にし、仲間との関わりを促し、意欲的な活動を育み、心身の発達を促していくものである。「遊び」とは本来、楽しいものであり、児童自身が「運動機能を高める」「社会性を身に付ける」といった目的を意識して活動しているわけではない。

　そのため、遊びの指導では、児童が生き生きと楽しく遊ぶ中で、自分から進んで遊具に働きかけたり、仲間と関わったりするなどの様々な力を身に付けていくことが重要となる。

　遊びの指導では、生活科の内容をはじめ、体育科などの各教科等に関わる広範囲の内容が扱われる。例えば、場や遊具等が限定されることなく、児童の興味によってブランコに乗ったり、砂場で砂遊びをしたりするような比較的自由に取り組む遊びと、場面を設定し、砂や水、積み木やボール等を使って一定の条件の下で、比較的制約性の高い課題に取り組む遊びがある。これらを連続的に設定し、児童が自立する上で必要な感覚・運動機能、社会性、道徳心などを育むことを目的としている。

【遊びの指導の留意点等】

（ア）児童の意欲的な活動を育めるようにすること。その際、児童が主体的に遊ぼうとする環境を設定すること。

（イ）教師と児童、児童同士の関わりを促すことができるよう、場の設定、教師の対応、遊具等を工夫し、計画的に実施すること。

（ウ）身体活動が活発に展開できる遊びや室内での遊びなど児童の興味や関心に合わせて適切に環境を設定すること。

（エ）遊びをできる限り制限することなく、児童の健康面や衛生面に配慮しつつ、安全に遊べる場や遊具を設定すること。

（オ）自ら遊びに取り組むことが難しい児童には、遊びを促したり、遊びに誘ったりして、いろいろな遊びが経験できるように配慮して、遊びの楽しさを味わわせるようにしていくこと。

ウ）生活単元学習

　生活単元学習は、児童生徒が生活上の目標を達成したり、課題を解決したりするために、一連の活動を組織的・体系的に経験することによって、自立や社会参加に必要な事項を実際的・総合的に学習するものであり、各教科等の内容が広範囲に扱われる。そのため指導においては、実際の生活上の目標や課題に沿って指導目標や指導内容を組織することが重要となる。

【生活単元学習の単元例】

　生活単元学習は、学習内容により、一つの単元が2、3日で終わる場合もあれば、1学期間、あるいは1年間続く場合も考えられる。

　指導計画の作成時には、年間における単元の配置や各単元の構成や展開について十分に検討する必要がある。以下は、具体的な単元名等の例である。

＜単元名＞

テーマ	単元名の例
学校行事との関連	楽しい遠足、思い出を作ろう（学校祭）、卒業生を送る会をしよう
季節の生活	星に願いを（七夕）、秋を探して楽しもう、もうすぐお正月
生活上の課題	宿泊学習に行こう、電車に乗って出かけよう
発表・表現	みんなで劇をしよう、作品展を開こう
制作・生産	カレンダーを作ろう、野菜を育てよう
偶発的な事柄	転入生を温かく迎えよう、○○さんのお見舞い

【生活単元学習の指導の留意点等】

（ア）単元は、実際の生活から発展し、児童生徒の知的障害の状態や生活年齢等及び興味や関心を踏まえたものであり、個人差の大きい集団にも適合するものであること。

（イ）単元は、必要な知識・技能の習得とともに、思考力、判断力、表現力等や学びに向かう力、人間性等の育成を図るものであり、生活上の望ましい態度や習慣が形成され、身に付けた指導内容が現在や将来の生活に生かされるようにすること。

（ウ）単元は、児童生徒が指導目標への意識や期待をもち、見通しをもって、単元の活動に意欲的に取り組むものであり、目標意識や課題意識、課題解決への意欲等

を育む活動を含んだものであること。

（エ）単元は、一人一人の児童生徒が力を発揮し、主体的に取り組むとともに、学習活動の中で様々な役割を担い、集団全体で単元の活動に協働して取り組めるものであること。

（オ）単元は、各単元における児童生徒の指導目標を達成するための課題解決に必要かつ十分な活動で組織され、その一連の単元の活動は、児童生徒の自然な生活としてまとまりのあるものであること。

（カ）単元は、各教科等に係る見方・考え方を生かしたり、働かせたりすることのできる内容を含む活動で組織され、児童生徒がいろいろな単元を通して、多種多様な意義のある経験ができるよう計画されていること。

※生活単元学習の指導を計画するに当たっては、一つの単元が、2、3日で終わる場合もあれば、1学期間など長期にわたる場合もあるため、年間における単元の配置、各単元の構成や展開について組織的・体系的に検討し、評価・改善する必要がある。

④　**作業学習**

作業学習は、作業活動を学習活動の中心にしながら、児童生徒の働く意欲を培い、将来の職業生活や社会自立に必要な事柄を総合的に学習するものである。とりわけ、作業学習の成果を直接、児童生徒の将来の進路等に直結させることよりも、児童生徒の働く意欲を培いながら、将来の職業生活や社会自立に向けて基盤となる資質・能力を育むことが重要となる。作業学習の指導は、知的障害者である児童生徒に対する教育を行う特別支援学校中学部では職業・家庭科の目標及び内容が中心となるほか、高等部では職業科、家庭科及び情報科の目標及び内容や、主として専門学科において開設される各教科の目標及び内容を中心とした学習へとつながるものがある。

なお、小学部の段階では、生活科の目標及び内容を中心として作業学習を行うことも考えられるが、児童の生活年齢や発達の段階等を踏まえれば、学習に意欲的に取り組むことや集団への参加が円滑にできるようにしていくことが重要となることから、生活単元学習の中で、道具の準備や後片付け、必要な道具の使い方など、作業学習につながる基礎的な内容を含みながら単元を構成することが効果的である。

作業学習で取り扱われる作業活動の種類は、農耕、園芸、紙工、木工、縫製、織物、金工、窯業、セメント加工、印刷、調理、食品加工、クリーニングなどのほか、事務、販売、清掃、接客なども含み多種多様である。

作業活動の種類は、生徒が自立と社会参加を果たしていく社会の動向なども踏まえ、地域や産業界との連携を図りながら、学校として検討していくことが大切である。

【作業学習の指導の留意点等】

（ア）児童生徒にとって教育的価値の高い作業活動等を含み、それらの活動に取り組む意義や価値に触れ、喜びや完成の成就感が味わえること。

（イ）地域性に立脚した特色をもつとともに、社会の変化やニーズ等にも対応した永続性や教育的価値のある作業種を選定すること。

（ウ）個々の児童生徒の実態に応じた教育的ニーズを分析した上で、段階的な指導ができるものであること。

（エ）知的障害の状態等が多様な児童生徒が、相互の役割等を意識しながら協働して取り組める作業活動を含んでいること。

（オ）作業内容や作業場所が安全で衛生的、健康的であり、作業量や作業の形態、実習時間及び期間などに適切な配慮がなされていること。

（カ）作業製品等の利用価値が高く、生産から消費への流れと社会的貢献などが理解されやすいものであること。

【作業学習と産業現場における実習との関連】

「産業現場等における実習」（一般に「現場実習」や「職場実習」とも呼ばれている。）を、他の教科等と合わせて実施する場合は、作業学習として位置付けられる。

その場合、「産業現場等における実習」については、現実的な条件下で、生徒の職業適性等を明らかにし、職業生活ないしは社会生活への適応性を養うことを意図するとともに、働くことに関心をもつことや働くことの良さに気付くことなど、将来の職業生活を見据えて基盤となる力を伸長できるように実施していくことに留意する必要がある。

さらに、各教科等の目標や広範な内容が包含されていることにも留意する必要がある。

「産業現場等における実習」は、これまでも企業等の協力により実施され、大きな成果が見られるが、実施に当たっては、保護者、事業所及び公共職業安定所（ハローワーク）などの関係機関等との密接な連携を図り、綿密な計画を立て、評価・改善することが大切である。

また、実習中の巡回指導についても適切に計画し、生徒の状況を把握するなど柔軟に対応する必要がある。

（3）特別支援学校高等部専門学科の指導とは

①　特別支援学校高等部専門学科とは

　特別支援学校の高等部の学科を定める省令（抄）＜昭和41年2月21日文部省令第二号＞により、特別支援学校の高等部の専門教育を主とする学科は、次の表に掲げる学科その他専門教育を施す学科として、適正な規模と内容があると認められるものである。

視覚障害者である生徒に対する教育を行う学科	家庭、音楽、理療、理学療法に関する学科
聴覚障害者である生徒に対する教育を行う学科	農業、工業、商業、家庭、美術、理容・美容、歯科技工に関する学科
知的障害者、肢体不自由者又は病弱者（身体虚弱者を含む。）である生徒に対する教育を行う学科	農業、工業、商業、家庭、産業一般に関する学科

　高等部専門学科は、各種特別支援学校の普通科の教科等に加えて、上記の教育分野に関する教科・科目を生徒に履修させることにより、専門的な職業教育を行い、生徒の自立と社会参加を促進していく学科である。

　特に近年は、知的障害の程度が比較的軽度から中度を対象とした知的障害特別支援学校高等部専門学科（職業学科）の設置が進んできた。

　職業学科の設置の規模や形態等は各学校で異なっている。知的障害特別支援学校高等部単独校であり、1学年の生徒定員数が50名程度より少なく、高等部の普通科と併置されている学校や、生徒定員数が50名程度より多く、職業学科が単独で知的障害教育部門高等部を構成している学校もある。いずれにしても、定員制を導入している学科であるため、入学者選考を実施して、入学者の決定を行う学科である。

　職業学科では、企業等や各種の専門家と連携することにより、生徒に対して実践的・系統的な職業教育を行い、職業的自立を基盤とした社会参加を促進してきている。

②　専門学科の教育課程

ア）視覚障害、聴覚障害、肢体不自由、又は病弱特別支援学校の専門学科

ⅰ）教育目標

　専門学科においても、各学校の教育目標を踏まえて専門学科教育目標を定め、その達成に向けて教育活動を展開していく。

ⅱ）各教科・科目の履修

　普通科と共通する各教科・科目に加えて、主として専門学科において開設される各教科・科目及び設置者の定めるそれぞれの標準単位数を踏まえ、生徒に履修させる単位数について適切に定めている。

対象の特別支援学校種別	専門学科で開設される教科
視覚障害、聴覚障害、肢体不自由又は病弱特別支援学校	農業、工業、商業、水産、家庭、看護、情報、福祉、理数、体育、音楽、美術、英語
視覚障害特別支援学校	保健理療
聴覚障害特別支援学校	印刷、理容・美容、クリーニング

※各教科の科目については、特別支援学校高等部学習指導要領を参照のこと

  （ア）専門教科・科目について、全ての生徒に履修させる単位数は 25 単位を下らないこととする（一部、普通科の教科・科目の履修をもって、替えることができる）。

  （イ）専門教科・科目の履修をもって、必履修教科・科目の一部又は全部に替えることができる。

  （ウ）総合的な探究の時間の履修と課題研究等の履修は、一部又は全部に替えることができる。

iii）専門学科における配慮

  （ア）職業に関する各教科・科目については、実験・実習に配当する授業時数を十分に確保する。

  （イ）各分野における基礎的・中核的な科目の基礎的・基本的内容を確実に身に付け、実験・実習との関連で指導する。

  （ウ）就業体験活動は、その教科・科目の内容に直接関係があり、あらかじめ計画・評価されることで、実習に替えることができる。

イ）知的障害特別支援学校の専門学科（職業学科）

ⅰ）教育目標

　各学校の教育目標を踏まえて、「将来の職業的自立を目指し、知的障害のある生徒の自己実現と社会参加・自立を促進し、社会に貢献できる人材の育成」といった職業教育に関わる目標を設定する。

ⅱ）職業学科において開設される教科

  （ア）普通科の各教科のほか、家政、農業、工業、流通・サービス若しくは福祉の各教科及び学校設定教科のうち専門教育に関するもの。

  （イ）専門教科の履修をもって、全ての生徒に履修させる各教科の履修に替えることができる。

  （ウ）専門教科について、全ての生徒に履修させる授業時数は、875 単位時間を下らないものとする。

iii）職業学科における配慮

  （ア）各教科の指導に当たっては、各教科の段階に示す内容を基に、生徒の知的障害の状態や経験に応じて、具体的に指導内容を設定する。

（イ）教科別指導のほか、必要に応じて各教科、道徳科、特別活動及び自立活動を合わせて指導を行うなど、効果的な指導方法を工夫する。

（ウ）生徒の障害の状態や特性及び心身の発達段階等、学校や地域の実態等を考慮し、地域や産業界や労働等の業務を行う関係機関との連携を図り、産業現場等における長期間の実習を取り入れるなどの就業体験活動の機会を積極的に設けるとともに、関係機関の人々の協力を積極的に得る。

iv）職業学科の指導計画（例）

（ア）職業に関する教科の内容を実習との関係で整理し、各種系列・コースの授業とする。

ビルクリーニングコース	教科「流通・サービス」の内容「清掃」と教科「福祉」の内容「社会福祉の概要」等を合わせ、ビルクリーニングの技能習得及び近隣施設での実習を通して、サービスの思考、判断、態度を培う。
ロジスティクスコース	教科「流通・サービス」の内容「流通業やサービス業の概要」、「事務」等の実習を通して行い、総合的な事務の技能及びサービスの思考、判断、態度を培う。
エコロジーサービスコース	教科「農業」の内容「農業生物の栽培と管理」と教科「流通・サービス」の内容「流通業やサービス業の概要」等を合わせ、栽培や管理の技能及び公園の花壇や芝生等の整備実習を通して、サービスの思考、判断、態度を培う。
食品サービス	教科「家政」の内容「調理」と教科「流通・サービス」の内容「流通業やサービス業の概要」等を合わせ、食品製造の技能及び喫茶接遇の実習を通して、接遇サービスの思考、判断、態度を培う。
福祉サービス	教科「家政」の内容「保育」と教科「福祉」の内容「介護・福祉サービス」等を合わせ、保育・介護の技能、及び近隣福祉施設での介護実習等を通して、介護サービスの思考、判断、人と接する態度を培う。

（イ）キャリアガイダンスの時間（各教科等を合わせた指導）＜東京都＞

知的障害の比較的軽い生徒の卒業後の職業生活・家庭生活上の課題解決力の向上のため、各教科、道徳科、特別活動及び自立活動を合わせて指導形態である。

【指導内容例】アンガーマネジメント、消費者教育、防災教育など

（ウ）各教科と進路指導の関連

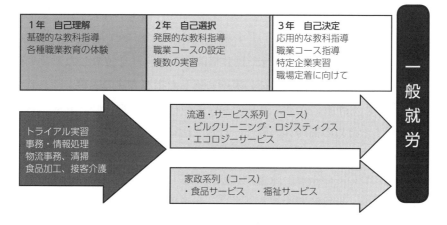

（４）特別支援学校における専門家との連携

① 特別支援学校の役割

　特別支援学校には、地域の特別支援教育の拠点としてのセンター的機能を発揮することが求められており、教員にはそれを支える専門性の向上が必要である。

　しかし、多様な教育的ニーズに対応するために必要な医療・福祉、労働等に関する専門性全てを教員が担うのは難しく、専門的な知識を有する外部専門家との連携が重要となる。

② 「学習指導」「生活（生徒）指導」「進路指導」の充実に資する連携

　教員の児童生徒の指導に関する業務は、大まかに「学習指導」「生活（生徒）指導」「進路指導」に分類される。

　児童生徒の障害の多様化や重度化、障害者を取り巻く社会の変化、地域や家庭事情の違い等により、個々の教育的ニーズは様々であるため、一人一人に応じた適切な指導及び必要な支援を行うためには、教員だけでは限界がある。

　ここでは、特別支援学校において、「学習指導」「生活（生徒）指導」「進路指導」の面から教員と外部専門家とが連携することの意義や現状等について述べる。

ア）「学習指導（自立活動の指導を含む）」に関する連携

　特別支援学校の児童・生徒は、障害による様々な学習上・生活上の困難を有している。児童生徒一人一人の実態に応じた適切な指導及び必要な支援を行うために、的確な実態把握に基づき、指導方法や教材・教具及び指導環境を工夫することが求められ、教員と様々な専門家との連携により、その実現が図られている。特に、特別支援学校の教育課程に設定されている「自立活動」では、専門家と連携した実践が数多く紹介されている。

　具体的な専門家との連携による成果としては、臨床心理士等の心理の専門家による標準化されたアセスメントの実施により、個々の認知等に関する特徴や課題を的確に把握し、指導方法や教材の提示方法等を工夫することができ、授業改善に役立てられている。

　また、STによる言葉の発声・発音や摂食機能、人工内耳を装着した児童生徒等の聞こえの評価等により、個々の児童生徒の実態に応じた指導方法の改善が図られている。

　OTによる着替えや排泄、食事、道具の操作等の日常生活動作の評価やこれらの日常生活動作を獲得するための補助具の製作、日常生活・作業活動等に役立つ教材の製作や、PTによる呼吸状態や姿勢等に関する身体機能面からの評価、学校生活で可能な運動機能の改善・向上についての指導、障害の状態に応じた椅子や机などの備品の評価は、教員が適切な教材開発・教材解釈するとともに、指導環境の整備を図る上で極めて有効である。

　さらに、今後の学校教育においては、ICT 機器の活用は、障害のある児童生徒にとっても必要不可欠であることから、各障害や障害の程度に応じた学習アプリ等の開発など、ICT 支援員等と教員の協働的な連携が重要となる。

　なお、各障害種別の特別支援学校では、上記の専門家の他にも視機能訓練士や音楽療法士等と連携し、個々の障害の実態等に応じた指導の工夫・改善が行われている。

イ）「生活（生徒）指導」に関する連携

　友人関係や家庭の問題で深刻な悩み等を抱え、なおかつその悩みに対するストレスに適切に対処できないような特別支援を必要とする児童生徒に対しては、学校は課題解決に焦点を当てた個別指導及び支援をする必要がある。

　しかし、課題解決的な個別指導は、学級担任・ホームルーム担任一人だけでは解決に導くことが困難な場合が多く見られることから、学級担任・ホームルーム担任が児童生徒本人や保護者からこのような課題についての相談を受けたときには、必ず管理職などと相談し、養護教諭やスクールカウンセラー等の専門家の意見を踏まえて対応することが必要である。児童生徒がもつ課題の背景には、児童生徒の性格や社会性などの個人的問題、児童虐待・家庭内暴力・家庭内不和・経済的困難など家庭の問題、LD・ADHD・高機能自閉症・アスペルガー症候群などの発達障害、また、友人間での人間関係に関する問題などが多く見られる。

　学校としては、このような課題の背景を十分に理解し、スクールカウンセラー等の専門家も含めたチームとしての支援体制をつくることが求められ、チームとして該当児童生徒の見立てをし、場合によっては、早急に精神科医などと連携することが必要となる。

　さらに、特別支援学校における生活指導は、学校と家庭とが連携して当たることが重要であるが、家庭状況等は様々であることから、保護者支援の視点からも、児童相談所や子ども家庭支援センター等との日常的な連携が必要不可欠となっている。

　また、特別支援学校は、児童生徒の地域や家庭における生活支援に関しては専門機関と比較するとその専門性は乏しく、学校機能としても限界がある。

　そのため、障害のある児童生徒やその保護者が、障害者総合支援法に基づく様々な福祉サービスを有効活用できるように、相談支援事業等を担う福祉の専門家やスクールソーシャルワーカー（SSWr）と連携するとともに、必要最低限の福祉に関する基礎知識を習得することが求められている。

　なお、肢体不自由のある児童生徒を教育する特別支援学校では、移動介助や食事介助、排せつ介助、学習補助等を、介護福祉士等の介護の専門家が担うことにより、子供たちの学校生活の充実を図ったり、看護師と教員との連携により、医療的ケアが必要な幼児児童生徒に対して安全かつ適切な対応が行われたりしている。

ウ）「進路指導」に関する連携

　障害のある生徒の自立と社会参加の促進を図るためには、学校においてキャリア教育・職業教育を推進し、福祉や労働等の関係機関と連携しながら就労支援を一層充実させる必要がある。就労支援の面では、ハローワークの障害者雇用担当者や地域の就労支援センター、就労移行支援事業所との連携は必要不可欠である。さらに、産業現場における実習（以後、「現場実習」という。）に協力していただいている企業等においては、企業在籍型「職場適応援助者（ジョブコーチ）」が配置されていることもあり、現場実習における課題等を踏まえ、学校での職業教育の充実に資する助言をいただいたりしている。

　職業教育の充実に関する具体的な取組として、作業学習や職業の専門教科における喫茶サービスや食品加工、ビルメンテナンス（清掃作業）等の指導に関して、企業や業界団体等の協力を得て、専門的な指導ができる人材を市民講師として招聘し、教員と連携して指導を行うことなどが取り組まれている。福祉就労（福祉事業所等への入所）においては、在学中から、区市町村の福祉事務所（障害福祉課等）と連携し、区市町村が行う福祉事業所への入所に関するアセスメント実施への協力や、就労継続支援A型・B型事業所、生活介護事業所等との現場実習等を通じた進路先決定に関する連携が取り組まれている。

　また、進学面においては、進学先の大学等の学生支援部署の担当者との連携により、進学先で円滑に学習できるよう特別支援学校の教員と本人・保護者を交えての配慮事項等について確認するなどの取組が行われており、本人・保護者にとっては受験する学校の選択や入学前のガイダンスとしても役に立っている。

③　専門家との円滑な連携を図るための留意点

ア）これからの学校教育に必要な教員の資質・能力

　これからの学校教育では、教員が多様な専門性をもつ人材等と連携・分担してチームとして職務を担うことにより、学校の教育力・組織力を向上させることが必要であり、その中心的役割を担う教員一人一人がスキルアップを図り、その役割に応じて活躍できるようにすることが重要である。

　中央教育審議会が2012年にとりまとめた「共生社会の形成に向けたインクルーシブ教育システム構築のための特別支援教育の推進（報告）」において、インクルーシブ教育システムを構築するうえでの医療・保健・福祉・労働等の関係機関等との適切な連携の重要性が示されている。

　このような背景から、「多職種連携協働（Interprofessional Work：IPW）」と呼ばれる医療や介護の分野の考えを学校現場や教員養成課程に取り入れる必要性と学校の教員がIPWを実践できる専門性を身に付けることが求められている。

イ）多職種連携協働（IPW）に必要な教員の具体的な能力

　１点目は「専門職能力」であり、教員にとっては、指導計画を立て、児童生徒の実態に応じた適切な指導ができる能力などである。２点目は全ての専門職が必要とする「共通能力」であり、具体的には、特別支援教育や障害のある児童生徒に対する指導・支援に共通する価値観や、障害のある児童生徒及び保護者とのコミュニケーション能力である。３点目は他の専門職と協働するために必要な「協働的能力」であり、具体的には、円滑に職種間のコミュニケーションを図ることのできる能力である。そして、専門職間の円滑なコミュニケーションを図る上では、自己の役割を全うすること、他の職種を理解すること、自己の職種を省みること、職種間の関係性に働きかけることが重要であり、これらの能力を身に付けることで専門職間の連携協働が円滑に機能することが指摘されている。

ウ）専門家をコーディネートとする組織的な取組

　教員は、幼児児童生徒の指導上の課題等に関して、どのような専門家にどのように相談したらよいのか分からずに、問題を一人で抱え込むことがある。

　各教員が抱える指導上の課題や問題について、適切な助言ができる専門家につなぐコーディネーター的な役割を担う教員は、組織的に専門家を活用する上では極めて重要である。外部専門家導入に当たり、校長がその役割を、特別支援教育コーディネーターや肢体不自由特別支援学校の自立活動の専門性を有する教員等に担わせている取組などは、専門家と教員間の連携促進を図る上で有効である。

（5）特別支援学校高等部専門学科における専門家との連携の在り方

　ここでは、特に知的障害特別支援学校高等部職業学科における専門家との連携の在り方について記述する。

① 職業に関する教科における専門家との連携

　知的障害特別支援学校高等部職業学科の中心的な学習である「職業に関する教科」の指導は、各職種における専門的な技術は市民講師等を依頼し、生徒が習得できるようにしている。

　しかし、前述したように実習を中心とする指導形態の中で、職業コースの指導内容・構成は異なるため、コースごとに連携する専門家は各学校により異なる。

<連携する専門家の例>

コース例	指導内容	専門家
ビルメンテナンス	清掃技術 こども園清掃サービス 高齢者施設サービス	協会団体専門家 保育士 社会福祉士 ヘルパー
ロジスティック	物流技能 フォークリフト運転 事務技能	企業担当者 メーカー指導者 自動車教習所講師 企業担当者
エコロジーサービス	農業技術 園芸技術 公園管理	農業技術指導員 園芸技術指導員 庭師
食品	パン製造 菓子製造 喫茶接遇 衛生管理	パン職人 パティシエ 協会団体専門家 薬剤師
福祉	保育 介護 福祉サービス 衛生管理	保育士 ヘルパー 社会福祉士 薬剤師

<連携の留意点>

　例示した専門家の専門的知識に基づいた技能を生徒に指導する場合、生徒が理解し判断する範囲及び主体的な態度は、教員が生徒一人一人の障害の状態や経験に基づき、専門家との十分な共通理解の下、計画的に指導に当たる必要がある。

② 各教科等を合わせた指導（キャリアガイダンスの時間＜東京都＞）における専門家との連携

　知的障害の比較的軽い生徒の卒業後の自立と社会参加を促進し、より豊かな生活を送ることができる力を育成するために、各教科等を合わせた指導の中で、職業生活・家庭生活上の課題解決力の向上のために専門家と連携することも重要である。

職業生活上の課題	専門家
ストレスマネジメント 身だしなみ（TPO） デジタル機器活用	産業カウンセラー ファッションコーディネーター デジタルサポーター

家庭生活上の課題	専門家
健康管理 アンガーマネジメント 金銭問題 金銭感覚（金銭管理） 生命尊重 生活安全 防災・減災	医師、歯科衛生士 心理士、医師 弁護士、社会福祉士 社会労務士 助産師 警察官、消防士 防災士

＜連携の留意点＞

　ここでは、学習計画に位置付けられる各教科の学習で身に付けた力を活用し、より積極的な課題解決学習を行うための専門家との連携について記述する。

　例えば、ストレスマネジメントを産業カウンセラーと連携して授業をする場合、グループエンカウンターの技法を用いた授業とすると、図2-3-1のような各教科等の構成要素をもった授業となる。

　「職場での話し方、聞き方を話し合い、どのように感情の変化を受け止めるか」といった内容で、専門家に講義を受けた時、教員は生徒一人一人の話の理解の仕方の向上（自立活動）と相手を尊重する気持ち（道徳）について、話し合い活動の進行に合わせて、変化を見とっていくことで、有意義な専門家と連携した授業となる。

　専門家と教員が、軽度であったとしても知的障害のある生徒の話し合い活動の授業の進め方を共通理解して、将来の職業上の課題解決の力の育成を図りたい。

　また、家庭生活上の課題の中では、今日的な事項として、金銭問題についての指導がある。それは、成年年齢の引き下げに伴う消費者教育が卒業後の一般就労を目指す生徒には、喫緊の課題であるからである。社会情勢の変化については、弁護士などの専門家からの指導を受けることで、生徒に強く意識付けたい。

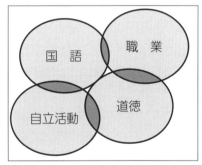

図 2-3-1　各教科等の構成要素

③　その他の専門家との連携

ア）教科「保健体育」及び部活動（体育系）での専門家との連携

　一般就労に定着していくためには、就労生活を継続できる基礎的な体力づくりが必要不可欠である。通常の体育の授業での体力向上に加えて、知的障害のある児童生徒にみられる身体の動かし方の不器用さについての指導の必要性も、近年指摘されている事柄である。コーディネーショントレーニングの専門家や理学療法士と連携した指導を、職業学科においても検討する必要がある。

　また、東京2020オリンピック・パラリンピック大会のレガシーとして、障害者スポーツの普及や生涯スポーツへの継続した取組も、卒業後、自ら豊かな

生活を送るために必要な生徒が、職業学科には少なからず在籍している。さらに、種目によっては、知的障害者スポーツの日本代表に選ばれる生徒も在籍している。そのため、ボッチャをはじめとするパラスポーツや、近年プロ化されたスポーツ協会の専門家との連携も広げていきたい。

イ）学校設定教科や総合的な探究の時間での専門家との連携

　現在、職業学科も国際理解教育により、英語教育の充実や日本の良さを再認識するための学習が重視されている。そのため学校設定教科として「日本の伝統文化」を設定したり、総合的な探究の時間のテーマを「伝統文化」にしたりして、茶道、華道、日本舞踊、箏などの専門家と連携し、体験活動を行っている学校もある。地域の歴史や文化等との関連を図り、継続した取組としていきたい。

第4節 特別支援学級の教育課程と専門家との連携

（1）教育課程の概要

①　特別支援学級の教育課程の編成〜小学校・知的障害特別支援学級の指導内容を中心に〜

　はじめに知的障害特別支援学級（以下、「特別支援学級」という。）の現状について触れたい。今、多くの特別支援学級では、多様な教育的ニーズを有する児童生徒（以下、「児童」という。）が在籍している。通常の学級に在籍して学んできた児童が、学習上又は生活上の困難さに直面し、特別支援学級に転学してくるケースがとても多くなっている。一方、障害の程度や特性を踏まえると、特別支援学校でのより少人数の場で、きめ細かい指導や支援を必要とする児童も在籍している。特別支援学級での指導が適当であると判断された児童でも、その実態は様々である。特別支援学級は、大変広い守備範囲を担い、それぞれのニーズに応じた多様な指導や教育的支援を求められている。障害の特性や発達段階だけでなく、それぞれの生育歴等に起因する生活上の課題や、健康上・身体上の配慮、家庭との協力体制の状況等、様々な要因を把握し、対応しながら教育活動を進めていくこととなる。

　このような現状を踏まえ、「個別最適な学び」と「協働的な学び」を展開し、知的障害のある児童の「主体的、対話的で深い学び」を実現していくことが各特別支援学級設置校の重要な責務であり、特別支援学級の教員の腕の見せ所である。児童の将来の自立と豊かな社会参加を願い、一人一人の実態と教育的ニーズを的確に捉え、学校・学級のチーム力を結集しながら、骨太な教育課程の編成を進めたい。

②　教育課程編成の基本的な考え方

　特別支援学級は、小・中学校等に設置をされている学級である。したがって、それぞれの学校の教育目標や方針の達成を目指し、目指す児童の姿を学校全体で共有しながら教育活動を展開していくことが重要である。特別支援学級の教育課程を編成する際、まず通常の学級の教育課程を基本として考えていくことが重要である。学習指導要領に示された各教科等の内容やその系統性、取扱いの方法等などが、知的障害のある児童の発達段階や教育的ニーズに合っているのか、特性に応じた学習スタイルで進めることができるのか等を吟味する必要がある。自閉症・情緒障害特別支援学級では、各教科や領域等について、当該の学年の内容を履修することを基本として検討をしていくが、知的障害のある児童が在籍する特別支援学級の教育課程として、各教科等の目標や内容をそのまま適用して編成していくことは、必ずしも適切であるとは言えない。

学校教育法施行規則第138条には、以下のように規定されている。

> 　小学校、中学校若しくは義務教育学校又は中等教育学校の前期課程における特別支援学級に係る教育課程については、特に必要がある場合は・・・（中略）・・・特別の教育課程によることができる。

　この規定は、対象となる児童の障害の種類や程度等によって、障害のない児童に対する教育課程をそのまま適用することが適当ではない場合があることを踏まえて設けられたものである。

　特別支援学級の教育課程は、知的障害のある児童の発達段階や障害特性等を踏まえ、児童の持てる力を最大限引き出し、生きる力を育むために一人一人の教育的ニーズに応え得る教育課程を編成することが重要である。編成を進めるに当たっては、当該学年の児童の実態を踏まえ、下学年の指導内容を取り扱うことを視野に入れて編成していくことが考えられる。それでもなお、学習上の困難や知識・技能の理解や習得が難しい場合、知的障害特別支援学校の教育課程を参考にして編成をしていくことができる。このことについては、平成29年3月に改訂された小学校学習指導要領（第1章総則　第4の2の(1)のイ）に以下のように示されている（中学校も同様）。

> イ　特別支援学級において実施する特別の教育課程については、次のとおり編成するものとする。
> 　（ア）　障害による学習上又は生活上の困難を克服し自立を図るため、特別支援学校小学部・中学部学習指導要領第7章に示す自立活動を取り入れること。
> 　（イ）　児童の障害の程度や学級の実態等を考慮の上、各教科の目標は内容を下学年の教科目標や内容に替えたり、各教科を、知的障害者である児童に対する教育を行う特別支援学校の各教科に替えたりするなどして、実態に応じた教育課程を編成すること。

③　指導の内容と形態について

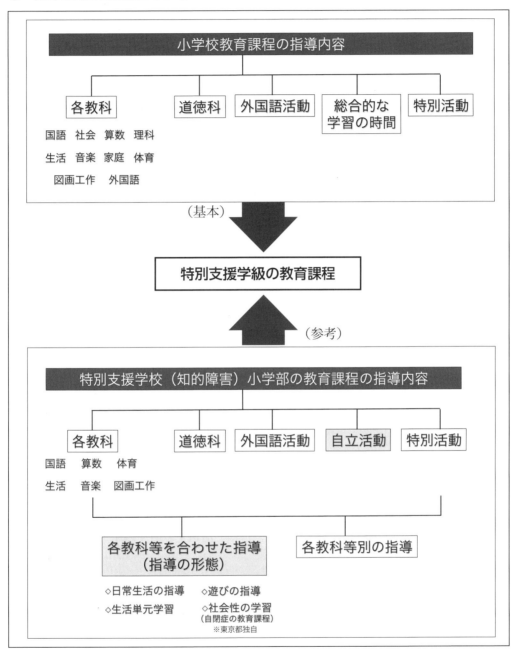

　特別支援学級の教育課程は、小学校の教育課程を基本にしながら、児童の障害の種類や程度、教育的なニーズ等を踏まえ、特別支援学校の教育課程を参考にするなどして編成を進めていく。次に、各指導内容を組織・編成していく際のポイントや配慮事項について触れていく。

ア）各教科

　小学校の学習指導要領では各教科の目標は学年（または2学年）ごとに示されている。一方、特別支援学校の学習指導要領では、学年ごとではなく児童の学習状況に沿った「段階」で目標が示されている。児童の実態と指導内容や方法、指導の形態等を踏まえ、一人一人に確かな学習目標を設定することが重要である。また、知的障害のある児童の特性や発達段階を考慮し、社会、理科、家庭、外国語等の教科は、各教科等を合わせた指導の中で、その内容を系統的に位置付けて取り扱う場合もある。各教科の充実が求められる中、各教科の指導をどのように進めていくのかは、教育課程編成上の大きなポイントであり、学級の指導体制の根幹が問われる部分でもある。

イ）道徳科

　特別支援学級においても、道徳科の時間の要とした学習活動を展開し、内容の充実を図りたい。ただし、指導に当たっては、児童の生活経験や興味・関心、実生活に結び付いた具体的な内容を取り上げることが重要である。実際的な活動や周囲との対話的活動を通して、これから生きていく上で必要となる道徳的心情と実践力を育む取組みを進める。

ウ）外国語活動

　様々な言葉や文化に触れ、積極的にコミュニケーションを図ろうとする態度を養いたい。どの学年から特設するのか、教科等を合わせた指導の中で取り扱うのか、児童の実態を捉えながら進める必要がある。

エ）総合的な学習の時間

　総合的な学習の時間は、特別支援学校（知的障害・小学部）では設けないこともできるが、特別支援学級では児童の実態を踏まえ、創意工夫をしながら展開したい。各教科等の理解や習熟の状況、一人一人の学習課題等を踏まえ、具体的なテーマ設定を心がける。身に付けてきた知識や技能が発揮され、情報を活用する力や課題を解決しようとする意欲、態度を育みたい。

　学校全体で共通となるテーマや活動がある場合など、総合的な学習の時間が、交流及び共同学習のよきチャンスとなることも多い。児童の実態に応じて、当該学年の取組に参加してく可能性も見いだせるとよい。

オ）特別活動

　学級活動の充実を図り、学級の一員であることへの自覚や安心感、よりよく関わり合おうとする態度、意欲を育みたい。また様々な学校行事や児童会活動等を通して、通常の学級の児童や教職員、地域の人々と活動を共にする機会がもてるよう、児童の実態や個別目標を基に意図的・計画的に進める。

カ）自立活動

　詳しい内容については、特別支援学校の教育課程の項で述べられているので、ここでは取扱いについて述べる。

　「自立活動」は、6区分27項目にわたり指導内容が示されているが、各教科のようにその全てを取り扱うものではなく、個々の児童の障害の状態等を的確に把握し、障害による学習上又は生活上の困難を主体的に改善・克服するために必要となる項目を選んでいく。一人一人の指導内容や個別目標が異なることから、「個別の指導計画」に明確に位置付けながら、指導者間で共通理解を図り、指導内容や指導場面を的確に捉えた上で取組を進めていくことが重要である。

キ）各教科等を合わせた指導について

　特別支援学級においても、「各教科等の内容の一部又は全部を合わせた指導」による指導が効果的な場合がある。合わせた指導を行う際には、各教科等で育成を目指す資質や能力を明確にするとともに、効果的に実施できるよう横断的な視点によるカリキュラム・マネジメントが求められる。

　特別支援学級の課題として、「合わせた指導」の効果的な指導展開ができていない、という現状がある。内容や活動が単発的であったり、各教科や領域との関連が乏しかったり、児童の学習目標があいまいだったりする実態が散見する。

　特別支援学校の教育課程を参考に特別支援学級の教育課程を編成し、合わせた指導を取り入れるのであれば、指導者側の各教科等を合わせた指導への理解と教育活動を豊かに展開していこうとする姿勢と力が必要である。教員の専門性向上が求められる今、大きな課題の一つであると考えている。

④　教育課程の具体化と個別化

　編成した教育課程は、在籍する児童の実態に応じ、より個別的な視点で具体化していく作業が重要であり、むしろこのプロセスに担任集団のチーム力と専門性が試される。

　まず、編成した教育課程に込めた願いや目指す児童像、指導・支援の基本的な方針、教育活動の中核を担う指導内容について担任間で共通理解を図ることが重要である。そして指導内容ごとに「指導計画」を作成していく。その作業の過程で、クラスの編制や学習グループ等、複数担任制を効果的に生かした指導体制なども検討されることになる。在籍する児童への指導場面を具体的に想定しながら、有効で実行可能な指導計画を作成してきたい。

　さらに、一人一人の児童の「個別の指導計画」を作成し、児童の実態に沿った目標や内容・方法、支援の手立てを明確にしていく。「個別の指導計画」は、言わば「一人一人の教育課程」であり、今後一層の活用が求められる。「個別の指導計画」を基に、保

護者との共通理解と連携を深め、保護者の教育的支援への参画意識を高めることができる。指導者間の一貫した指導や支援のよきベースにもなる。児童の個別目標等の明確化は、確かな学習評価を生み、指導や支援の妥当性を検証することにつながる。今後様々な関係機関等との情報共有や連携は、この「個別の指導計画」を活用しながら行われていくことになるだろう。

⑤ 教育課程の具現化を支えるネットワークの在り方

　教育課程を考える上で重要なことは、「教育過程（プロセス）」ではないかと考える。教育課程を編成し、実態に応じた具体化、個別化を図りながら教育活動を進めていくわけだが、指導者側が思うようにはなかなか進まない、そんな課題に直面することも多い。児童は一日一日、刻々と変容してく。取り巻く環境や生活経験によって、教育的ニーズや優先すべき課題も変わることがある。

　そこで重要なのは、教育活動を日々展開していくプロセスの中で、児童の姿を中心に据えながら、「教育過程」の進捗状況を把握し、保護者も含めた指導者チームで評価・検証・修正をしていくことである。教育課程や指導計画は、指導の土台であり、根幹となる方針を示したものであるが、児童の姿や変容に応じて柔軟に修正ができるものであってほしい（もちろん、変わりすぎても困るのだが…）。

　指導計画の検証や修正、より効果的な指導の在り方等を検討する際は、必要に応じて専門家と連携し、新たな視点を得るための取組も進めたい。

　児童への理解を高めるための新たな視点でのアセスメントや、障害特性への更なる理解、心理面・身体（健康）状況の捉え方や対応等、医療や心理の専門家等からの見立てやアドバイスを得る機会を設けてみる。

　「学びの場の充実とその連続性」の重要性を踏まえ、児童の教育的にニーズに応じて「学びの場」を提供することができる柔軟な仕組みや体制が求められている。通常の学級、特別支援学級、通級指導教室、特別支援学校等の教育課程や、就学前施設の取組、進学先の教育課程等について、相互に理解し合うことにより、「学びの連続性」に視点を置いた日常的な連携を心がけたい。学校の内外で、「交流及び共同学習」を展開していく際にも、この「学びの連続性」をベースに置きながら計画・実施してくことで、より児童の実態に応じた、豊かな活動を展開していくことができる。

　このように、教育課程を具現化し、児童の豊かな学習活動を展開するためには、それを支え得るネットワークを構築し、日常的に情報連携と行動連携をしていくことが重要となる。次項において、その部分ついて少し広げながら伝えていきたい。

（2）特別支援学級と専門家の連携

①　特別支援学級と専門家の連携の在り方 ～小学校特別支援学級を中心に～

　前項で特別支援学級の教育課程の編成について触れたが、教育課程を軸に据え、指導計画に基づいて教育活動を展開し、児童生徒（以下、「児童」という。）の豊かな学びと健やかな成長を実現するためには、一人一人の児童を全体像で捉え、正しく理解していくことが重要である。そして、それぞれの教育的ニーズへ的確に応えるための指導・支援を展開するためには、様々な立場による、多様な視点や考え方等を得ながら、指導者の専門性向上と指導体制の構築・充実に生かしていく取組が必要となる。

　特別支援学級においては、これまでも様々な立場の専門家との連携は行われてきたに違いない。私自身も特別支援学級の担任として、そして今は設置校の校長として多くの方々に支えていただいている。これからの時代の特別支援教育の充実と推進を図るためにも、これまで以上に積極的な連携と支援の協働化を進めていきたい。

②　校内での専門性に目を向けて

　専門家との連携と聞くと、学校外の方々をイメージするが、校内で専門性を有するメンバーとの連携も重要である。まずは「身近な専門家」を再認識し、設置校のよさを生かした連携を進めたい。

　特別支援教育コーディネーターとは常に情報交換をし、特別支援学級の教育活動や校内の支援体制の進捗状況を共有したい。養護教諭との連携では、児童の心身の状態や変容等を経年で把握・共有することができ、貴重な資料となる。定期健康診断の受診や健康管理、保健指導等は、知的障害のある児童の将来の実生活を支える重要な取組であり、養護教諭との人間関係づくりも含め、日常的に連携を深めたいキーパーソンの一人である。

　教科の学習場面においては、専科担当教員との連携もぜひ検討したい。専門教科の強みを生かし、学級担任による個別的な支援と合わせることで、児童に対してより豊かな学習活動を提供することができる。また、専科担当が知的障害のある児童の特性や学習活動の進め方等を知るよい機会となり、児童理解と支援力の向上が期待できる。

　学校司書等との連携も今後、一層重要度が増していく。「読書バリアフリー法」が成立・施行され、知的障害のある児童の読書活動の充実と、それを実現するための環境・体制づくりが必要となっていく。学校司書がよきパイプ役となり、学校図書館の利用や読書活動、調べ学習等の展開、デジタルツールを介した多様な情報の扱い、新たな学習スタイルの工夫など、児童の発達段階や興味・関心に応じながら充実を図りたい。そのためにも学校司書には、特別支援教育の視点を基にした指導の在り方や児童の実態や特性を中心に、情報の共有を進めていく必要がある。

③ ニーズに応じた専門家との連携について

ア）児童理解・障害の特性や心理面へのアセスメント等に関わる連携

　児童の実態を正しく理解することは、全ての教育活動を進めるうえで最も重要である。発達段階や障害の特性は、一人一人の生育歴や療育歴等を踏まえながら捉えるべきであり、日々の学びの中で児童が変容していく姿を基にして、常に正しく理解することを心がけたい。児童の姿を見ていても、個々の状態像や行動等へ判断や理解に迷うこともある。支援の方針に悩む場面も少なくない。指導経験が豊富な教員であっても、自分の経験や感覚のみで判断するべきではないケースもあり、必要に応じて専門家との連携を図っていくことが重要である。医療機関をはじめ、大学等専門機関で特別支援教育や発達支援系の研究に携わる方々や民間の療育機関の専門家と連携することもある。

　医療機関との連携では、小児科・小児精神科等の医師をはじめ、臨床心理士や療育部門の担当者、また様々な領域の療法士と連携することがある。実際に学校に招き、直接児童の姿を見ていただく機会は限られることもあり、保護者の了解のもと、児童の日常的な姿や、アドバイスをもらうためのポイントとなる状況を、できるだけ詳しく情報を提供し、共有できることが重要である。そして、「学校が何を知りたいのか」「連携することで、どう進めていきたいのか」等、ニーズを明確にすることが必要である。専門家と連携をする際には心がけたい事項である。

　様々な発達検査やアセスメントに関する専門家からのフィードバックや、保護者を通して得た情報やアドバイス等は、指導者間で共有・整理し、児童に対する今後の指導や支援に生かすとともに、機会があれば、連携の成果を児童の変容などから捉え、学校から伝えていく場を設けられるとよい。

　また、各市区町村には発達支援や教育相談等を担う部門があり、臨床心理士や相談員等が配置されている。各地区内のリソース等についての情報も多くもっており、各学校や保護者との連携も日常的に行われている。就学相談等での連携場面もあり、積極的に連携を進めていくとよい。たとえ些細と思えるような内容であっても、情報提供のつもりで相談をしていくことを進めたい。地区内の特別支援学級が今どんな状況なのか、どんな課題と向き合いながら教育活動を展開しているのか等、知ってもらうよい機会となるからである（間違いなく、担当者に名前を覚えてもらえるだろう）。

イ）児童の健康・身体面の把握と対応に関わる連携

　特別支援学校では、日常的な医療的ケアを要する児童が多く在籍している。適切な医療的ケアにより、児童の日々の学びが保障されていくことが重要である。国においても、2021年9月に「医療的ケア児及びその家族に対する支援に関する法律（医療的ケア児支援法）」が施行された。今後、医療的ケアに関わる専門職の育成や連携に関わる取組

が更に前進をしていく。

　特別支援学級においても、医療的ケアが必要となる児童が在籍することがある。また、医療との連携を図りながら、健康面への配慮や対応をするケースも少なくない。それぞれの主治医との連携では、情報の共有を基に、学校生活を送る上での注意事項や活動の範囲等について指示を得ることがある。ここでもやはり、保護者・医療・学校の三者で現状や今後の見通し等について共有していくことが重要である。

　医療との連携では、諸検査等の実施により児童の身体・健康面での状況を把握しようとする取組もある。脳波検査（てんかん発作や情緒の発達等）、四肢機能検査（上肢・下肢の運動機能等）等を実施していた例もある。予算面での課題もあり、必ずしも十分に行えている状況とは言えない。

　また、設置校においては、学校医との連携が重要である。内科医・歯科医・耳鼻科医・眼科医、それぞれの立場や経験から、心身の健康についての助言を得ることができる。小児神経科等の医師や整形外科医が校医になることは、決して多くはないと考えられるが、各自治体単位で各学校のオーダーに応じて連携できる体制づくりが望まれる。

　筆者が多くのことを医師から得ることができた連携事例がある。筆者が担任をしていたいくつかの地区では、特別支援学級の合同宿泊学習を実施しており、その場には毎回医師が同行していた。活動を共有する中で児童の姿や私たち教員の働きかけ等を見ていただくことができた。現地でケース会議を行ったり、児童の姿を通して、その捉え方や対応の在り方等について指導・助言をもらったりすることで、教員集団の専門性と対応力の向上につながった事例である。

ウ）保護者との関わりや家庭支援に関わる連携

　保護者は、「我が子にとって一番の専門家」である。つまり、保護者との連携は、最も大切な専門家との連携であると言える。日々、児童に関わる情報を相互伝達し、共有しながら指導や支援を進めていくことが重要である。保護者と学級担任とが児童に願う姿を共有し、一貫した姿勢で働きかけを行うことで児童の安心感は大きくなり、課題に取り組む意欲を高めることができる。

　一方、保護者の中には、様々な事情により学校との連携がスムーズに行えないケースもある。また、子育てや障害のある我が子との関わりについて不安を抱いていることもあり、家庭支援という形でのサポートが必要となる場合もある。障害のある児童の支援を進めていく上で、保護者の理解や養育姿勢、家庭の支援体制は重要な意味をもつ。必要に応じ、保護者との連携や家庭への支援という観点での連携を進めていく。具体的には、各地区の保健や福祉領域の専門家等との連携が考えられる。発達相談や発達支援に関わる部署、母子保健センター、子ども家庭支援センターや SSWr（スクールソーシャ

ルワーカー）等とは実際に連携することも多い。学校はそのパイプ役となり、必要な情報を提供したり、共有したりする役割を担っていくとともに、共有した情報を生かし、保護者の立場に寄り添いながら、学級としてできる支援を進めていく。

エ）就転学等に関わる連携

　就学前施設から小学校へ、あるいは中学校や高等学校への進学等、児童の就学に関わる手続きや取組をどう進めていくか。特別支援学級に途中入級をするケースも多くなっており、児童にとってよりよい学びの場を決定していく作業は、就転学に携わるメンバーにとって非常に重要な責務である。

　特別支援学級において、児童の学びの連続性を保証し、一人一人のニーズに的確に応え得る就学先を決定してくプロセスを、専門家またはそのチームと確かな連携を基にして進めていく必要がある。各自治体には就学相談や就学支援を進めていくチームがある。就学相談員や臨床心理士の他、医師や研究職に携わる方がスーパーバイザーとして連携することもある。また、教育委員会の特別支援教育担当の指導主事と関わる場面も多い。

　保護者や本人の願いや考えを受け止めながら、学校側と就学支援チームとが教育的ニーズや見通しを共有し、十分に協議・検討をしながら、よりよい見解や提案を導き出せるよう最大限努力をしていきたい。互いに共有するケースが増えていくごとに、児童の姿の捉え方、就学先決定をしていく際の優先すべき事項や配慮すべき事項など、様々な見識が蓄積していく。それを自分の力としながら、特別支援学級を担う教員の誰もが、就学支援に関わる必要十分な力を身に付けてほしいと願っている。

オ）将来に向けた視点・キャリア教育に関わる連携

　就学先の決定とも関わるが、将来の自立や社会参加を具体的にイメージできるよう、進学先の教育機関や学校卒業後の様々な機関と連携することもある。中学校や特別支援学校中・高等部の担当と、それぞれの指導計画の在り方や実施状況、個別のケースについて情報交換をしていく。学びの連続性を踏まえた縦の連携として重要な取組となる。

　また卒業後の生活について、例えば卒業生が就労している会社の担当者や就労支援に携わる事業所、福祉作業所をはじめ、障害福祉に関わる方等を、担任の研修会や時には保護者会に招き、学校卒業後の生活を支える環境や体制等について学ぶことがあり、貴重な学びの場を得ることができる。

カ）教員の専門性向上に関わる連携

　これからの特別支援教育の推進と、多様な学びの場における指導の充実を図るためには、児童と向き合い、指導と支援に当たる教員の専門性向上が何よりも求められる。日々の具体的な取組の中で自己研鑽に取り組むことが重要だが、経験豊かな専門家や様々な視点で指導実践を見ていただける方を招き、指導助言を得る機会を設けたい。特別支援

学級の設置校であれば、校内研究に一緒に取り組むこともあり、校内全体で特別支援学級の児童への理解や教育的ニーズに応じた指導・支援の在り方を共有するよい機会となる。その他、年次研修の授業や各地区で取り組んでいる研究会の授業研究等、具体的な取組を通して学び、できるだけ実践的な成果を得る研修会を進めたい。

　講師予算の問題も気になるところではあるが、大学等の研究機関の先生や民間療育機関の担当者等を講師に招くこともある。また、地域支援のセンター的機能を果たす特別支援学校の経験豊かな先生を招き、指導を受けることもある。あるいは各地区の担当指導主事や、設置校での実践を積見重ねてきた校長先生方に指導をお願いすることもある。いずれの場合でも、課題や身に付けたい専門性等を明確にし、指導助言を必要とするポイントを共有しながら連携をしていくことが重要である。また、お呼びする専門家の多くは、特別支援教育に関する国や各自治体の動向等について最新の情報をもっているので、その情報を得ながら理解を深めていくことも心がけたい。

④　専門家との連携で心がけたいこと

　様々な場で、様々な方々が、特別支援教育に携わり取り組んでいる。特別支援教育の理念を、それぞれの立場で受け止め、役割・責務として担いながら取り組んでいるのである。私たちはまず、そのことを改めて認識することが大切である。

　今回は、特別支援学級と専門家との連携という軸で述べたが、特別支援教育に携わる者同士が連携し、状況の共有や支援の在り方等を共有し合うことにより、それぞれの理解や支援の幅が広がり、専門性の向上につながっていくことが期待できる。また、連携のつながりが広がっていくことにより、当該の児童や家庭を中心とした「理解と支援のネットワーク」の構築ができる。児童の生涯を見通した指導・支援を考えたとき、このネットワークは大変重要な意味をもつ。

　実際に連携する際には、連携を要する具体的なニーズが見えにくいことや、こちらのニーズと専門家の視点がずれてしまい、「期待していた指導助言が得られなかった」と感じてしまうこともある。筆者も経験してきたところである。当事者である児童や保護者のことを一番知っているのは担任である。だからこそ知っていること、理解していることは多い。一方、それぞれの立場の専門家は、当事者に関する直接的な情報は少ないが、予断なく実態を見たり、状況を分析したりすることができる。それは多様なケースに関わってきたからこそ提供できる情報なのである。この両者の強みが重なり合うことで、よりよい理解や対応につながる連携が進められる。

　学校を含め、それぞれの専門家が連携を通して視野を広げ、パワーアップし、日常的につながり合う環境をつくること、それが専門家との連携を進める重要な目的の一つなのだと考える。

第**5**節 通級による指導の指導内容と専門家との連携

（1）通級による指導の概要

① 通級による指導を受ける児童生徒の増加傾向

　この10年間（平成21年度から令和元年度）で、小・中学校の通級による指導を受ける児童生徒は2.5倍となっている（図2-5-1）。特に、平成18年に新たに通級による指導の対象となった発達障害である注意欠陥多動性障害や学習障害、自閉症の児童生徒の増加が著しい。また、平成30年度からは、高等学校における通級による指導が開始されている。平成28年12月には標準法が改正され、通級による指導を担当する教員が基礎定数化されたことにより、今後、さらに通級による指導が広がっていくことと思われる。

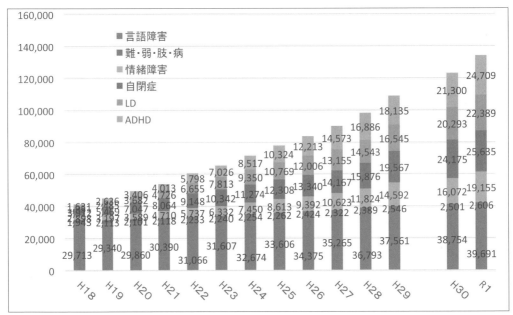

図 2-5-1　通級による指導を受ける児童生徒の推移

＊高等学校については、平成30年度から計上
（文部科学省「特別支援教育資料」より）

② 法令上の規定

　通級による指導は、学校教育法施行規則第140条及び第141条に基づき、小学校・中学校・義務教育学校・高等学校又は中等教育学校の通常の学級に在籍していて、通常の学級での学習におおむね参加できるが、一部特別な指導を必要とする障害がある児童生徒を対象としている。各教科等の授業は通常の学級で行いつつ、障害に応じた特別の指

導を特別の場で行う。その指導は、特別支援学校の学習指導要領に示されている自立活動を参考にした、障害による学習上又は生活上の困難を改善・克服することを目的とする内容である。通常の学級と連携しながら、児童生徒の状態に応じて指導している。

◆学校教育法施行規則第 140 条

　小学校、中学校、義務教育学校、高等学校又は中等教育学校において、次の各号のいずれかに該当する児童又は生徒（特別支援学級の児童及び生徒を除く。）のうち当該障害に応じた特別の指導を行う必要があるものを教育する場合には、文部科学大臣が別に定めるところにより、第 50 条第 1 項（第 79 条の 6 第 1 項において準用する場合を含む。）、第 51 条、第 52 条（第 79 条の 6 第 1 項において準用する場合を含む。）、第 52 条の 3、第 72 条（第 79 条の 6 第 2 項及び第 108 条第 1 項において準用する場合を含む。）、第 73 条、第 74 条（第 79 条の 6 第 2 項及び第 108 条第 1 項において準用する場合を含む。）、第 74 条の 3、第 76 条、第 79 条の 5（第 79 条の 12 において準用する場合を含む。）、第 83 条及び第 84 条（第 108 条第 2 項において準用する場合も含む。）並びに第 107 条（第 117 条において準用する場合を含む。）の規定にかかわらず、特別の教育課程によることができる。
　一　言語障害者
　二　自閉症者
　三　情緒障害者
　四　弱視者
　五　難聴者
　六　学習障害者
　七　注意欠陥多動性障害者
　八　その他障害のある者で、この条の規定により特別の教育課程による教育を行うことが適当なもの

◆学校教育法施行規則第 141 条

　前条の規定により特別の教育課程による場合においては、校長は、児童又は生徒が、当該小学校、中学校、義務教育学校、高等学校又は中等教育学校の設置者の定めるところにより他の小学校、中学校、義務教育学校、高等学校、中等教育学校又は特別支援学校の小学部、中学部若しくは高等部において受けた授業を、当該小学校、中学校、義務教育学校、高等学校又は中等教育学校において受けた当該特別の教育課程に係る授業とみなすことができる。

③　通級による指導の内容

ア）教育形態

　通級による指導とは、通常の学級に在籍している障害のある児童生徒に対して、各教科等の大部分の授業を通常の学級で行いながら、一部の授業について当該児童の障害に応じた特別の指導を特別の指導の場（通級指導教室等）で行うものである。

イ）特別の教育課程の編成

　通級による指導に係る特別な教育課程を編成するに当たっては、児童生徒の障害に応じた特別の指導を、教育課程に加え、又はその一部に替えることができるものとされている。教育課程に加える場合とは、放課後等の授業のない時間帯に通級による指導の時間を設定し、対象となる児童生徒について指導を実施するというものである。また、教育課程の一部に替える場合とは、他の児童生徒が他の授業を受けている時間に、通級による指導の時間を設定し、対象となる児童生徒について通級による指導を実施するというものである。

ウ）対象となる児童生徒

　学校教育法施行規則第140条の各号に示されている言語障害、自閉症、情緒障害、弱視、難聴、学習障害、注意欠陥多動性障害、肢体不自由、病弱及び身体虚弱の障害がある児童生徒である。

エ）授業時数

・小・中学校では、年間35単位時間～280単位時間までを標準とされている（週当たり1～8単位時間相当）。また、学習障害及び注意欠陥多動性障害のある児童生徒は年間10単位時間～280単位時間までを標準とされている。

・高等学校においては、年間7単位を超えない範囲で全課程の修了を認めるに必要な単位数のうちに加えることができるとされている。

オ）指導計画作成上の留意点

　指導に当たっては、特別支援学校小学部・中学部学習指導要領第7章に示す自立活動の6区分27項目の内容を参考とし、児童生徒一人一人に、障害の状態や特性及び心身の発達の段階等の的確な把握に基づいた自立活動における個別の指導計画を作成する。また、指導の効果を高めるため、通常の学級の担任と通級による指導の担当教員とが随時、学習の進捗状況等について情報交換を行うようにする必要がある。教育課程上の配慮として、学校教育法施行規則第141条により、児童生徒が在籍校以外の学校で特別の指導を受ける場合でも、他校で受けた指導を、特別の教育課程に係る授業とみなすことができる。

④　通級による指導における障害の状態等に応じた指導内容

ア）言語障害

ⅰ）対象となる児童生徒の障害の程度

　口蓋裂・構音器官のまひ等器質的又は機能的な構音障害、吃音等話し言葉におけるリズムの障害、話す・聞く等言語機能の基礎的事項の発達の遅れなどがあり、一部特別な指導を必要とする程度。

ⅱ）指導内容

　正しい音の認知や模倣、構音器官の運動の調整、発音・発語指導などの構音の改善にかかわる指導、遊びの指導・斉読法などによる話し言葉の流暢性を改善する指導、日常生活経験と結び付けた言語機能の基礎的事項に関する指導などが行われている。また、言語の障害は、子供の対人関係等生活全般に与える影響が大きいことから、話す意欲を高める指導やカウンセリング等の指導も行われている。

イ）自閉症

ⅰ）対象となる児童生徒の障害の程度

　自閉症又はそれに類する児童生徒で、一部特別な指導を必要とする程度。

ⅱ）指導内容

　他者との関係性に関わる指導、情緒の安定に関する指導、状況の理解と変化に対応に関する指導、障害の特性の理解と生活環境の調整に関する指導、感覚調整の補助及び代行手段の活用に関する指導、認知や行動の手掛かりとなる概念の形成に関する指導、他者の意図や感情の理解に関する指導、生活習慣の形成に関する指導などが行われている。必要に応じて、個別指導やグループ別指導を適切に組み合わせた指導が行われている。

ウ）情緒障害

ⅰ）対象となる児童生徒の障害の程度

　主として心理的な要因による選択性かん黙等があり、一部特別な指導を必要とする程度。

ⅱ）指導内容

　情緒の安定に関する指導、状況の理解と変化に対応に関する指導、非言語なコミュニケーションの表出に関する指導、状況に応じたコミュニケーションに関する指導、言語の表出に関する指導などが行われている。

エ）視覚障害（弱視）

ⅰ）対象となる児童生徒の障害の程度

　拡大鏡等の使用によっても通常の文字・図形等の視覚による認識が困難であり、一部特別な指導を必要とする程度。

ⅱ）指導内容

　視覚認知、目と手の協応動作、視覚補助具の活用等の自立活動に関する指導が中心となる。また、国語における新出漢字や文章の読み書きの指導、算数・数学の図形に関する指導や社会科の地図の指導など、視覚的な情報収集が十分にできないため、その内容を補ったりしなければ効果的な学習ができない内容、理科や家庭科の実験・観察や実習など個別に配慮が必要な内容についての補充指導も行われている。

オ）聴覚障害（難聴）

ⅰ）対象となる児童生徒の障害の程度

　補聴器等を使用しても通常の話声を解することが困難な程度であり、一部特別な指導を必要とする程度。

ⅱ）指導内容

　聴覚活用に関すること、音声言語（話し言葉）の受容（聞き取り及び読話）と表出（話すこと）に関することが主である。さらに必要に応じて、言語（語句、文、文章）の意味理解や心理的問題、人間関係などの改善についての内容も取り上げられている。聴力測定のためにオージオメータ、集団補聴器や発音・発語指導のために音声直視装置などが用意されている教室もある。

カ）学習障害（LD）

ⅰ）対象となる児童生徒の障害の程度

　全般的な知的発達に遅れはないが、聞く・話す・読む・書く・計算する又は推論する能力のうち特定のものの習得と使用に著しい困難を示し、一部特別な指導を必要とする程度。

ⅱ）指導内容

　感覚や認知の特性についての理解と対応に関する指導、代替手段等の使用に関する指導、言語の形成と活用に関する指導、コミュニケーション手段の選択と活用に関する指導、感覚の総合的な活用に関する指導、認知や行動の手掛かりとなる概念の形成に関する指導、集団への参加の基礎に関する指導、障害の特性の理解に関する指導、情緒の安定に関する指導などが行われている。

キ）注意欠陥多動性障害（ADHD）

ⅰ）対象となる児童生徒の障害の程度

　年齢又は発達に不釣合いな注意力、又は衝動性・多動性が認められ、社会的な活動や学業の機能に支障をきたし、一部特別な指導を必要とする程度。

ⅱ）指導内容

　注意集中の持続に関する指導、行動の調整に関する指導、生活のリズムや生活習慣の

形成に関する指導、姿勢保持の基本的技能に関する指導、作業に必要な動作と円滑な遂行に関する指導、集団への参加の基礎に関する指導、行動の手掛かりとなる概念の形成に関する指導、言語の受容と表出に関する指導、障害の特性の理解に関する指導、情緒の安定に関する指導などが行われている。

ク）肢体不自由、病弱・身体虚弱

ⅰ）対象となる児童生徒の障害の程度

肢体不自由の程度が、一部特別な指導を必要とする程度。

病弱又は身体虚弱の程度が、一部特別な指導を必要とする程度。

ⅱ）指導内容

肢体不自由のある子供の場合、障害による学習上又は生活上の困難を主体的に改善・克服するために、健康状態、姿勢や運動・動作、保有する感覚の活用、コミュニケーション等の改善・克服を図る自立活動の指導を継続的に指導することが考えられる。

病弱・身体虚弱の子供の場合、病気等による学習上又は生活上の困難を主体的に改善・克服するために、健康状態の回復・改善や体力の向上、心理的な課題への対応などについて指導することが考えられる。

（2）通級による指導の指導内容と専門家との連携

①　通級による指導と専門家との連携

通級による指導を受ける児童生徒は、教科そのものは在籍学級の授業として指導が行われるので、通級指導教室での指導内容は、障害による学習上又は生活上の困難を改善・克服するための、特別支援学校学習指導要領の自立活動に相当する内容となる。したがって、一人一人の状態を的確に把握し、個別の指導計画を作成し、その計画に沿って指導を行っていく必要がある。また、指導の成果を検証し、評価してさらなる指導の改善に努めていかなければならない。

自立活動は、各教科のように教科書があるわけではなく、一人一人の障害の状態に応じて、効果的に指導を行っていくものである。通級指導担当者には、対象となる児童生徒の実態把握をする力が問われ、障害や医療についての知識や専門機関と連携する力も必要となる。しかし、学校内だけでは障害に関する専門的な助言を受けることは難しい。効果的な指導を行っていくには、通級指導担当者として、様々な専門家と連携し、助言を活かしながら児童生徒の指導計画を作成し、実際の指導を行うことが大切である。

助言を得る専門家としては、医師や心理士、OT、PT、ST、視能訓練士等、児童生徒の状態によって様々な分野にわたる。地域内の特別支援学校や教育相談機関、民間施設、場合によっては子ども家庭支援センター等の福祉機関等とも互いに連携し、そこの

職員から助言を得ることも考えられる。通級による指導を受ける児童生徒の障害の状態は様々であり、その状態にあった専門家から助言を得て、指導の内容を充実したものとしていきたい。

② 専門家との連携の内容

ア）実態把握への助言

通級による指導を開始する際には、まず、児童生徒の状態を的確に把握する必要がある。そのことが、個別の指導計画の作成の基であり、実際の指導、状態の改善につながっていく。実態把握が曖昧であれば、一人一人の指導目標も実態にそぐわず、指導の成果を期待できないことになる。

実態把握の内容としては、障害の状態、発達や経験の程度、興味・関心、生活や学習環境などの実態を的確に把握する。その際、収集する情報の内容としては、病気等の有無や状態、生育歴、基本的な生活習慣、人やものとのかかわり、心理的な安定の状態、コミュニケーションの状態、対人関係や社会性の発達、身体機能、視機能、聴覚機能、知的発達や身体発育の状態、興味・関心、障害の理解に関すること、学習上の配慮事項や学力、特別な施設・設備や補助用具の必要性、進路、家庭や地域の環境等、多岐にわたる。

これらの内容を、観察法や面接法、検査法等の方法により、保護者や関係する専門機関から情報収集し、その内容を整理する。その際に、教育的な立場からだけではなく、心理学的な立場や医学的な立場、福祉的な立場の専門家から助言を得ながら内容を整理し、指導すべき課題の抽出を行うことが考えられる。

この段階は、障害特性を考慮した児童生徒理解を深め、指導の方向性を決定していく大事な段階である。児童生徒の状態に応じて専門家から助言を得ることは、通級指導担当者のアセスメントする力や見通しをもつ力を高めることにつながる。

イ）個別の指導計画作成への助言

特別支援学校学習指導要領解説の自立活動編には、個別の指導計画の作成手順が示されている。実態把握を行い、その内容を整理した後には、指導すべき課題を抽出し、指導目標の設定、指導内容の設定という手順で進めていく。

個別の指導計画を作成する上で、最も重要と言える段階は、ア）で行った実態把握から指導目標を設定するまでのプロセスにある。その際、実態把握から指導すべき課題を抽出する際に、児童生徒の「できないこと」ばかりを取り上げるのではなく、困難さの改善のために「得意なこと」や「できること」を活かしていくという考え方が大切である。そのような考え方に基づき、指導すべき課題として、何を中心的な課題とするのか、また、取り上げた課題同士の関連や指導の優先順位、指導の重点の置き方等について、総合的

に検証していく。その検証が、具体的な指導目標の設定や指導内容の設定へとつながる。

　自立活動の個別の指導計画の作成に当たっては、このように分析や整理に時間をかけ、丁寧に進めていく必要がある。一人の担当者の考えだけで作成するのではなく、整理した実態把握の内容を基に、複数の教員からの意見や専門家を交えた検討会議等を経て、様々な角度から児童生徒の状態を分析・予測し、一人一人に実際の指導につなげていきたい。

ウ）指導についての助言

　指導の方向性が定まり、個別の指導計画が作成されたら、実際の指導が行われる。指導内容は、自立活動の6区分27項目の中から、児童生徒の状態に応じて選定され、それらを相互に関連付けて、具体的な指導内容を設定することとなる。特別支援学校学習指導要領解説の自立活動編には、その際の配慮事項として、次のようなことが示されている。

　①主体的に取り組む指導内容であること

　②改善・克服の意欲を喚起する指導内容であること

　③発達の進んでいる側面を更に伸ばすような指導内容であること

　④自ら環境と関わり合う指導内容であること

　⑤自ら環境を整える指導内容であること

　⑥自己選択・自己決定を促す指導内容であること

　⑦自立活動を学ぶことの意義について考えさせるような指導内容であること

　通級による指導では、指導形態として教員と児童生徒が1対1で行う個別指導の形態や、コミュニケーションを大事にした小集団指導の形態により、在籍学級での様子も考慮しながら、指導が行われている。一人一人の実態が多様なので、通級指導担当者も児童生徒の状態に応じて、興味・関心を引き出しながら、様々な指導内容を工夫する必要がある。

　しかし、指導の成果が思うように表れなかったり、見立てが異なると感じたりすることもある。指導内容や方法に関する引き出しを増やしたり、指導計画を修正したりするためにも、専門家を活用したい。指導場面を直接見てもらいながら、児童生徒の反応や、教員の関わり方、適切な教材・教具、在籍学級や家庭での支援などについて、①から⑦に示された配慮の観点に基づいた助言を得ることは、通級指導担当者としての幅を一層広げていく。

エ）評価への助言

　指導と評価は一体であると言われるように、自立活動においても、個別の指導計画で設定した指導目標の達成に近付いているかどうかを節目、節目で評価し、次の指導へと

活かしていくことが大切である。

　評価については、通級指導教室での指導場面だけではなく、指導した内容が在籍学級や家庭でも成果を上げているのか、在籍学級の担任や保護者等から様子をうかがったり、在籍学級での様子を実際に確認したりする中で、複数の教員から協力を得て評価していく必要がある。その際、専門家を交えたケース会議等を行い、障害による学習上や生活上での改善に向かっているのか、場合によっては指導計画を修正する必要があるのか、それらの判断を行うために、専門家の助言を有効に活用したい。本人や保護者へ説明する際にも、専門家からの助言は具体的で根拠が明確となる。

③　専門家との連携の場

　限られた時間の中で指導を行う通級による指導では、一人一人の異なる状態に対して、指導の成果をより高めるためには、専門家からの助言が大きく関わる。地域内の様々な分野の専門家の情報を基に、通級による指導に専門家が関わるような体制を構築していきたい。

ア）ケース会議として

　多くの通級指導教室ではケース会議を実施し、通級指導担当者は児童生徒の実態把握から始まり、個別の指導計画の作成、指導、評価のそれぞれの段階において担当している児童生徒の検討を行っている。このケース会議に必要に応じて専門家を加え、具体的な助言を得たい。児童生徒の見方がより深まり、通級指導担当者の特別支援教育に関する専門性の向上につながる。

イ）児童生徒本人や保護者への助言として

　指導の成果や障害の状態についての説明など、通級指導担当者が専門家から助言を得た上で、わかりやすく本人や保護者にフィードバックしていくことは大切である。しかし、専門家を交えて本人や保護者へ説明することが有効な場合もある。役割分担やその後のフォローなどについて専門家とよく打ち合わせた上で面談を実施し、学習上や生活上の改善・克服につなげていきたい。

ウ）教員研修として

　通級指導担当者の研修を受ける機会は限られており、なかなか日常の業務の中では、研修を行うことが難しい状況がある。そのような中で、児童生徒の実態把握や指導に対する助言を専門家から得ることは実践的な研修と言える。その場で、教員の疑問や不安に対する相談も可能である。一方的に助言を聞くだけではなく、それまでの指導の状況や児童生徒の状態の変化等をまとめておき、自ら積極的に専門家と関わるようにしたい。

エ）オンラインを活用した助言として

　コロナ禍でオンラインでの研修がかなり日常的になり、ICT の環境も整ってきた。オ

ンラインで実際の指導場面に対する助言をもらったり、ケース会議に参加してもらったりするなどの方法が考えられる。これまで、専門家に学校まで来ていただく時間がなかなか確保できない場合もあったが、今後は、オンラインを活用した専門家との連携は、一層進むと思われる。

【文献】

榊原剛（2021）「教員養成における特別支援教育に対応できる多職種連携教育試論」名古屋女子大学紀要（令和 3 年）

中央教育審議会（2012）「共生社会の形成に向けたインクルーシブ教育システム構築のための特別支援教育の推進（報告）」（平成 24 年 7 月）

文部科学省（2010）「生徒指導提要」（平成 22 年 3 月）

文部科学省（2018）特別支援学校教育要領・学習指導要領解説　自立活動編（幼稚部・小学部・中学部）（平成 30 年 3 月）

文部科学省（2018）特別支援学校学習指導要領解説各教科等編（小学部・中学部）（平成 30 年 3 月）

文部科学省（2018）障害に応じた通級による指導の手引 解説と Q&A（改訂第 3 版）. 海文堂出版

文部科学省（2022）障害のある子供の教育支援の手引 〜子供たち一人一人の教育的ニーズを踏まえた学びの充実に向けて〜. ジアース教育新社

第3章

専門家との連携の事例

1 知的障害特別支援学校における言語聴覚士（ST）との連携

埼玉県立騎西特別支援学校 教諭　髙久 聖也

目白大学 保健医療学部 言語聴覚学科 准教授　後藤 多可志

はじめに

　本稿では、知的障害特別支援学校における自立活動専任教員、外部専門家の言語聴覚士（以下、ST）及び学級担任との連携について、事例を提示の上、報告していく。

（1）ST 来校時の流れ

　外部専門家の ST は、1 回 6 時間・年間 8 回の勤務時間の中で、児童生徒の日常生活場面の観察や、個別での評価・指導を行っている。ST には、約 6 カ月の期間をあけて、年に 2 度同一の児童生徒を評価してもらう。そして、学級担任が感じる児童生徒の主観的な変化と ST の客観的な分析に齟齬がないか確認するとともに、1 回目の評価時に提示された ST のアドバイスが妥当だったか否かの検証も行う。ST 来校時の流れを表 1 に整理する。

表 1　ST 来校時の流れ

①対象児決定	対象児は、校内で学級担任又は自立活動専任教員の意見を踏まえ、校内委員会で決定する。
②事前資料作成	学級担任は主訴と対象児の実態を資料にまとめ、管理職の許可を得て、自立活動専任教員が事前に ST に E メール添付で送信する。
③ST 来校	ST 来校後、すぐに自立活動専任教員と ST で打ち合わせを行う。具体的には、事前資料の情報に加え、最近の学級での様子、学級担任との関係、家庭環境などの予備情報を共有する。
④ST による個別での評価・指導	対象児の実態と学級担任の主訴に合わせて、ST が評価を行う。評価時の様子はビデオ撮影して動画資料として記録に残す。
⑤行動観察	ST が校内を巡回し、教室内での対象児と学級担任やクラスメートとのコミュニケーションを観察する。
⑥カンファレンス	ST が学級担任へ評価結果を報告する。対象児への関わり方、日常生活や授業場面で取り組める課題について協議を行う。

（2）事前資料の作成と活用

　表2はSTとの連携時に作成している資料兼記録票である。自立活動専任教員は、この資料に加え、個別の教育支援計画から必要に応じて情報を追加し、STに伝えている。

　カンファレンス（ケース会議）でSTからアドバイスを受けたあと、学級担任が長期目標（中心課題）、短期目標（優先課題）、具体的な指導内容について検討することで、適切な指導の立案だけでなく学級担任自身の成長につなげていくことができる。また、表2の資料は、2回目のST観察の際にも活用し、1回目の評価時にSTが提示したアドバイスの妥当性について検証する。

表2　STとの連携で作成している「資料」兼「記録票」

```
R3　　外部専門家　相談資料
1、事前情報　：　　　記入日　　月　　日
```

名前：○	生年月日　　　　　　HO年○月○日	性別：男	担任名：○○
障害名・手帳・諸検査等	困っていること（相談したい観点）		
療育手帳○級	・この欄に主訴を記入		

```
2、指導助言（1回目）：記入日　　月　　　日
```

指導計画（目標・指導内容・支援方法）		専門家の指導助言（児童生徒の見立て）
●長期目標（中心課題）	●短期目標（優先課題）	カンファレンスで受けた助言をこの欄に記入
●指導内容・方法【いつ、どの場面で、どんな活動で、何が可能か】		カンファレンスを受けて担任が目標と指導内容を具体化する。

```
3、指導助言（2回目）：記入日　　月　　　日
```

指導経過　　　　※6か月程度が目安	
短期的に　【変化あり】　【変化の兆し】　【変化なし】・具体的な指導経過、様子	
長期的に【変化あり】　【変化の兆し】　【変化なし】・具体的な指導経過、様子	継続した指導ができたか、児童生徒の様子に変化があったかなどをSTへフィードバックする。

指導計画（目標・指導内容・支援方法）		専門家の指導助言（児童生徒の見立て）
●長期目標（中心課題）	●短期目標（優先課題）	
●指導内容・方法【いつ、どの場面で、どんな活動で、何が可能か】		

（3）事例の紹介

【事例1】高等部1年生・生活年齢16歳10か月、右手利き男子

① 学級担任からの相談事項

「本人が発音の不明瞭さに気づき、会話をやめてしまう」とのことであった。

② STによる初回評価（詳細は表3参照）

本事例には、知的障害と言語発達障害（理解面、表出面ともに2歳後半から3歳）があると考えられた。学級担任が挙げた本事例の問題は、発音の不明瞭さに起因するものではなく、他者の発話内容を理解し、文章で表現することが困難であることが大きく影響しているのではないかと考えられた。

表3　事例1の初回評価の結果

事例1（高等部1年生・生活年齢16歳10か月・右手利き男子）		
聴力	日常的な簡単な質問に適切に応じることが可能	
知能	DAM 生活年齢16歳10か月、精神年齢4歳11か月	
言語 発達	理解	単語レベル KABC-Ⅱ 　理解語彙：相当年齢2歳6か月 　大小・色名：可、物の用途や特徴：不可 文レベル S-S法 　段階4-2（3語連鎖） 　　大小＋色＋事物：3/3正答で通過 　　動作主＋対象＋動作：3/3正答で通過 　段階5-1（語順） 　　2/4正答で不通過
	表出	単語レベル KABC-Ⅱ 　表現語彙：相当年齢2歳10か月 　大小・色名：可 文レベル 2語文が中心 構音（発音） 早口だが、明らかな構音の不明瞭さなし
質問－応答能力 （会話）	質問-応答関係検査「Ⅰ. 日常的質問」 21/34点で3歳後半レベル 現前事象の内容に関する質問は、応答が不確実	
発声発語器官	形態・機能ともに明らかな問題なし	
読み 書き	音読	KABC-Ⅱ 　ことばの読み：相当年齢6歳0か月 ひらがな清音46/46正答、濁音・半濁音不確実
	書字	KABC-Ⅱ 　ことばの書き：相当年齢7歳0か月未満 ひらがな清音46/46正答、濁音・半濁音不確実
対人面 行動面	行動観察から明らかな問題なし	

DAM：Goodenough draw-a-man intelligence test（グッドイナフ人物画知能検査）
KABC-Ⅱ：Kaufman Assessment Battery for Children Second Edition
S-S法：国リハ式<S-S法>言語発達遅滞検査

③　指導目標と具体的な指導内容

　統語能力と質問応答能力の向上を目標として、以下の指導内容を外部専門家の ST は提案した。3 語文の語順ストラテジーによる理解を促すために、学級担任は学校生活で 3 つの要素を含んだ順序性のある言語指示を本事例に出した。さらに、個別の時間には、3 つの要素を順番に聞いて事物を操作するような音声言語の指示課題を実施した。3 語文の表出と質問応答能力の向上を目的に、日々の家庭学習として、文の枠組みを与えた上で（石田, 2003）、1 行日記を本事例に課した。学級担任は、日記の内容を確認した上で、日記に書かれた内容について本事例と質問 - 応答課題（会話）を行った。日記はひらがなで記載してもらったが、書字の誤りについては、今回は指摘に留めた。

④　ST による再評価の結果（初回評価から半年後）

1 ）統語能力（文章の理解・表出）

　文章の理解では、S-S 法（国リハ式 <S-S 法 > 言語発達遅滞検査）にて、初回時は 2/4 正答で不通過であった段階 5-1（語順）が 4/4 正答で通過となった。また、文章の表出においても初回時は困難であった 3 語文の表出が可能となった。

2 ）質問 - 応答能力

　質問 - 応答関係検査「Ⅰ．日常的質問」では、初回時 3 歳後半レベル（21/34 点）の成績であったのに対し、介入後は 5 歳レベル（27/34 点）の成績となった。初回時と比較して、現前事象の内容に関する質問に適切に答えられるようになった。学級担任からは、会話場面において本事例からの積極的なかかわりが認められ、コミュニケーション能力の変化が感じられたとの情報が得られた。

【事例 2】中学部 1 年生・生活年齢 12 歳 5 か月・右手利き男子

①　学級担任からの相談事項

　「他者と適切なコミュニケーションが取れない（指示に従わない、注意したことをわざと繰り返し行う「注意引き行動」がみられる）」とのことであった。

②　ST による初回評価（詳細は表 4 参照）

　本事例の生徒には、知的障害と言語発達障害（理解面 8 歳、表出面 7 歳、質問 - 応答能力 4 歳）があると考えられた。言語の形式面と語用面の乖離から、対人面の問題があると考えられ、このことが注意引き行動に発展していると思われた。

③　指導目標と具体的な指導内容

　他者との適切なコミュニケーションの成立を目標とし、以下の指導内容を外部専門家の ST は提案した。本児の注意引き行動には反応せず、適切な行動を焦点化して褒める、という応用行動分析（Applied Behavior Analysis：ABA）に基づいた支援を学校生活

に取り入れた。また、学級担任は、本児が質問に適切に応答できることを目的に、個別にソーシャルスキルトレーニング用の絵カードを用いた質問 - 応答課題を実施した。

表4　事例2の初回評価の結果

事例2（中学部1年生・生活年齢12歳5か月・右手利き男子）

聴力		日常的な簡単な質問に適切に応じることが可能
知能		未実施 療育手帳C取得（クラス担任より聴取）
言語発達	理解	単語レベル KABC-Ⅱ 　理解語彙：相当年齢8歳0か月 文レベル 未実施
	表出	単語レベル KABC-Ⅱ 　表現語彙：相当年齢7歳0か月 文レベル 未実施 構音（発音） 明らかな問題なし
質問－応答能力 （会話）		質問-応答関係検査（簡易版） 58/83点で4歳レベル 「仮定」、「理由」の課題で適切に応答できない
発声発語器官		形態・機能ともに明らかな問題なし
読み書き	音読	KABC-Ⅱ 　ことばの読み：相当年齢7歳6か月
	書字	KABC-Ⅱ 　ことばの書き：相当年齢7歳6か月
対人面 行動面		KABC-ⅡのイーゼルをSTの指示なくめくろうとする。 STが制止しようとするとイーゼルを奪い取り、STへの返却を拒否。

KABC-Ⅱ：Kaufman Assessment Battery for Children Second Edition

④　ST による再評価の結果（初回評価から半年後）

1）他者とのコミュニケーション

　学級担任からは、注意引き行動がなくなり、担任やクラスメートと適切に関わることができるようになったとの情報が得られた。また、学級担任からの称賛を得ようと様々な活動に積極的に関わる様子が観察されているとのことであった。

2）質問 - 応答能力

　質問 - 応答関係検査（簡易版）では、初回時4歳レベル（58/83点）の成績であったのに対し、介入後は5歳レベル（75/83点）の成績となった。

（4）知的障害特別支援学校教員とST が連携するための留意点

①　教員としての考え

　知的障害特別支援学校へのST 介入のメリットは以下の3点である。1点目は指導が困難なケース、行き詰まりを感じているケースへの対応である。コミュニケーションの専門家からアドバイスをもらうことで、指導の方向性を整理するだけでなく、現在実施している指導内容の良し悪しを判断することができる。2点目は教員の専門性向上である。教員は、1人の対象児についてアドバイスをもらうことで言語・コミュニケーションの側面から児童生徒を捉える際の観点を知ることができる。これらの知識や経験は、他の児童生徒を見る際にも大いに役立つ。3点目はチームとして児童生徒の指導に当たることができる点である。近年、特別支援学校では、児童生徒への「チームとしての対応」が推奨されている（文部科学省・中央教育審議会, 2015）。児童生徒の実態を知る学級担任が中心となりながらも、自立活動専任教員や学年全体を巻き込んだ実態に合った教育活動を展開し、さらに、専門的な見地から外部専門家のST が介入することで「チームとしての対応」が構築され、特別支援学校の専門性向上にもつながると考えられる。

　ST が介入する際のポイントは、ST と対等に意見交換することだと考える。ST の意見を鵜呑みにしたり、指導内容を全て提案してもらうといった態度ではなく、教員側もアドバイスを受けて疑問点をさらに質問したり、実際の指導場面を想定して具体案を述べるといった態度で臨むことで、客観的なデータや見立てに基づいた実現可能な指導内容が生まれる。また、ST の力を活かすためにはカンファレンスを充実させる必要がある。カンファレンスにおいて、自立活動専任教員には、ST と学級担任の認識のずれを確認・修正し、ST の知らない学校の事情を汲んだ具体的な指導内容を提案する役割があると考える。

②　ST としての考え

　外部専門家であるST は、対象児に言語発達検査を実施したあと、学級担任が認識している対象児の問題点、対象児の生活年齢及び言語能力等を考慮した上で指導目標を設定し、具体的な助言を学級担任に提案する必要がある。また、外部専門家と知的障害特別支援学校教員との連携による効果をより高めるためには、外部専門家が対象児や学級担任と継続的に関わることが重要だと思われる。

【文献】
石田宏代（2003）特異的言語発達障害児の言語発達－臨床の立場から－. 音声言語医学 Vol.44, No.3, 209-215.
文部科学省・中央教育審議会（2015）チームとしての学校の在り方と今後の改善方策について（答申）. https://www.mext.go.jp/b_menu/shingi/chukyo/chukyo0/toushin/1365657.htm （最終アクセス 2022.5.5）

埼玉県立越谷西特別支援学校校長　　小林 直紀
（現 埼玉県立草加かがやき特別支援学校校長）

（1）ICT 教育の推進について

　学校教育の情報化は、デジタル社会の発展に伴い国を挙げて推進されている近年の学校教育における大きな課題の一つである。令和元年の「学校教育の情報化の推進に関する法律」の第 2 条 2 では「学校教育の情報化」とは、「学校の各教科等の指導等における情報通信技術の活用及び学校における情報教育（情報及び情報手段を主体的に選択し、及びこれを活用する能力の育成を図るための教育をいう。）の充実」（抜粋）とされており、授業改善のための ICT 機器の活用と情報教育の推進の二つが主眼と言える。

　特別支援学校で ICT 機器を授業で効果的に活用したり、PC 操作などの情報教育を推進したりするための課題は大きく二つ挙げられる。一つは ICT 機器やネットワーク環境などの環境を整備すること。もう一つはそれを扱う教職員のスキルアップである。そこで埼玉県立越谷西特別支援学校（以下、本校）では、この 2 点を主たる課題として、高校、大学、企業と連携して ICT 教育の推進に取り組んだ。

（2）学校概要

　本校は、埼玉県の東部に位置する小中高の三つの学部から構成されている特別支援学校である。児童生徒数は約 280 名で、そのうち高等部の生徒が約半数を占めている。令和 3 年度からは、埼玉県立松伏高等学校の中に本校の分校である松伏分校が開校した。1 学年 16 名定員となっている。

　ICT 教育については、平成 30 年度あたりから本格的に取組をスタートさせた。当初はタブレット端末をはじめとした ICT 機器も十分ではなかったが、近隣の高校や大学、また企業と連携する中で様々なサポートを受けて今に至っている。

　平成 30 年度は県の「学校地域 WINWIN プロジェクト」の実践研究校として、高校や大学と連携した ICT 教育の推進について研究を進めた。

　令和元年度は県の「特別支援学校の新たな学び推進プロジェクト」の委嘱を受け、企業と連携した ICT 教育の推進についての研究を進めた。

　令和 2 年度以降は、国の GIGA スクール構想によるタブレット端末の配付や新型コロナ

ウイルス感染症の感染拡大の影響によるオンライン授業の推進などがあり、授業の中でのタブレット端末の活用やコロナ禍での学習保障ということでの動画配信などに取り組んだ。

　ここでは、平成30年度の「学校地域WINWINプロジェクト」と令和元年度の「特別支援学校の新たな学び推進プロジェクト」の二つの取組について紹介する。ICT教育の推進を考えたとき、設備や予算、スキルが不足しているというような状況があったとしても、地域と連携し人的、物的資源を活用することで、推進のための課題の解決や改善が図られるということ、また、連携した相手にとっても良い影響があるということを二つの取組を通して紹介したい。

（3）「学校地域 WINWIN プロジェクト」

①　概要

　「学校地域WINWINプロジェクト」は、平成30年度からスタートした県の事業であり、学校以外の人的・物的資源（企業、NPO、市町村、地域人材など）を活用した実社会からの学びを充実する（学校のWIN）と学校の力を地域で生かす取組を推進する（地域のWIN）を柱に作られたプロジェクトである。本校は、「ICTでつなぐ地域きずなプロジェクト」と題して研究を進めた。

　本校が取り組んだ内容は、近隣にある埼玉県立越谷総合技術高等学校と日本工業大学が開発したラベルや名刺の作成ソフトを使った作業学習である。これは特別支援学校の授業を教材の開発という視点から支援していただいた事例である。

②　「ICT でつなぐ地域きずなプロジェクト」

ア）概要

　特別支援学校には、様々な作業を通して学習するという作業学習がある。作業には木工や縫製など様々な内容があるが、本校では清掃や事務サービスを行う学習グループ（以下、CS班）があり、パソコンで行うラベルや名刺の作成はCS班の学習内容の一つである。これらの作成には市販のソフトもあるが、本校の生徒にとっては高機能がかえって使いづらいこともあり、前述の高校や大学にソフト開発をお願いした。

イ）名刺作成ソフトの改良及び値札作成ソフトの開発

　ソフトについては、このプロジェクト以前に開発されていた名刺作成ソフトの改良と値札作成ソフトの開発ということで取り組んだ。年度当初、本校

開発会議

職員、高校生、大学生による開発会議を行い、これまでのソフトについて実際に使ってみた感想や改良してほしい点などを確認した。本校の生徒にとっては、名前や所属、住所などが打てること、簡単なレイアウトができることなど、可能な限りシンプルで分かりやすいこと、操作しやすいことが重要であった。

　開発会議は何度か行われ、よりよいソフトの改良に結び付いた。ソフトにはトレーニングモードでタイピング練習もできるため、生徒の学習には非常に適した仕様になっている。

　生徒は、改良されたソフトの使い方にすぐに慣れ、一人で操作できる者も増えた。一人でラベルや名刺を作れたことは生徒の自信につながった。また、作った名刺を教職員に配ったことで、実際に教職員が進路先などで使うこともあり、生徒自身が社会で役立っていることを感じることができた。

値札作成ソフトの開発作業

ウ）高校文化祭や越谷市民まつりなどへの出店

　生徒に自分自身が作った名刺が社会で役立っていることを直接的に感じてもらうために、高校の文化祭や市民まつり、県庁オープンデーなどのイベントを活用して、それぞれの会場で来場者の依頼を受けて名刺を作成する活動を行った。依頼者から直接お礼を言われることもあり、やりがいを感じたことと思う。

③　連携から見えること

　ラベルや名刺作成ソフトの開発は、高校や大学の専門的な分野を生かした連携であった。学校にとっては、ソフト開発や改良はあまり得意としていない分野であり、専門的な知識のある高校や大学と連携できたことは、大変ありがたかった。

　また、高校や大学側にも作ったソフトを実際に使ってもらうことで、その効果の検証ができるというメリットがあった。

　連携会議の開催、開発・改良、試用、改良のための会議という一連の流れは、ソフトをより使いやすいものに改良していくためのよりよい方法であったと思う。このプロジェクトから得られたことは、特別支援学校の授業をより効果的で魅力のあるものにしていくためのICT教材の開発は、専門的な知識のある高校や大学との連携が非常に有効ということである。

　　＜協力機関＞
　　　埼玉県立越谷総合技術高等学校情報技術科
　　　日本工業大学先進工学部情報メディア工学科　粂野研究室

（４）「特別支援学校の新たな学び推進プロジェクト」

①　概要

　平成30年度から２年間の計画で進められた県の事業で「新たな特別支援学校学習指導要領の趣旨を踏まえ、特別支援学校におけるアクティブ・ラーニングの実践や障害特性に応じたICT機器等の活用により、児童生徒一人一人の可能性を高め、自立と社会参加に向けた新た学びを推進する」ことを目的としている。

　この研究を進めるに当たって、本校では特にICT機器の活用に関して多くの企業と連携を図った。本校は県内でも比較的ICT機器が揃っている学校ではあったが、授業をより充実したものにするためには、ネットワーク環境の整備や最新のICT機器の導入が圧倒的に遅れていると考え、企業と連携し、試用ということで最新のICT機器をたくさんお借りした。その結果、教職員が様々な機器をいつでも自由に使える環境が整った。教職員にとっては、知識を机上で学ぶことも必要であるが、それと同時に使ってみる、試してみる、授業で活用してみるなど、実際に使うことを通して経験を積むことに大きな意味があると考えた。

②　授業でのICT機器の活用

ア）小学部重複学級「遊びの指導」

　この授業は、児童が電車風に作られた乗り物に乗って教室を回ったり、周囲に電車から見た映像を流して実際の電車に乗っているかのような体験をするという学習で、児童の見る力や聞く力を養う、主体性を引き出す、やりたいという気持ちを相手に伝えるといったことがねらいとなっている。

超短焦点プロジェクターを使った授業

　台車の周りを囲うようにパーティションで仕切り、超短焦点プロジェクターを前と左右の３面に配置し、パーティションに電車から見た風景の映像を投影することで、台車に乗っているだけで、あたかも電車に乗っているような感覚になるという仕組みである。超短焦点プロジェクターは投影するための距離をほとんど必要としないため、囲われたスペースの３面に映像を映すことが可能となっている。

　企業からは超短焦点プロジェクターをお借りしたり、使い方についての情報をいただきながら、担当者が授業でどのように活用できるかを摸索した結果、このような取組になった。臨場感あふれる映像は、児童にとってもとてもインパクトがあり、学習意欲の

向上につながった。

<協力企業>
リコージャパン株式会社（超短焦点プロジェクター）

イ）中学部「生活単元学習」

　この授業は、タブレット端末の動画編集アプリや作曲・編曲アプリを使って、卒業式に向けて思い出の動画を作成する学習で、動画作成をする過程で、プログラミング的な考え方を学ぶことをねらいとしている。さらに作成された動画を全員で視聴した後、グループごとにタブレット端末に打ち込んだ感想を一斉にモニターにライブ配信することで、生徒全員が同じタイミングで他のグループの感想や意見をモニター上で見ることができた。

　企業からは、ライブ配信のための機材をお借りしたり、使い方の情報をいただきながら授業を行ったが、ライブ配信ということで即時性が高く、学習内容に深みをもたせることができた。

<協力企業>
富士ソフト株式会社（みらいスクールステーション）

ウ）小学部「自立活動」

　自立活動は、「障害による学習上又は生活上の困難を主体的に改善・克服するために必要な知識、技能、態度及び習慣を養い、もって心身の調和的発達の基盤を培う（抜粋）」ことを目標としており、例えば、よりよい人間関係を形成する力やコミュニケーション力を養う学習などが行われている。

　この授業は、友達と一緒にプログラミング教材を使ってゲームなどをする中で、人との関わり方やルールを学ぶという内容になっている。キュベットという木製のブロックを操作盤を使ってプログラミングすることで任意の方向に動かすという教材を使い、ブロックを順番に動かしたり、協力したり必然的に友達を意識した取組になるよう設定されている。企業からは教材の使い方のデモンストレーションを受けたあと、教職員が授業の中でどのように使うか試しつつ取り入れた。操作の仕方が簡単でゲーム感覚でできるので、子どもたちには好評で成果もあがった。

<協力企業>
プリモトイズ日本販売総代理店 キャンドルウィック株式会社（キュベット）

③　教職員のスキルアップ

　ICT 機器を授業にどのように活用するかは、教職員の知識とスキルによるところが大きいが、実際に使ってみないとどのような使い方ができるのか、授業にどう生かせるのかが分からない。そのため企業と連携して、様々な ICT 機器を試用ということでご

用意いただいた。実際に授業で使うことで企業側にもそのデータが蓄積されるというメリットがあり、お互いにとって良い状況だったのではないかと思う。教職員がいつでも使いたいとき、触ってみたいときに様々なICT機器があり、ときには企業の担当者にデモンストレーションや実際に授業で使う際にその場での調整なども行っていただいたことで、スキルだけではなく知識の面でも理解が進んだ。

④　**連携から見えること**

　このプロジェクトでは多くの企業と連携し、たくさんの最新のICT機器をお借りした。授業の中身を支えるためにネットワーク環境の構築、特にWi-Fi設備の環境を整えることは重要であった。またプログラミングなど情報教育推進のための教材、学習を促進するための教材や機器などは、いずれも企業との連携がなければ触れることもなかった機器ばかりである。

　ICT教育を推進していくためには多くの予算と時間が必要であり、学校だけでは成果が上がりにくい。しかしICT機器のメーカーである企業と連携することで、よりニーズに合った機材の紹介を通して教職員の知識やスキルの向上が期待できる。また実際に使ってみて、企業と具体的な活用についての意見交換を行うことで、ICT機器そのものがよりニーズに合ったものに改良されることもある。

　今後ICT教育を推進していくためには、メーカーである企業との連携は大きな助けになると思う。学校としても企業から単に使い方を教わるだけではなく、活用の仕方についてアイデアを出すことで、当初想定していなかった使い方に発展することもある。学校と企業が互いに協力し意見を交わすことで、ICT教育は更に発展していくものと思う。

　＜協力企業＞
　　株式会社フルノシステムズ（Wi-Fi設備）
　　ケニス株式会社（スフィロ、マイクロスコープ、ドローン）
　　株式会社サンステラ（3Dプリンター）
　　株式会社アバロンテクノロジーズ（教育用3D-CAD）
　　株式会社日本コスモトピア（みんなの学習クラブ）
　　アバーインフォメーション株式会社（実物投影機、充電保管庫）

3 作業学習（農園芸）における専門家からの支援

東京都立あきる野学園主幹教諭　山﨑 達彦

（1）農福連携の取組と専門家による支援（取組の経緯）

① 地域からの紹介で連携スタート

本校は、肢体不自由教育と知的障害教育の部門併置の特別支援学校で、小学部から高等部まで設置されている。

平成30年、地域の障害者就労支援センターを介して、生活クラブ生活協同組合との連携は始まった。この地域は農地も多く、のらぼう菜やトウモロコシなど特産品も多い。本校も開校時から知的障害教育部門高等

生活クラブ農園あきる野

部では作業学習で農園芸を行っている。また、卒業生の進路先の福祉事業所でも農作業を行っている事業所がある環境の中で、作業学習の改善と農福連携を目的として、生活クラブ農園の農場責任者を外部専門家として招聘した。

② 農業の専門性の助言と、特別支援教育の授業改善としての助言

令和元年度より農園責任者からの助言を受けている。開始当初は校内の畑に来ていただき、生徒の様子を観察してもらった。生徒の障害の実態や作業スキルなどを知ってもらい、「何ができるか」「どのようにしたらできるか」を授業担当者と共有、検討していった。併せて学校の畑の栽培計画や農作業の具体的な助言を受けた。

連携当初から生活クラブ農園での作業学習を計画していたので、校外でも生徒の実態に配慮した作業学習を行うことが必要だった。このため、作業学習への助言の経歴が長い大学特命教授にも外部専門家として入ってもらい、主に作業環境や工程づくり、自助具の活用、教員の人的支援に関する助言を受けた。

そして開始から3カ月経った令和元年度2学期より、月に3回程度生活クラブ農園あきる野での作業学習を実施している。

（2）具体的な助言の内容

　2人の外部専門家を活用し、授業改善、農福連携を進めている。それぞれの立場から、以下の内容の助言を受けてきた。

①　農園芸専門家（生活クラブ農園農場責任者）から

ア）栽培管理への助言

　耕耘や施肥などの土づくりや間引きなどのほかに、時期ごとに発生する害虫とその対処なども学んだ。このことで、生徒が作物の成長の過程に関心をもって作業するようになった。

イ）栽培や授業の計画への助言

　学校の畑での栽培に関して、生育の見込みや適切な収穫の時期など、作業スケジュール、授業計画に対しての助言を受けた。一番よいタイミングで適切な作業ができることで校内での収穫も安定していった。

ウ）作物の品質維持や商品化に対する助言

　農園や校内の畑で収穫した作物について、袋に詰める前の皮むきなど、商品として出荷するための方法や技術、「売り物になるかどうか」の判断の仕方などの助言を受けた。これらを授業の中で生徒と共有することにより、生徒たちも「品質」や「お客様」を意識できるようになっていった。

エ）農具などの使い方に関する助言

　農園芸の作業には、鍬や鎌など専用の農具がある。体の使い方が上手ではない生徒たちにとって、道具の使い方や身体の動かし方のコツについて指導を受けることで、作業スキルが身に付くだけでなく、集中力が増したり安全に対する意識も高まったりした。

②　作業学習専門家（大学特命教授）から

ア）作業環境について

　生活クラブ農園でも、校内での作業のときと同じように生徒にスケジュールを示し指示を出せるように、ホワイトボードを持参することなど、理解を促し作業への見通しをもてる工夫に関する助言を受けた。

　除草作業では、生徒が集中できる時間（量）を想定して範囲を決め、園芸用支柱など現場にある道具を使って仕切りをする工夫や、除草した雑草をかごに入れ、それがいっぱいになったら捨てる場所に運ぶなど、障害が重い生徒にもわかりやすくなるよう改善を行った。

イ）工程について

　農園での作業がスタートしたころは、役割分担や工程がわかりにくく、生徒たちも見

通しがもちにくかったが、できるだけ工程を短くし、ライン作業にすることで、生徒が自分の役割を意識して作業できるようになった。

ウ）補助具の使用について

　学校の畑での作業では校内にある様々な道具や補助具を使うことができるが、校外の農園に持ち込める道具などは限られている。そのような中で、できる限り農園にある道具を利用して補助具にすることの助言を受けた。ポップコーンの脱粒作業で、マイナスドライバーで筋をつけてから作業するなど少しの工夫で取り組みやすくできた。

内藤とうがらしの袋詰め作業

エ）人的支援について

　教員の生徒への働きかけについてもアドバイスを受けた。当初は袋詰めした商品を雑に扱ってしまう生徒もいたが、農園責任者からお客様の感想を紹介していただいたり、実際に販売されている写真を見せたりすることで、品物を扱うときに丁寧さを意識できるようになっていった。

（3）生徒の様子

　生活クラブ農園での作業を楽しみにしていたある生徒が農園での作業では毎回その作物がどのように加工されるのか、どこで販売されるのかを質問していた。その生徒は家族に頼んで実際に販売している直売所に行き、自分たちが粒を取り（「脱粒作業」）、袋詰めして商品化したポップコーンや野菜を見てきた。そして、次の授業では販売されていた様子を誇らしげ報告してくれた。

　全ての生徒にとって、自分たちが関わっている作物が商品としてお客様に販売されるという経験が大きな学びにつながっている。特に、生徒の働く意欲や意識の向上において、文化祭など学校での販売会ではなく、「生活クラブ生活協同組合の生産や販売に関わっている」という点が大きい。図1のように、お客様を意識することで、品質に関する関心を高め、良い商品をつく

```
生徒たちの変容
「現場で学ぶこと」による意識や態度の変化

┌─────────────────────────────────┐
│ 自分たちのかかわった生産物が          │
│ 　　　一般消費者に販売される！！！     │
└─────────────────────────────────┘

→ お客様とのかかわり
　○顧客意識・品質意識の向上
　　「よりよい作物を生産したい」
　○生産、流通に関する学び

→ 一つ一つの作業に対する責任感の向上
　チームで作業をするという意識（所属意識）
　工程の意識と協力・協働の態度
```

図1　生徒たちの変容

るためにチームで協力することなど、働く上で大切な意識や態度が育てられている。

（4）連携するための留意点

①　農業の専門性と特別支援教育の専門性をあわせて指導を改善する

生活クラブ農園で作業をするときに、農園責任者からは農業の専門性の視点から助言を受ける。同時に知的障害のある生徒にとって、障害への配慮や特別支援教育の専門性も必要となる。農業と特別支援教育双方の専門性を合わせた連携、授業改善を行っていくことが大切である。

②「自分たちのかかわった商品がどうなったか」を指導に組み込む

農園責任者は直売所で生徒が関わった商品を購入したお客様からのアンケートを生徒に話したり、実際にアンケートを見せていただいたりすることもある。このことで生徒は生産から流通、消費までの流れを理解するとともに、社会の一員であることを意識できている。また、商品の扱いが丁寧になり、慎重な作業を心がける様子が見られるようになった。

（5）今後の展望

生活クラブ農園での作業学習も年を重ねる中で農園での作業の割合が多くなってきた。上で述べたような授業の改善や生徒の変容も見られてきた。現在では農園で収穫した作物を校内に運び、校内の実習室で計量や袋詰めなどの加工作業も行っている。

これらのつながりを、今後は他の作業班や地域との連携に広げていきたい。具体的には、生活クラブ農園で栽培した江戸東京野菜の「内藤かぼちゃ」

図2　作業班の連携と専門家の助言

を使用して、本校食品加工班がパウンドケーキに加工する商品開発を行っている。

このように外部専門家を効果的に活用しながら、各作業班を有機的につなげていき、そのつながりを地域に発信していくことでダイナミックな教育活動にしていきたい。

4 特別支援学校高等部専門学科における 専門家からの支援

東京都立南大沢学園主幹教諭　　伯耆田 文彦
（現 東京都立蒲田高等学校副校長）

はじめに

　本校は、生徒が企業就労をするために必要な知識や技能、働く態度等を身に付けるとともに、自分自身のQOL（生活の質）を高め、在学中並びに卒業後も豊かな生活が送れるようになるために、多くの専門家と連携を図りながら教育活動に取り組んでいる。

　現在、本校が連携している専門家は、警察官、消防士、防災士、弁護士、社会保険労務士、心理士、産業カウンセラー、歯科衛生士、助産師、ファッションコーディネーター並びに「職業に関する教科」において、各種専門的な分野を指導していただいている専門家の方々である。

　その中において、本稿では職業に関する教科と東京都独自の各教科等を合わせた指導（キャリアガイダンスの時間Ⅱ）の授業で専門家から支援を受けた事例について記述する。

（1）専門家から支援を受けた事例の紹介

【事例1】「職業に関する教科」食品における外部専門家との連携

　本校の食品コースでは、食品に関する基礎的・基本的な知識と技術の向上を図り、それらの意義と役割の理解を深めるとともに、職業生活や地域社会への貢献に向け実践的な態度を養うことを指導の重点としながら、校内喫茶「Café ひまわり」での食品製造や喫茶接遇マナーの学習を通して、生徒の食品製造業務等への就労を目指した指導を行っている。生徒の指導に当たっては、実際の職場に近い形での実習が有効であり、本校の施設設備を活用できる専門家による指導が不可欠であった。そこで、「パン製造」「ドリンク製造」「喫茶接遇」といったそれぞれの分野の専門家を招聘し、実践的な職業教育を行っている。

＜授業における専門家の関わり方＞

　食品製造や喫茶接遇の知識を有する専門家と、知的障害のある生徒の指導の専門家である教員が同じチームとして1年間指導を行っていく上では、年度当初に「教育理念」「指導方針」「年間の流れ」の共有を図ることが大切である（図1）。本校では「今年度の授

■職業に関する教科：食品コース café ひまわりでの重点目標
　　①喫茶接遇サービスにおける技術・知識の習得を通し、ビジネスマナー等、就労に必要な力の定着を図る。
　　②喫茶接遇サービスにおける基礎的、実践的な技術の習得、向上を図る。

■Café ひまわりで大切にしていること
　　・クオリティ　　　　（Quality）
　　・ホスピタリティ　　（Hospitality）
　　・クレンリネス　　　（Cleanliness）

明るい笑顔の喫茶（南大沢学園らしさ）	ひまわり理念
 お客さまに幸せな時間を過ごしていただく お客様に笑顔になって帰っていただく また、来たいなぁと思っていただけるような喫茶	ⓗまわりのように、明るい笑顔をこころがけます。 ⓜわりに気をつかい安全に仕事に取り組みます。 ⓦを大切に、仲間と協力して働きます。 ⓡラックスできる居心地の良い空間をつくります

■4S（整理・整頓・清掃・清潔）　身だしなみについて

図1　教育理念の共有（一部抜粋）

業の在り方」（基本方針）や1年間の授業の流れを確認するとともに、「重点目標」や「大切にしていること」等を共有して同じ意識をもって授業に取り組めるようにしている。

　授業においては、授業計画、指導案の作成、全体的な授業の展開は教員が行い、専門的な技術の説明や指導については専門家が行っている。

　パン製造の技術指導では、専門家が実際の動きや流れについて、生徒たちが理解できるように丁寧に説明し指導を行っている。しかし、口頭での説明だけでは理解が難しい生徒もいるため、専門家が指導する内容を教員が手順書としてまとめ、専門家による説明後も自分たちで確かめながら作業が進められるようにしている（図2）。作業中は、教員と専門家が生徒間を巡回し、個別の指導に当たっている。

　専門家の指導により、生徒のパン製造に対する意欲と技術が向上し、調理パンと菓子パンの商品開発も進んでいる。給食のパンの提供やCafé ひまわりで販売するパンの種類拡大にもつながっている。

　生徒がフロア、レジ、キッチン等の業務に携わり、接客サービスの学習をする喫茶接遇サービスでは、誰のために、どのような接客が必要なのかといった喫茶業務の基礎から、好感のもてる受け答えの仕方、声の出し方、表情、歩き方、姿勢といった細かな点にいたるまで専門家が指導を行う。その後、教員が作成した

作業の様子

成形

	作業工程		教員 チェック
①	140 g	一次発酵終了後のフランス生地を、まな板に置き、140gずつに分割する。	分割を 始めます ☐
②	① ④ ③ ② ⑤ フーガス　名前	まるめて、小番重に並べる。 →【ベンチタイム】 室温、湿度に応じて、 常温 or ドウコンディショナー（35℃75%）で15分。	成形を 始めます ☐
③		ベンチタイムが終わった生地を、まるめた順に成形していく。 手のひらで上から押しつぶすようにして伸ばす。	
④		めん棒で伸ばし、手で形を整えながら、成形。 スケッパーより少し大きいくらい。	
⑤		切れ込みを入れる。真ん中の長い切れ込みはスケッパーで、左右の切れ込みはスパチュラで入れる。	
⑥	フーガス　名前 フーガス　名前	天板（黒）に並べる。3個まで。 ふせんを天板（黒）に貼る。 →【二次発酵】 ドウコンディショナー（35℃75%）に入れ、45分 ※作業台を片付け、洗い物。手洗い。	成形が 終わりました ☐

図2　手順書

手順書を基にロールプレイを繰り返しながら技術の習得に努めている。

　最初は、相手を見て話すことや元気に挨拶をすることができなかった生徒も、専門家から直接指導や助言を受けることで、少しずつ明るく元気な接客ができるようになってくる。その姿を教員だけでなく、その道のプロである専門家から称賛されることで自信につながり、更に良い接客をしよ

接客の様子

うとする意識が高まっていく。生徒は、生徒間のロールプレイで接客技術を学び、校内喫茶検定に合格した生徒のみが校内の教員を対象とした接客を行うことができる。そし

て、最終的に外部のお客様の対応をするといった段階的な学習を進め、知識・技能を身に付けていく。

　専門家の指導・助言を受けたことで、喫茶接遇サービスに自信をもち、カフェやファミリーレストラン等のフロントヤード業務で就労する生徒も年々増えてきている。

【事例2】東京都独自の各教科等を合わせた指導（キャリアガイダンスの時間Ⅱ）における専門家との連携

　本校では、生徒たちが安定した職業生活を送り、自らの生活の質（QOL）を高められるようになっていくためには、「暮らし」と「余暇」を充実させることが大切であると考え、平成2年度より自立活動や家庭科等の目標や内容を中心とした東京都独自の各教科等を合わせた指導である「キャリアガイダンスの時間Ⅱ」（以下、ライフスキル）を教育課程に位置付け、指導を行っている。このライフスキルでは、日常的に起こる様々な問題や要求に対し、より建設的かつ効果的に対処するために必要なスキルを以下のような学習内容で指導することから、多くの専門家の協力を得ながら授業を行っている。

＜授業で取扱う具体的な学習内容と連携する専門家＞

健康管理（生活リズム、医療機関の選択）	心理士、助産師、歯科衛生士
住居（整理整頓、公共料金の支払い等）	教員
外見、身だしなみ（清潔、TPO 等）	ファッションコーディネーター
対人関係（ルールやマナー、冠婚葬祭等）	産業カウンセラー
休暇の過ごし方（余暇の充実等）	教員
外出・行動手段（計画、公共交通機関の選択等）	教員
法的なトラブル（金銭問題、一人暮らし等）	弁護士
金銭感覚（予算、自立）	社会労務士
地域参画（地域の活動に参加等）	警察官、消防士、防災士

＜授業における専門家の関わり方＞

　ライフスキルの授業では、授業計画と授業全体の掌握、サポートを教員が行い、授業の展開は専門家が行っている。週2コマの授業を2クラス合同で行っており、専門家は同じ内容の授業を5回行うことになる。この授業では、授業の展開を専門家が担うため、生徒の実態や授業のねらい等を明確に理解してもらう必要がある。そのため、事前の打合せで来校していただいた際に、実際の授業の様子を見学していただいてから授業内容の打

専門家による授業の様子

合せを行っている。内容に関しては、生徒た
ちが今後遭遇することが予想される諸々の
課題について、自分の力や他者に相談するこ
とで解決できるようにするために、今までの
卒業生が実際に体験した事例などを題材に
して、より現実的な内容で指導をしていただ
けるようにしている。

　授業の一例を紹介する。

　防災の単元において、NPO法人日本防災
士会より防災士を招聘して「命を守るスキ
ル」の授業を行った。

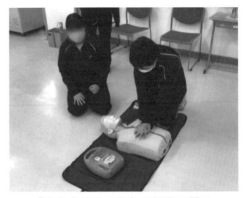

「命を守るスキル」の授業の様子

　この授業では「自助・共助」について2年間で系統的に学習を進め、防災に対する知
識及び技能の習得を目指している。授業は、生徒の実態に即し、体験を多く取り入れた
内容となっている。実際の災害現場で活動した経験のある防災士の話は、とても臨場感
があり、何のために救急手当の方法を学ぶのか、災害時にどのような行動をとれば自分
の命、人の命を救うことができるのか等、学習内容の必要性を生徒たち自身がとても重
く感じながら、授業に取り組む姿が見られた。

（2）まとめ

　専門家との連携は、その道のプロから専門的な知識・技能を直接学べる良い機会であ
り教育的効果は非常に高い。しかし、専門家によっては、生徒の発達段階や各種障害に
関する知識が乏しい場合がある。そのため、授業内容は専門家と教員とが一緒につくり
上げていく必要がある。授業を通して生徒たちにどのような力を身に付けさせたいの
か、何を大切にして指導を行うのか等、打ち合わせを通して明確なねらいを共有するこ
とが大切となる。また、指導場面の連携方法には、教員が中心となり専門的な知識が必
要な場面で専門家を活用する方法や専門家からの直接の指導を中心に教員が全体掌握と
サポートをする方法などがあるが、授業計画や全体の掌握など、授業づくりの主体は教
員であることは変わらない。専門家を授業の中心に据え、生徒が理解できないことを教
員が噛み砕いて伝え直すなどの協力体制が必要となってくる。

　専門家を活用した効果的な授業づくりを進めていくためには、生徒の実態把握、教育
理念の共有及び役割分担の明確化が大切である。

5　医療専門職種からの指導助言を生かすためのコーディネートの工夫

東京都立町田の丘学園主幹教諭　芋川　恵美子

はじめに

「外部専門家の仕事がよく理解されていないと感じる」「専門外の内容を求められることも多い」「生徒が抱える問題点を抽出、スムーズに伝えてもらいたい」——これらの意見は、関東甲信越ブロック理学療法士学会にて「学校教育現場に求められる小児の理学療法士の役割」のアンケート結果から出された意見である。この際の報告者からは、結論として「外部専門員と担任をつなぐコーディネーターの役割が大きい」としている（黒川，2020）。

本校の肢体不自由教育部門では、自立活動専任担当者（以下、自活担当教員）が外部専門家のコーディネーターの役割を担っている。コーディネーターとして工夫できること、配慮していることなどの取組を紹介する。

（1）医療専門職種（医療職）におけるコーディネートの工夫事例

本校では医療職の外部専門家として、理学療法士（PT）、作業療法士（OT）言語聴覚士（ST）、視能訓練士（ORT）、公認心理師、歯科医師が来校している。基本は「児童生徒の観察・アセスメント」を、一日を通して1～2ケース行い、観察は授業や日常生活場面で、アセスメントは抽出にて学部教員と自活担当教員（職種によってはどちらか一方）が立ち会っている。さらに、児童生徒下校後に、アセスメントの結果報告として毎回ケース会を実施し、学部教員と自活担当教員が一緒に参加、ケース会の内容を共有している。

なお、年度当初の保護者へのお便りで、外部専門家の紹介とともに、アセスメントも含めた指導助言を外部専門家から受けることを周知し、特に心理のアセスメントに関しては問題があれば伝えてもらうよう、特記している。

①　職種における「専門性」の領域を明確にする

例年、年度当初にそれぞれの職種がどのような領域において専門性を有しているかの一覧を「外部専門員活用計画」に示すほか、教員が外部専門家の指導を受ける前に記入する相談票は、職種ごとの専門性がわかるように指導助言の具体的な内容項目を羅列し、

ST	アセスメント相談表		実施予定日	／
部	年生		グループ	
児童・生徒名			記入者	
相談したいこと				

1 あてはまるものに ☑ をお願いします
☐ 指導方法　☐ コミュニケーション評価　☐ 言語発達評価　☐ 認知発達評価
☐ 教材・教具　☐ 発声・発語　　☐ 構音・吃音　☐ 摂食(口腔機能)
☐ 日常生活のかかわり方　　☐ 社会性スキルの習得　　☐ その他

2 上記の内容について、具体的に記載してください。

図1　相談票の例

どの内容について相談したかチェックできるような書式にしている（図1）。運動に関する相談でのPTとOT、食事場面におけるSTとOTなどの専門性の違いは、教員にとってわかりにくいこともあり、相談票にチェックをすることで、より明確に職種の役割を教員が意識できる。相談票は、児童生徒ごとに一つのファイル（表計算ソフトを活用）とし、職種ごとにシートを作ることで、職種間の役割をいつでも比べて閲覧できるようにしており、また以前どのような職種にどのような相談をしたのか、わかるようにしている。

② 相談内容は「具体的に」外部専門家に伝える

　PTの一部は「特設自立活動」の時間に入り、4～5ケースの指導助言を行っている。この場合は、相談票ではなく、相談ポイントが具体的にわかるような一言を記入している（図2）。自活担当教員が学部教員との日常的なやりとりの中での困り事を、簡潔に明記することで、実際の指導に即した内容での指導助言を受けることができる。

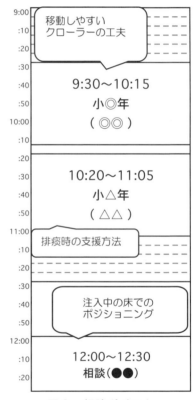

図2　相談ポイント

　例えば、クローラー（うつ伏せになって、腕や脚で進める台車）を作製したものの、本人が脚を動かしても床に推進力が伝わらず、前へ進めない、といったケースがあった。「クローラーでの移動」にポイントを絞り、PTに指導助言を受け、クローラーを改造したところ、見事に、本人がクローラーでの移動ができるようになったケースがあった

肘の支え置きを作成することで頭をあげやすくなり、背中が伸び、脚の蹴りが出やすくなった

PTの
助言で

傾斜をつけることで、脚の力が床に伝わりやすくなり、進みやすくなった

滑り止め靴カバー

図3　クローラーの改造

（図３）。このケースでは、他のPTより、滑り止め靴カバーの提案を受けて試したところ、さらにクローラーでの移動が容易になっている。今、何に困っており何を改善したいのか「具体的に」伝えることで、問題解決が図られ、指導助言も有効になりやすい。

③　児童生徒の「実態」を丁寧に伝える

　医療職にとっては、児童生徒の診断名や生育歴が、児童生徒のアセスメントを行う重要な手がかりとなる。アセスメントを行う前に、児童生徒ごとに記入している「実態表・指導計画（自活担当教員作成）」（表１）資料を読み込んでもらうとともに、コーディネーターも兼務している自活担当教員がケース児童生徒の日常生活での様子も含めた実態や相談内容の詳細を、外部専門家に伝えている。

　なお、個人情報については十分に配慮する必要があることから、ファイルは職員室のみで閲覧し、「個人情報に対する守秘義務」についての確認を、コーディネーターが毎年、一人一人の外部専門家と行っている。

表1　実態表と指導計画

自立活動の実態表及び指導計画 (記入日時)

学部・学年・氏名・担当者
① 　診断名・生育暦
② 　健康・保健衛生状況（健康の保持）
③ 　運動機能（身体の動き）
④ 　（心理的な安定）（人間関係の形成）（コミュニケーション）
⑤ 　視聴機能や認識（環境の把握）
⑥ 　日常生活動作
⑦ 　福祉用具の作製状況
⑧ 　長期目標
⑨ 　短期目標
⑩ 　教育ニーズ
⑪ 　配慮事項
⑫ 　指導内容・手立て等

④　それぞれの外部専門家の「得意分野」を生かす

　外部専門家は、その専門職種として専門性を有しているが、それぞれの職歴などの違いにより専門職種としての「得意分野」があるのも事実である。例えば、OTならば「感覚統合」に造詣が深く発達障害を伴うケースへの対応への助言が得意であったり、「作

業学習」での指導が長けていたりする場合もある。

　本校の児童生徒が通所する放課後等デイサービスより地域連携として招いているPTは、「スパイダー」（図4）を導入期より、いち早く取り入れているため、スパイダーの取り扱い方や設定方法などについて多くの助言をいただくことができる。初めて「スパイダー」を装着した児童生徒の場合、最初は全く動けないことも多いのだが、ゴムの本数やゴムの上下左右の位置設定により、児童生

格子状に組んであるユニバーサルフレームに、ゴムをひっかけ、児童生徒の体に装着してあるベルトにつなぐ。重力が除去できるため、自由で多様性をもった動きを引き出せる。

ユニバーサルフレームに紐をかけ、股ベルトを手にかけてバランスをとるスパイダーのアレンジ使用法。こちらの外部専門家のPTのアイディアから。

図4　スパイダー

徒が身体の軽さを実感し、動き始めることができる。定期的に「スパイダー」の様子を観察してもらい、身体の成長や運動の発達に合わせて設定を行うことで、効果的な使用を可能にしている。このように「得意分野」を生かすことで、同職種での指導助言も、より効果的になる一例である。

⑤　外部専門家の指導助言の「一貫性」を目指す

　各学部の教員からは「外部専門家によって意見が異なったり、指導方法が違ったりして困る」という声が聞こえることもある。外部専門家同士が連携できるよう児童生徒ごとにファイルをサーバーに作成し、全職種のアセスメント結果が、すぐに閲覧できるようにし、各学部の教員への指導が「一貫性」をもてるようにしている。

　さらに、外部専門家のアセスメントに、他の外部専門家が立ち合えるようコーディネートすることもある。例えば、歯科医師の摂食診断にSTが立ち会うことで、摂食診断の結果を基に、給食巡回しているSTが実技方法を直接学部教員に伝えることができている。また、ORTがSTアセスメントに立ち会う場合は、その結果から、ORTが次に行う検査がどのような方法で行えばよいか選択することができる。同職種、異職種ともに連携をとることで、児童生徒の実態把握が容易になり、それが指導助言の「一貫性」につながる。

⑥　「ニーズ」に合わせた研修会の実施

　外部専門家による研修会を、例年夏季休業中と学期中に「ミニ研修会」と称して行っている。ミニ研修会では、学部の教員のニーズに応えるよう、事前にどのような内容で行いたいかのアンケートをとったり、聞き取りを行ったりしている。一例として、ST

による「発達段階に合わせた教材の紹介と作成」の研修会は、児童生徒の発達段階のこと、またその発達段階に合わせた教材の必要性の講義、教材とそのアレンジ方法の紹介、最後に参加者が教材（図5）を作製するといった内容であった。教材を作製することで、学部教員が担当する児童生徒が、今どの段階のどのような教材に興味をもちやすいのか、得意であることや今後つけていきたい力など、個々に合わせる指導の重要性を再考する機会になった。

教員の「ニーズ」に合わせるからこそ、教員の積極的な研修会の参加につながり、実際の指導に生かすことができる。

ペットボトルと針金と輪を使用。輪が針金に沿って、くるくる回りながら落ちてくる教材。

図5　研修会で作製した教材

⑦　「コーディネーター自身の専門性」を生かす ～知的障害教育部門（知的部門）との連携～

肢体不自由特別支援学校には、自立活動部や自立活動専任担当者がおり、自立活動教諭の免許を持っている者も多い。また、学校には様々な得意分野や専門性を有している教員がおり、本校にも、公認心理師やPT・OTの免許を所有している教員もいる。コーディネーター自身の専門性が生かせるよう、自活担当教員がコーディネーターを行い、例えばOT免許のある教員が外部専門家であるOTのコーディネーターを行うなどし、「コーディネーター自身の専門性」を生かすようにしている。

また、本校は知肢併置校であり、肢体不自由教育部門に所属する自活担当教員が、知的障害教育部門の医療職のコーディネートも担っている。自活担当教員が、週1回知的部門の重複学級の自立活動の授業支援を行っており、重複学級の生徒の自立活動の相談および外部専門家からも必要な指導助言を受けられるようコーディネートする役割も担っている。なじみの薄い医療職について、知的障害教育部門教員に伝えるとともに、ケース会にも立ち会うなど、全校の自立活動の充実につなげている。

（2）外部専門家との連携におけるポイント

①　コーディネーターは、外部専門家と教員との通訳係

医療職の外部専門家の指導助言は、内容的に専門性が高く、学級担任にはわかりにくいこともある。外部専門家にもわかりやすく言葉を使うよう留意してもらうと同時に、

それでもその内容に難しさがある場合には、コーディネーターである自活担当教員が、学級担任に外部専門家からの助言の根底にある専門的知識や考え方など噛み砕いて説明し、それぞれのケースに対応した内容を提案する必要がある。コーディネーターがうまく機能していると、指導助言の内容が正確に教員に伝わりやすくなり、より活かせることとなる。

② 主体は教員であり、コーディネーターはそれを支える

　ときに教員は「外部専門家の指導は絶対」と思いがちであるが、そのために外部専門家の指導内容に違和感を募らせたり、その後の児童生徒の指導がうまくいかなったりすることもある。あくまで、児童生徒の指導は、教員が主体で、外部専門家は教員への指導助言を行うことがその役割となる。外部専門家は、基本は年間に1回程度のアセスメントでの関わりであり、実際に助言に沿って指導を行い、それを再度評価するのは教員である。つまり、教員は「外部専門家に教わったことをそのまま行う」のではなく、児童生徒の再評価を続け、よりよい指導を目指していかなければならない。

　また、児童生徒の自立活動（他教科等における指導も）のねらいや指導内容を考えるのも、もちろん教員であり、そのためには児童生徒の実態を観察し、本人や保護者のニーズを知り、将来へのビジョンを学校や家庭で共有していくことが必要である。それらのねらいを達成するためにどのような手立てを行えばよいか、という視点から、外部専門家からアドバイスをもらうのである。

　コーディネーターである自立活動担当教員は、そのことを念頭に置き、教員のもつビジョンを支え、様々な専門家からもらった助言を駆使して、学部担当教員と一緒に指導の手立てを考えることがその役割になる。

③ 児童生徒を取り巻くチームとしての意識

　教員が指導の主体としたら、外部専門家は児童生徒を取り巻くチームの一員である。教員は、メンバーに児童生徒の課題を伝え、いろいろなアイディアをもらい、支援も受けながら、児童生徒の障害に対する手立てを考え、児童生徒の全人的な発達を目指していく。もちろん、コーディネーターもそのチームの一員である。チームの一員として、外部専門家や学級担任とも風通し良く、いつでも相談しあえる関係性を保つこともコーディネーターとして必要とされる資質である。コーディネーターの役割を果たし、信頼しあえるチームづくりに寄与したいと私自身もいつも心に留めている。

【文献】
黒川洋明（2020）「東京都理学療法士協会小児福祉部会の取り組み」第38回関東甲信越ブロック理学療法士学会　シンポジウム2　学校教育現場に求められる小児の理学療法士の役割を考える

6　専門家と担任の理解をつなぐ工夫と取組

埼玉県立越谷特別支援学校自立活動専任　成田 晶子・飯田 佐代子・西塚 裕人

（1）本校の概要と指導の充実に向けた取組

　本校は、主に肢体不自由のある児童生徒が在籍する特別支援学校である。児童生徒在籍数は約 230 名で教職員も約 200 名と、県内肢体不自由特別支援学校では大規模な学校と言える。今日的な課題としては、児童生徒の障害の状態が多様で重度化していることにある。そのような中で、充実した教育活動の実現に向けて、個に応じた自立活動の指導が求められる。そのためには多様化する児童生徒の障害の状態に応じた非常に幅広い専門性が必要となる。

　学校の専門性の向上と教員の力量形成に向けて、校内研修や担任外の自立活動専任（以下、専任）の授業相談等を行ってきた。これに加え一層の児童生徒の理解の深化や根拠ある指導を目指し、平成 23 年度より当時学校の課題だった安全の食事のために言語聴覚士（ST）を、平成 27 年度より認知感覚面の把握のために作業療法士（OT）を迎えて協働したアプローチを行っている。

（2）外部専門家と協働するためのテーマ「ともに考える」

　外部専門家（以下、専門家）活用に向けては、図1のように担任の教員（以下、担任）の指導計画を主軸とし、そこに専門家が助言やアイディア等の提案を行い、それを担任が支援、指導に反映する「教員支援」を主な目的とした仕組みをとっている。これを円

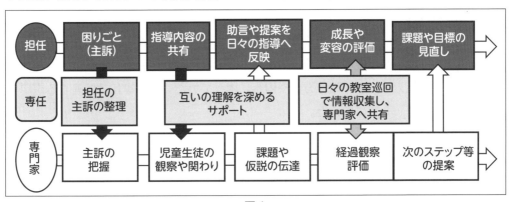

図1

滑に行うために、担任と専門家のスタンスや実情等を把握している専任が相談活動に帯同し、相互をつなぐ役割を果たしている。

　協働した相談活動においては担任と専門家がそれぞれの立場や役割を活かし「ともに考える」ことを大切にしてきた。担任は将来を想定し、学習や生活に密着して目指す姿をデザインする。そして毎日の指導を積み重ねることができる。専門家は、専門的、客観的な視点から児童生徒の実態や困りごとの背景にある要因を推察し各専門分野における指導の仮説を想定することができる。

（3）協働したアプローチの事例について

　作業療法士（OT）の事例（事例1・2）では、専任と専門家で、生徒と担任に関する必要な情報を共有した。生徒の実態だけでなく、課題や不便さの背景にある要因（以下、背景要因）を担任がどの程度捉えているか、また担任のパーソナリティ等に応じて、OTが相談スタイルを工夫した事例を紹介する。

　言語聴覚士（ST）の事例（事例3・4）は、安全でよりよい食事を目指し、STの評価を指針にして、専任が担任とともに日々の小さな変化・成長を把握し、児童の食機能や発達の状況を丁寧に確認しながら指導を展開したものである。機能だけでなく、食事に向かう意欲や担任と児童の関係性の大切さなどにも視点を当てたSTの相談活動を紹介する。

（4）事例

【事例1】日々の困りごとへのアドバイスから、様々な変化が得られた事例
　　　　～担任が背景要因を捉えられていない事例～

〈担任〉

　肢体不自由教育の経験が浅く、具体的なアドバイスを必要としている。

〈担任の困りごと〉

　トイレットペーパーを使いやすくまとめられるようにしたいが、手指の使い方がぎこちなく思うようにいかない。本生徒は何事にも意欲的に取り組むが、担任はスムーズにいかない要因を捉えられず、指導方法や内容に困っていた。自活専任は関連する課題をあげて主訴を整理しOTに伝えた。

〈今までの取組〉

　手指の操作性を高めるため（折る）、柔らかくて扱いづらいトイレットペーパーに替えて、コピー用紙を半分折や印に合わせて斜めに折る練習を行った。実際の動きの確認は、トイレ使用時に行った。

〈OTの見立て〉

　練習で折った紙やペーパーを巻き取る動作から、手指の使い方だけでなく目の使い方（印を合わせる、前後の距離感をつかむなど）にも課題があると捉えた。前庭感覚や固有感覚のあいまいさが要因の一つと判断した。

〈取組の提示とその後の取組〉

　OTは、車いすで回転、急停車、蛇行走行などの動き、キャッチボールなど、目の使い方の改善につながるいくつかの取組を担任の前で実際に行った後、紙を折る活動を行った。印に合わせて紙を折る動作がいつもより上手だったことを担任が実感し、回転とキャッチボールの活動を担任が選択して取り組んだ。

〈まとめ〉

　キャッチボールでは、位置やタイミングが合わずに腕の間でキャッチすることが多かったが（写真1）、車いすで回転を行ってから取り組むことにより、徐々にタイミングや位置が合うようになり、ボールを左右に振ってもキャッチできることが増えた（写真2）。トイレットペーパーは両手を使いふわっと大きく折り重ねられるようになった（写真3）。これらの取組で姿勢が整い上肢の使い方が向上した。専任がトイレットペーパーの扱いだけでなく他の場面での成長を確認すると、はさみで紙を細かく切ること、字を小さく書くこと、着衣の動作も上達したこととのつながりに担任が気づいた。OTのアドバイスを受け、課題になっていることの反復練習をするだけでなく、広い視点で要因を探り他の方法で取り組むことの必要性を理解し、指導の拡がりと意欲につながった。生徒本人も「見える」「わかる」「できる」ようになったことを強く実感できたことで、様々な活動に対して今まで以上に意欲的な姿を見せている。

写真1　　　　　写真2　　　　　　　写真3

【事例2】生活をより豊かにするための事例〜担任が主たる要因を捉えている場合〜

〈担任〉

　教員経験が長く、これまでの知識や経験から生徒の実態や目的に合わせて自身で活動を組み立てて取り組んでいる。

〈担任の仮説と今までの取組〉

　担任は、本生徒が周囲の人や物への関心が高いにもかかわらず、受動的な学校生活

を送っていることを課題と捉えていた。頸部や体幹が伸展した姿勢のため、活動の際に使いづらさがある、手元を見て活動しづらい、移動がスムーズにいかないなどの不便さがあり、それらが能動的に活動できない要因となっていると考えた。仮説を「姿勢がよくなり活動を通して達成感をもつことが自発的な動きにつながり、能動的な学校生活が送れるようになる」と立てて、以下のことに取り組んだ。

写真4

①自立活動の時間における指導で、よりよい身体の使い方を学習。②生活や学習場面全体では、体幹を前屈させた姿勢で前方を意識して身体を使う活動（鞄から出した物を前の籠に入れる、ポーチのファスナーを右または左手で上下左右方向に開ける、教員とごっちんこなど）。③体幹を整える、脚の分離した動きを引き出すための活動（四つばいで障害物越え（写真4）、膝歩きで欲しい物を取りに行く（写真5）など）。

写真5

〈OTのアドバイスと生徒の変容〉

上記の活動は継続する。見える位置で分離した手の動かし方を促すこと（写真6）と、体幹や四肢のポジショニングについてアドバイスを受けた。アドバイスをもとに手首回内の動きでボールをはがし、正面の的に貼り付ける取組（写真7）を行った。回外の動きが徐々に改善され、食事動作では以前の食べづらさ

写真6

のある動作（写真8）から、手首への軽い支援だけで補食できるようになった（写真9）。これらの取組により、移乗時にしっかり教員に抱きつく、ズボン着衣時に足を入れるなど、生活に必要な動作を自ら行ったり、両手を工夫して使うことが増えた。興味のある場所や友達のところに移動し、遊んだり関わったりすることも以前より増えた。動作面だけでなく、物に注目できることが認知の発達や人とのかかわりの拡がりにつながった。OTが担任の思いに共感し、取組に意味付けや根拠を示して後押しをしてくれたことで、担任は今までの指導で成果が得られたことへの安心感と自信がもて、次のステップの活動を組み立てることができた。

写真7

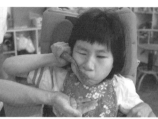
写真8

写真9

【事例3】 食事の経験が少ない医療的ケアのある児童の摂食指導の事例

〈児童の基本情報〉

　医療的ケアのある小2児童（気管切開、経鼻経管栄養、吸引）。7か月のベビーフードと水分を経口摂取している。自力喀痰可能。

〈担任の先生の知りたいこと〉

　①安全な摂食指導の支援方法（一口量、タイミングなど）

　②本児の食べる力の発達段階に合った食形態

〈経口摂取開始時（小1）の実態〉

　小スプーンにとろみをつけた水分を摂取。和風だしなど好きな味や慣れた味は摂取できるが、慣れていない味には強い抵抗感を示す。固形物を飲み込む経験が少なく食に対する興味が薄く意欲が低い。

〈STの助言〉

　1回の嚥下量が少なく、舌は弱い前後運動のため、弱めのとろみをつける、一口量は小スプーンを使用することでむせない安全な嚥下を学ぶ。口から食事することに慣れ、食べる意欲を育てていくことが大切。そして受け入れられる味の幅を広げていく。そのために食事に気持ちが向かう環境づくりや、言葉かけなどの本人の食への意欲を引き出す指導が重要。

〈取組と成果〉

　食事に集中でき、かつ友達の食べる様子を見ることのできるように周囲の環境を整えた。また、食事に意欲的になれるように、その日の食事量の目標を児童と相談して決めたり、児童の頑張りをこまめに褒めたりした。少しずつ食事に向き合える時間が延び、自分で食器を持って食べたり、友達に一緒に食べるように声をかけたりと、食べることに意欲的になった（写真10）。日々の様子は継続して専任も把握し、児童の成長に合わ

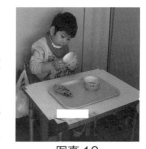

写真10

せて適宜STと食形態の確認と誤嚥を防ぐ支援方法を確認しながら、段階的に検討してきた。現在では初期食の嚥下が安定して行えるようになった。

　なお、取組に際しては、指導方針や支援方法等を保護者と担任間で確認・共有するために「摂食指導カード」（図2：STの助言と保護者の同意のもと作成）を活用した。

【事例4】 児童生徒の理解が進み、食事場面での関わりと指導が充実した事例

〈児童の基本情報〉

　舌の押しつぶし運動が中心の児童。みじん食を摂取。

〈担任の知りたいこと〉

　毎週金曜日に提供される「かみかみ練習食」（写真11：STと給食部が連携して用意す

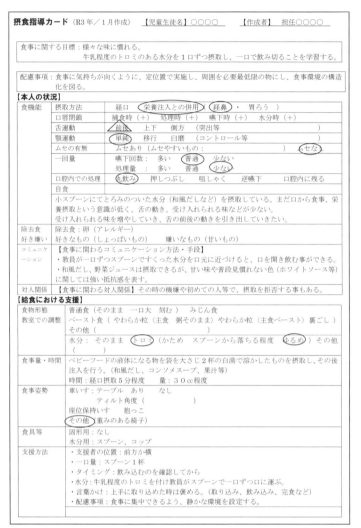

図2　「摂食指導カード」

る咀嚼練習用の具材）を使って噛む練習をしていきたい。どのように支援すればよいか。

〈STの助言〉

　現在の発達段階としては、中期食が安定してきており、噛む運動を経験していきたい段階である。適切な食形態は薄くて細長く２cm以内が最適。児童の食機能の状態を理解するためのポイントとして①食物を奥歯（臼歯）にのせることで舌が側方に動くこと、②上下の奥歯を合わせて噛むこと、③食塊形成できることの３つを挙げた。これらを見るときには口まわり（口角や下顎）や喉のあたりを見て確かめることが有効である。

〈取組と成果〉

　前述の３つのポイントについて本児童の摂食場面の動画を見ながら、STの説明を聞いた。専門的な言葉や情報は専任が補足し担任に伝えた。また、実際の摂食場面にSTが

立ち合い、担任の支援方法について確認した。それまでは、すりつぶしや嚥下など見えない口腔内で食べ物をどう処理しているかがわからなかったため不安に感じていたが、処理の様子や嚥下のタイミングがわかるようになり、その日、そのときの様子に合わせて支援の仕方を工夫できるようになった。担任は、児童とやりとりしながらテンポよく摂食できることで、児童の注意が途切れず摂食に気持ちを向けられるようになったこととスムーズに噛むことができるようになってきたことを実感した。摂食機能の発達段階や摂食のプロセスなどの知識を得たことで、自信をもって以前より児童の気持ちに寄り添って摂食できるようになった。合わせて、自分自身の摂食場面の動画やベテラン教員の摂食場面も3つのポイントを押さえて見られるようになり、指導技術の向上につなげる

写真11

写真12

ことができた。改めて摂食指導の場面を確認したときに、STからも担任と児童の良好な関係性を称賛されたことで担任の指導へのモチベーションが高まった（写真12）。

（2）学校等と専門家が連携するための留意点

①　外部専門家と協働した相談活動を行ってきた成果

　各事例で共通して、専門家との協働により教員が自信と安心感をもって指導に当たれるようになったことが大きな成果と言える。これによる当該の児童生徒の成長はもちろんのこと、専門家との協働を経験した教員が児童生徒を理解するための視点や具体的な支援、指導方法を身に付け、他の児童生徒にも応用していることも増えてきた。また、校内で用いられる自立活動の指導方法の幅も拡がり、学校の専門性の向上と教員の力量形成も見られてきている。

②　協働を深めるための工夫や仕掛け

　専門家を学校に迎えた当初は、教員が各専門家の「専門」について理解できていなかったことから、相談者や相談内容が限定的であった。専任が、これまでの相談内容や事例を校内に紹介したり、日々の教室巡回で主訴となる困りごとを見出して相談につなげたりする中で、少しずつ相談依頼の幅が広がってきた。また、専門家にも本校の教育課程や学校課題を説明するなど学校と教員の現状の理解をしてもらってきた。最近では「専門家の先生いつきますか？」と来訪を楽しみに待っている学級担任も多い。これは専門家からの一方的な指導・助言ではなく、担任と専門家が児童生徒について「ともに考える」を大切にしている成果だと考える。

東京都立あきる野学園主任教諭　神田　綾子

はじめに

本校は開設当初から地域の診療所が隣接しており、学校と診療所はアクセス通路でつながっている。在籍する児童生徒の多くが、就学前から現在まで診療所で療育やリハビリ、診察を受けている。学校とのアクセスが良いため、登校前や授業の合間、下校後に直接リハビリや装具診察に行く児童生徒も多く見られる。

本校は、その診療所から学校医、指導医（医療的ケア）、整形外科医、理学療法士、作業療法士、言語聴覚士、心理士から教育活動への支援を受けている。

（1）事例の紹介

①　整形診察

本校は、肢体不自由教育部門（A部門）、知的障害教育部門（B部門）の2部門が設置されている。整形診察は、A部門は毎年全児童生徒が受け、B部門は新入生・転入生、動き方や歩き方で気になる児童生徒が優先的に受けられるシステムになっている。

A部門の児童生徒は、日々装具の装着やリハビリ等の実施が必要なため、病院とのつながりは強い。けれども、B部門の児童生徒は、歩行が可能になった時や学校に就学した時を契機にリハビリが終わってしまったり、診察から遠のいてしまったりする児童生徒も多々ある。

整形診察は整形外科医、理学療法士、自立活動担当教員で行う。A部門では、学校で使っている装具等、B部門は外履き、上履きと教室で使っている椅子を持参して診察を受ける。

B部門の児童生徒でよく指摘されるのは、「歩けてはいるけど、足部がつぶれてしまっている」ということである。パッと見は、「歩けている」のである。「走ることもできる」のである。が、左右の膝の高さが異なったり、膝をそらして立っていたり、足底の内側が主に体重を支えていたり（偏平足）する。

このような児童生徒には、①市販の適当な靴の紹介、②インソール作成が必要な場合は整形外科受診をすすめている。他にレントゲンを撮って確認をした方がよい児童生徒

も整形外科受診をすすめている。

「①市販の適当な靴の紹介」とは、一般的な学校の上履きのイメージを変える取組でもある。一般的な学校の上履きは脱ぎ履きしやすいが、関節が弱い児童生徒では足部が潰れてしまう。そのため、整形外科医からは、児童生徒の足部の状態を確認し、ソールの硬さ、足幅、足関節の支え（ハイカットなど）についてアドバ

写真1　B部門児童の上履き

イスを受けることが多い。このような診察場面に立ち会うことの多いB部門の教員は、足についての知識を得て、入学してきた児童の足や靴の観察を行えるようになる。その取組によって、整形診察で指摘する前に適切な靴が用意されている児童生徒も増えてきた。

インソール作成やレントゲン撮影のために整形外科受診をすすめると、保護者が一瞬戸惑ってしまうことも少なくない。保護者は「主治医がいない」「年に１回程度しか診察がない」等、現時点で相談する先がないことを心配しているようである。そのような保護者には、整形外科医が所属している診療所を紹介することもある。そうすることで、学校での

写真2・3　ハイカットシューズとそれに入れるインソール

整形診察の内容、学校での課題を把握して、診療所での診察が行われ、必要であれば装具作成、リハビリにつながっていく。実際に学校の整形診察がきっかけで主治医ができた児童生徒、装具を作成して経過を教員と外部専門家で観察して、次の学校での整形診察につないだ児童生徒もいる。

②　個別の自立活動指導計画

本校では「個別の自立活動指導計画」を作成し活用している（P.120資料１）。学習指導要領の「自立活動」を踏まえ、実態の把握、課題、目標、具体的な指導内容を記載する。B部門は「自立活動の指導」「学校教育全体での指導」について具体的な指導内容を記載する。A部門では、それに「自立活動室での指導」が加わる。

A部門は、年度初めに「個別の自立活動指導計画」を担任、外部専門家、自立活動担当で話し合う機会をもって作成する。そこで、実態や課題の確認、「具体的な指導内容」の確認が行われる。実態や課題については詳しく記載されるが、「具体的な指導内容」

になると、あいまいな記載になることがあるが、外部専門家から具体的な指導内容についてアドバイスを受けることで指導内容を明確にすることができている。「自立活動室での指導」において、外部専門家が実際の指導内容についてのモデルを示し、自立活動担当や担任がそれを撮影し、プログラムシートに添付して、指導に活用している。年度末には、今年度の評価と次年度の目標等の話し合いをもつ予定である。

③　健康状態の変化に対応した事例

　A部門のAさんは、全身の緊張が高く、自立活動の時間の指導で緊張を緩めても、一瞬にして全身に緊張が入ってしまい、車いすの上でのけぞってしまうこともある。低体温のため傾眠傾向で、給食や水分の時間に寝てしまい食べられないこともあった。また、起きていても緊張が高いため開口がうまくできずシリンジでの水分補給や、本来なら適切な角度ではないが、本人が獲得してきた食べ方で摂食を行い、栄養をとることを優先に行ってきた。医療的ケアについては、以前から検討されていたが実施に至らなかった。

　そのような中で、どうにか体調を大きく崩さずに生活していたAさんだったが、あるとき大腿部を骨折したことをきっかけに体調が大きく変化した。入院治療を終え、退院してきたときは股関節屈曲ができないため「①車いすに乗れない状態」だった。登校も安定してきた頃、水分摂取しようとしたときに担任が「②呼吸状態の変化」に気付いた。そのため、診療所から派遣されている外部専門家とAさんの担当PT、主治医と連携して、大腿部への負荷を避けた緊張が抜ける姿勢づくり、呼吸が楽になる介助など検討した。その取組の一つとして「③腹臥位マットの検討」を学校と診療所で行った。現在はAさんの状態に合わせて、「④車いすの工夫など」日々検討する課題が出てきているのが現状である。

　大腿骨骨折治療後、「①車いすに乗れない状態」のときは、まず診療所で担当理学療法士と本校の外部専門家でもある担当作業療法士が、姿勢の評価と車いすの簡易的な改造を行った。しかし学校では、骨折部分へ負荷をかけない姿勢、介助方法について不安が高かったことと、以前にもまして緊張が高い状態のため、どこからどう触ってよいのか悩んでいた。そこで、外部専門家でもありAさんの担当作業療法士が診療所で行っている関わり方を実践して、担任や自立活動担当から出る質問については診療所に持ち帰り、担当理学療法士や医師に相談し、再度学校に伝え、実践して見せてくれた。外部専門家も担当理学療法士も学校も手探りの状態ではあったが、連携することで不安は減り、安心して対応することができた。

　摂食を含む健康面については、保護者の「大丈夫」と思う視点と学校側の「不安だ」という視点のズレを埋めることから始まった。保護者にとっては産まれてからずっと一緒にいるため、「あ・うん」の呼吸で子どもの状態に対応できることも多い。また毎日

一緒にいることで変化に対しても「普段通り」と受け止め、「特に変わりない」と診察で答えることも少なくはない。保護者がそう思ってしまうのは、家庭で見せる姿と学校で見せる姿の違いが原因とも思われる。そこで、外部専門家でもある担当の作業療法士が「学校での姿」や「学校で対応できること」を担任と確認したうえで、保護者と主治医に伝え、よりAさんの体調の変化に対応することができた。学校はそれを受け、校内で支援会議を開き、状況や対応について周知した。

「③腹臥位マットの検討」では、試作品の使用方法を外部専門家から教えてもらい、数週間使用して、外部専門家に「赤みが出る場所」や「こうだったら使いやすい」など伝えた。それを外部専門家は診療所に持ち帰り、担当理学療法士に伝え、改善するという日々が続いた。また、自立活動の時間の指導の折に「地域訪問」という形で担当理学療法士が来校し、外部専門家、担任、自立活動担当と一緒に腹臥位マットの検討をした。

Aさんの筋緊張もだいぶ落ち着いてきた現在、一番の課題は「④車いすの工夫など」である。骨折から時間が経ち、だいぶ股関節も動く（動かせる）状態になってきた。退院後は車いすに座れることが目標になっていたが、下腿部の課題、呼吸状態が安定する頸部の角度、体幹ベルトの位置など、皆で観察しながら次の車いすにつなげる資料を集めている状況である。

（2）学校と専門家が連携するための留意点

本校は隣にある地域の診療所から外部専門家を派遣してもらっているため、学校と診療所との情報共有が他校よりもしやすい状態である。だが、「学校」と「診療所」の境目をつくること、保護者にも「学校」と「診療所」間の連携に加わってもらうために、「医療機関への連絡簿」（資料2）を作成した。連絡簿に学校からの要望等記載し、それを保護者が診療所にもっていく仕組みになっている。このことによって、「学校」と「診療所」の境目をはっきりさせ、あくまでも学校からの要望等は、保護者を介して「診療所」に伝えることができるようになった。

令和 3 年度（2021 年度）自立活動　個別の指導計画（　　月作成）		
A／B　小・中・高　　年　　組		氏名
手帳：　身体手帳　　種　　級		愛の手帳　　　級
児童・生徒の実態	①健康の保持	
	②心理的安定	
	③人間関係の形成	
	④環境の把握	
	⑤身体の動き	
	⑥コミュニケーション	
健康面での配慮 事項		
	短期（1 年後）	
具体的な指導内 容	※短期目標に向けて取り組む具体的な指導内容を記入する。短期目標が複数ある場合は、 目標ごとに指導内容を記入する。 （例：毎日 3 回バンゲード法を行い、しっかり唾液を嚥下する。20cm 離れた場所に提 示されたはっきりした色のボールに注目し、手を伸ばす。）	
	＜自立活動室の指導内容＞	
	＜自立活動の時間における指導内容＞	
	＜学校の教育活動全体を通して行う指導内容＞ （上記以外の教育活動全体で行う自立活動の指導内容を記載する）	
緊急時の対応		

＊A4 両面 1 枚に収まるように。

資料 1　「自立活動　個別の指導計画」

学習指導要領（自立活動編）の「流れ図」にそって、課題等を検討し、具体的な指導内容を記入する。
自立活動室での指導内容は写真入りのプログラムシートを作成し、授業に活用している。

○○（地域の診療所）への連絡簿

御担当者様

　　いつもお世話になっております。

　　学校で使用している装具等について以下のように修理・調整が必要と思われ

たため、御連絡いたしました。御確認ください。

児童・生徒氏名：	
○○（地域の診療所）への連絡簿	
発信日：　　　　　年　　　　月　　　　　日	
宛先：	発信者：
内容：車いすや装具について　　　　その他	
<内容>	

資料2　「医療機関への連絡簿」
外部専門家の評価を経て、担任と
確認し、自立活動担当又は外部専
門家が記入。保護者がリハビリの
ときに持参する。

8　学校図書館での教員と専門家の連携

東京都立城東特別支援学校主幹教諭　熊井戸 佳之

はじめに

　本校は、東京都江東区にある知的障害特別支援学校（小学部・中学部設置校）である。平成28年度の開校当初から学校図書館の整備・活用、読書活動の推進に外部専門家（以下、図書館司書）と連携して取り組んできた。図書館司書の専門的な立場から様々な助言を受けられたことで、学校図書館の整備・活用、読書活動を促進することができた。本稿ではその取組を紹介する。

（1）外部専門家との連携の実際

①　外部専門家活用のきっかけ

　本校は開校に当たって校舎が新築され、学校図書館を一から構築することとなった。学校図書館を児童生徒の学習等に実際に活用できる場所とするためには、単に蔵書を購入するだけではなく、学校図書館内の配置をどのようにするのか、図書の配架方法をどのようにするのかなどの検討や準備が必要であり、それには図書館運営に関する専門的な知識のある人材が必須であった。

　そこで本校ではこの課題を解決するために、東京都の都立特別支援学校外部専門員事業を活用し、図書館司書を外部専門家として依頼し、学校図書館の整備や読書活動に関する助言を受けることとした。

　図書館司書の来校日は1か月に2回、1回につき4時間から始めた。来校日には児童生徒の下校後に図書館司書と本校図書館担当教員で打合せの機会をもった。打合せの中で1日の学校図書館の利用状況や今後整備をした方がよい事柄などについて情報交換をしたり、助言を受けたりした。

②　図書館司書と連携した学校図書館の整備

ア）環境整備

　本校の図書の配架は、日本十進分類法に基づいて行っているが、児童生徒にわかりやすく分類表示をするにはどのようにしたらよいのか、図書に貸出用バーコードや分類シールを貼る作業をどのように行うと効率的に作業が行えるのかについて図書館司書か

ら助言を得た。その助言を受けて、図書館担当教員が購入時に図書についている帯を材料として、分類シールや貸出返却手続き用のバーコードを定位置に貼るためのスケールを作り、それを活用して図書の装備を行った。

　開校初年度は配架前の準備（貸出用バーコードの貼り付けや図書貸出用ソフトへの登録作業）を行わなくてはならない図書の冊数が多かったため、時間がかかることが課題となった。その件を図書館司書に相談したところ、図書に保護フィルムをかけずに、カバーを外してバーコードや分類シールを貼り、作業工程を省略するよう助言を受けた。その結果、図書購入から実際の配架までの作業時間を短縮できた。

イ）選書

　学校図書館に置く図書の選書は、担当教員の業務負担が大きいものの一つである。限られた予算内で児童生徒の興味・関心や学習課題等に応じた図書を購入し、有効に活用するためには、図書に精通する図書館司書の専門性は欠かせない。図書館司書に本校の年間行事予定表を渡し、行事等の事前学習にかかわる図書を選定してもらい購入した。また、リクエストカードを用意した方がよいとの図書館司書からの助言を受け、学校図書館と職員室に「図書リクエストBOX」を設置し、リクエストをもとに選書を依頼するようにした。

ウ）季節に関する図書の展示

　図書館司書が来校日に本校の蔵書を使い、本校の行事予定や授業内容、教員のリクエストをもとに、学校図書館内に図書コーナーを設置している。図書コーナーの作り方についても、外した図書のカバーや図書のケースを再利用しており、参考になった（写真2）。

写真1　学校図書館全景

写真2　季節の図書

③　読書活動推進に向けた助言

　本校は平成29年度から令和元年度まで東京都特別支援教育推進計画（第二期）第一次実施計画の「言語活動及び読書活動の充実事業」における研究指定を受けた。全校児

童生徒の読書に対する意識を高めるとともに、学校図書館利用の促進のために、読書月間を設定した。読書月間は全校の児童生徒に読書カードと本校のオリジナル図書バッグを配布し、図書を借りたり、読んだり（読んでもらったり）するたびに読書カードにシールを貼るようにした。また、たくさん借りたり、読んだり（読んでもらったり）した児童生徒を全校で表彰する取組も行った。

　読書月間の実施に当たっても図書館司書と相談しながら、読書活動推進のための取組を行った。一つは「読書の木」の取組である。学校図書館入口に大きな木のポスターを用意し、来館するたびに一人一枚「読書の実」と呼んでいるシールを貼るようにした。日がたつにつれて実が増えていくため、皆が図書館を使っているということを視覚から感じることで、学校図書館利用の意識を高めることができた（写真3）。もう一つは読書カードについて図書館司書の助言を受け、借りた（読んだ）図書名の横に「お気に入り欄」を設け、借りた（読んだ）図書の評価を書けるようにした。オリジナル図書バッグの導入のきっかけは、学校図書館の利用状況を見ていた司書からの助言であった。個別の図書バッグを用意している学級があったため、図書バッグが「自分が図書を借りる」「図書室に行く」という動機付けになるのではないかとの情報がヒントとなった。

④　教員研修の実施と図書に関する相談

　図書館司書の来校日がわかるように学校図書館入口に来校日カレンダーを貼るとともに、校務用の電子掲示板を活用し、担当教員が来校日を周知している。来校日には教員の図書に関する相談を随時受け付けている。これまでには買い物学習をするので事前学習に使用できる図書はないか、数の学習に適した図書はないかなどの相談が数多くあった。図書館司書は相談を受けると、本校の蔵書の中から、リクエストに合致した図書を集め、貸し出すようにした（写真4、写真5）。

　また教員対象の研修を、年1回を目安に実施している。図書館司書を講師として、学

写真3　「読書の実」

写真4　相談の様子

写真５　来校日カレンダー

写真６　研修会の様子

校図書館の利用方法や図書の紹介、読み聞かせのコツなどについて学ぶ機会としている。図書の紹介では「本の味見」と称して、言語や季節と行事、コミュニケーション、視覚認知などの項目ごとに本校の蔵書を用意して、教員がその場で手にとって中を見られるようにした。その結果、本校にある蔵書を授業で活用しようという教員の意識が高まった。小学部の算数、中学部の社会・理科の授業で、図書館司書と授業内容について相談し、実際に図書を活用して行った授業もある（写真６）。

（３）学校と専門家が連携するための留意点

　本校では図書館司書と連携して学校図書館の整備及び読書活動を進めることで効率的かつ効果的に取組を進めることができた。図書館の経営や図書に関する知識や経験を、教員は十分もち合わせておらず、図書館司書の専門性を活用できることは外部専門家活用の大きなメリットとなる。また、専門家の視点から助言をもらえることで、これまで教員が気づけなかった観点（図書の授業への活用方法や絵本の読み聞かせの方法など）を知ることや学校図書館の整備と読書活動の理解を進めることができる。

　図書館司書来校日に図書館担当教員と図書館司書が打ち合わせを行うことで、共通理解を図りながら取組を進めたことが効果的であった。学校では外部専門家をはじめとして、教員以外の様々な職種の人たちと連携して業務を行うことが増えてきている。それぞれの職種の専門性や立場の違いを踏まえ、学校の現状（実施できること、実施が難しいこと、今は実施が難しいが今後取り組む方向で考えることなど）を共有することが、学校と専門家との連携のポイントになると考える。

スクールソーシャルワーカー（SSWr）からの支援

東京都立大塚ろう学校統括校長　朝日 滋也
（現 東京都立墨田特別支援学校校長）

はじめに

　特別支援学校に在籍する児童生徒が抱える困難は、学校で対応できる範囲を超えることが少なくない。本人への支援はもとより、家庭・家族への支援が必要なケースがある。福祉・保健・医療・労働等との連携が必要と言われているが、その連携を調整し、子供の問題解決を進めていくためには、子供支援の専門家としてのスクールソーシャルワーカー（SSWr）は、欠かすことができない存在と考える。SSWr は、学校教育法施行規則にも位置付けられた「チーム学校」の一員で、文部科学省は全国の中学校区に一人配置を目指している。しかし、まだその存在や役割は、学校内には浸透していない。

　本稿では、特別支援学校で実際に受けてきた支援をまとめることにする。

（1）　スクールソーシャルワーカー（SSWr）とは

　SSWr の起源は、20 世紀初頭、アメリカ・ニューヨーク州のセツルメント・ハウスの活動といわれている。多数の児童の強制労働と教育の機会保障の問題から始まった。全米への定着は、第二次世界大戦後であり、以下のような歴史をもち、我が国においても学校の職員の一員として法に位置付けられるようになった。

スクールソーシャルワーカーの沿革

1906 年　アメリカ・ニューヨーク州　セツルメント・ハウスの活動から多数の児童の強制労働と教育の機会保障の
　　　　問題　→全米へ定着は大戦後
1978 年　訪問教師（visit　teacher）の職能団体が全米ソーシャルワーカー協会へ編入
　　　　「スクールソーシャルワーカー」の名称に統一
　　　　　　　　　※　カナダ、北欧諸国・東欧諸国、香港、モンゴル等で展開
＜日本では＞
1981（昭和 56）年　埼玉県所沢市でスタート　校内暴力のために。不登校への支援も対象に
　　　　　　　　児童生徒への直接的な関わりを中心としつつ、
　　　　　　　　継続的な家庭訪問による家族支援、学校と子ども、家族間の関係調整や仲介機能
　　　　　　　　外部機関との連携　　地域内に自助グループやフリースペースなどの社会資源を創出
2000（平成 12）年　兵庫県赤穂市　　　　　　　　2001（平成 13）年　香川県教育委員会
2002（平成 14）年　茨城県結城市　千葉大附属小　　2005（平成 17）年　大阪府で 6 人
2006（平成 18）年　東京都杉並区　兵庫県教育委員会
2008（平成 20）年　文部科学省「スクールソーシャルワーカー活用事業」
2017（平成 29）年　改正学校教育法施行規則が施行（スクールソーシャルワーカーが法的に位置付け）
2019（平成 31）年　中教審「新しい時代の教育に向けた持続可能な学校指導・運営体制の構築のための学校における
　　　　　　　　働き方改革に関する総合的な方策について（答申）」において、スクールソーシャルワーカーの
　　　　　　　　全中学校区配置、常勤化に向けた調査研究が示唆

　21世紀に入り、児童虐待の対応が課題となり、文部科学省は「学校等における児童虐待防止に向けた取組に関する調査研究会議」を立ち上げ、2006（平成18）年5月に「学校等における児童虐待防止に向けた取組について」（報告書）を発表した。この中で海外における取組例として「スクールソーシャルワーク」について詳しく述べ、我が国における児童虐待問題をはじめ、児童生徒が抱える課題対応策としての可能性について論じている（以下、報告書の抜粋）。

　　それまでは、「無力あるいは非力な子どもを大人が指導、教育する」という視点で対応の枠組みが組み立てられてきたが、スクールソーシャルワークでは、「人間尊重の理念」のもとに、「問題解決は、児童生徒、あるいは保護者、学校関係者との協働によって図られる」と考えられた。スクールソーシャルワーカーは、問題解決を代行する者ではなく、児童生徒の可能性を引き出し、自らの力によって解決できるような条件作りに参加するというスタンスをとる。
　　また、問題を個人の病理としてとらえるのではなく、人から社会システム、さらには自然までも含む「環境との不適合状態」としてとらえる。
　　ゆえに、対応としては、「個人が不適合状態に対処できるよう力量を高めるように支援する」、あるいは「環境が個人のニーズに応えることができるように調整をする」という、「個人と環境の双方に働きかける」という特徴を有する。

　その後、文部科学省は2008（平成20）年に、SSWr活用事業を立ち上げ、2017（平成29）年3月、SSWrは、学校教育法施行規則に位置付けられることとなった。

学校教育法施行規則　　第四節　職員　　第65条の3
　スクールソーシャルワーカーは、小学校における児童の福祉に関する支援に従事する。（第135条で、「特別支援学校」に準用されている。）

　このときの通知、28文科初第1747号「学校教育法施行規則の一部を改正する省令の施行等について（通知）」では、次のように説明されている。

②　スクールソーシャルワーカーの職務内容
　スクールソーシャルワーカーは、ソーシャルワークの価値・知識・技術を基盤とする福祉の専門性を有するものとして、不登校、いじめや暴力行為等問題行動、子供の貧困、児童虐待等の課題を抱える児童生徒の修学支援、健全育成、自己実現を図るため、児童生徒のニーズを把握し、関係機関との連携を通じた支援を展開するとともに、保護者への支援、学校への働き掛け及び自治体の体制整備への働き掛けに従事すること。

（2）特別支援学校における SSWr

　では、特別支援学校では、児童生徒の修学支援、健全育成、自己実現を図るために、どのような支援を SSWr から受けているのだろうか。代表例として 3 つの事例を、個人が特定できないよう複数の事例を組み合わせ、例示する。

【事例 1】 家庭の養育困難と引きこもりからの脱却

◆　児童の病状が悪化するに伴い、保護者が児童を学校に送り出すことに消極的になり、親子で引きこもり状態になった事例（肢体不自由・小学部）

　　学校は支援会議を開き、自治体の福祉関係者（子ども家庭支援センター等）と連携し対応したが、母親が訪問等を拒むようになり、学校との連絡も途絶えていた。そこで支援会議に SSWr の参加を要請し、まずは本人の安否と自宅の状況を確認。自宅でどの場所までなら保護者は人と会うことができるかを探りつつ、保護者に面談をしていただいた。病院との関係をつくり、親子の定期通院の際に保護者と接触できる機会をつくりながら保護者の信頼を得られるようになった。そして、訪問教育を定期的に受け入れられるまでに至った。

【事例 2】 不登校生徒の生活支援

◆　一人親家庭から特別支援学校の高等部に通学。集団活動になじめず不登校傾向が続いていたが、3 年生になって 18 歳を迎えた後、母親が入院してしまい、一人暮らしの状態となった事例（知的障害）

　　本人の警戒心が強く、地元の自治体の福祉関係とつなげようとするも実らず。

　　18 歳を超えて子ども家庭支援センターとの協力も活用できなくなり、ただ一人暮らしを続ける実態を見守るしかなかった。SSWr は、本人が居場所として過ごしやすい居住地域の支援機関にアプローチをし、本人が心を許せる場所（フリースペース）を足掛かりに、障害者福祉の関係者との接点を探っていった。何度か学校にも足を運べるようになってきた中で卒業を迎えたが、現在はかろうじて福祉関係者とつながり、地域生活を続けている。

【事例 3】 依存症（万引き等の習癖）

◆　軽度知的障害があり、高等部に進学。学校生活は続けるものの、放課後や休日に万引きを繰り返し、指導を受けるが改善はされない事例

　　これ以上万引きを続けるなら、進路変更を促し、地方の更生施設へ預けることを検討したところであった。SSWr に支援会議の助言者として参加していただき、東京都若者総合相談センター「若ナビ α（アルファ）」につなげた。

　　同センターでは、特別支援学校卒業後、非行・犯罪を繰り返す青年の相談にも応じ

ている。特に、万引き、薬物、性非行等は、「依存症」として繰り返されることがあるため、依存症に対応できる医療機関とつながって「治療」として問題行動の解消に取り組んでいる。特別支援学校だけでは解決の糸口が見つからない中、使える資源をSSWrが開拓し、その紹介を受けている。

（3）特別支援学校には、なぜ SSWr が必要か

以上の事例はごく一部にすぎず、特別支援学校では様々な困難事例に直面することが少なくない。対応に苦慮する要因としては、以下のようなことが挙げられる。

- ・　担任は、日中は学級の児童生徒の指導に当たらなければならず、対応は放課後等に限られてしまう。関係機関との調整がタイムリーにできない。
- ・　家庭の安定が何より必要な困難ケースが一段と増えているが、家庭や家族関係に立ち入るにはハードルが高い。
- ・　特別支援学校は通学区域が広域であり、複数の自治体の行政、福祉・保健、労働等の機関と関係をつくることも必要である。学校の教員だけでは困難である。

このような中、SSWr は、子供の生活のしづらさに着目し、アウトリーチなどの方法によって環境調整を行い、学校と協働しながら課題解決を図っていく職である。実態把握から短期目標を作り、関係機関との調整、使える資源の発掘などフットワークよく動けるSSWrと協働することは、極めて重要である。

筆者は、学校関係者とSSWrとの定期的な事例検討の研究会に参加しているが、子供の抱える問題にSSWrと特別支援学校とが真に協働していくにはまだまだ壁があると感じている。その一つは、学校の担任が描く解決の目標と、子供支援の専門家が抱く目標とに「ずれ」があることである。学校は、「児童生徒が元気に通ってこそ、関係がつくれ、指導ができる。どうにか関係をつくり、学校に通わせて指導をしたい」という目標を立てがちである。一方、SSWrはまずもって「子供が生きていて100点」という立場に立ち、子供の生存・安全と「子供にとってのちょうどいい居場所」を確保する。そのうえで「子供が学校につながっていたい・学びたい」という気持ちを尊重し、学びの保障を考えていく。

こうした目標の違い、意識の違いによって、SSWrとの協働が円滑に進まないことがある。学校の組織を動かすリーダー、例えば生活指導主任や学年主任がSSWrとの「協働の先に問題解決のゴールが見えてくる」とわかれば、子供を中心に据えたアプローチが生まれやすい。

特別支援学校にSSWrを配置している学校、SSWrに協力を要請している学校はまだ少ないと思われる。しかしながら特別支援学校こそ、SSWrと協働し、子供たちの課題を人とのつながりの中で解決していくことが必要と考える。

10 ICT に関する支援

東京都立調布特別支援学校校長　原田　勝

はじめに

　本校は、小学部・中学部の児童生徒が在籍する知的障害特別支援学校である。間にマンションを挟み、理工系単科国立大学である電気通信大学（以下、大学）と接している。両者は近くにあることから防災をはじめ様々な面で連携してきた。これから紹介するICT教材開発もその一つである。これは、本校が平成23年度に東京都の「ICT活用推進校」となったのをきっかけに、大学の専門である情報工学を活用した支援を受けることになり、以後10年にわたり毎年10〜20件の教材開発が行われてきた。

（1）大学によるICT教材開発の実際

　教員は常に指導に役立つ教材を求めている。特にICT教材は令和3年度から始まったGIGAスクール構想に基づく一人一台端末の配備もあり、活用が急速に進んでいる。だが、教員には「こんな教材があったら！」というアイディアはあるものの「技術がない」「時間がない」等の理由から、教材の作成が難しい場合もある。大学によるICT教材開発はそうしたアイディアを学生や院生が具現化するものである。これまでの継続の結果、現在は表1のような流れで行われている。まず、5月上旬、本校でガイダンス（写真1）を行い、大学教員より教材の開発から譲渡までの流れについて説明を受ける。その後、教材作成調査が行われ、本校教員は開発を希望する教材の内容やイメージ等を教

表1　大学によるICT教材開発の流れ

5月上旬	ガイダンス	（本校）
5月下旬〜6月上旬		
	教材作成調査	（本校）
6月中旬	開発担当者割当	（大学）
6月下旬	教材作成相談会	（本校）
9月末	中間報告会	（本校）
1月末	最終報告会	（本校）

写真1　ICT教材開発ガイダンス

材作成依頼書（図1）に記入して大学に提出する。大学は6月中旬までに各依頼書に応じた担当を学生に割り当てる。6月下旬には教材作成相談会が行われ、開発する教材の内容、納期等を本校教員と学生の間で話し合った後、学生により教材開発が進められる。その後9月末の中間報告会で進捗状況や修正箇所を確認し、翌年1月末の最終報告会で成果物が発表される。なお、開発された教材は東京都の学習コンテンツ活用システムにアップロードされ、他の都立学校教職員も活用できるようにしている。

①依頼者	小学部　○年　（　　○○　○○　）
②教科	音楽
③いつまでに	（　　9　　）月（　　末　　）まで
④教材案 （具体的に 書いてください。）	○音楽の「創作活動」で使用する、スイッチ教材。 　パソコンに「ドミファソシド」6個のスイッチをつける。そのいずれかのスイッチを押すと、画面に、音の色が出る。(例...「ド」は赤「ミ」は緑色。) 何回かスイッチを押した後、再生ボタンを押すと、その人オリジナルの沖縄音階の曲が流れる。
⑤イメージ図	
⑥入力装置(該当に○)	キーボードマウス　　スイッチ　　　　タッチパネル　　　その他(　　　　　)
⑦出力の仕方(該当に○)	パソコンのディスプレイ　大型テレビ　プロジェクター Windows タブレット
⑧希望ソフト(該当に○)	ワード　　エクセル　　パワーポイント　　　keynote
⑨その他伝えたいこと	ボタンを押す強さで、画面上の大きさや形が変わると尚嬉しいです。

図1　教材作成依頼書①

（2）実際の教材について

　これまで、大学により開発されてきた教材の一部を紹介する。

【事例1】「読み聞かせアプリ教材」（小学部1年　国語）

〈概要〉

　当該教員は小学部1年の児童に「イメージをもって楽しく劇あそびに取り組ませたい」と考え、授業で使用でき、また児童一人でも活用できる読み聞かせの教材の開発を、アニメーションの高い編集技術をもつ大学に依頼した。教材作成依頼書（図2）ではオリジナルを含む物語が4話程度収録されていて、ナレーションや会話、音声が流れ、イラストが動いて理解を支援する内容となっている。

〈教員と開発を担当した学生との連携〉

　新型コロナウィルス感染症の感染拡大防止により学生が本校に来校して打ち合わせることができなかったため、メールや電話で連絡をとりながら教材開発を進めた。学生は教員の細かな要望に応え、イラストが楽しい効果音とともに滑らかに動き、児童の興味・関心を引きつける読み聞かせ教材を開発した。

①依頼者	小学部　　1年　　（　　　　　　　）
②教科	国語
③いつまでに	（　　9　　）月　（　末　）まで
④教材案 （具体的に書いてください。）	◎読み聞かせアプリのような教材 ・物語が4つ程度収録されている。 ・物語のナレーションや会話部分を押すと音声が流れる。 （子供が読める場合があるので「音声なし」も選択できるとよい。） ・内容が分かりやすいようにイラストに動きがある。
⑤イメージ図	
⑥入力の装置 （該当に○を）	キーボードマウス　　　スイッチ　　タッチパネル　　その他（　　　　　）
⑦出力の仕方 （該当に○を）	パソコンのディスプレイ　大型テレビ　プロジェクター Windowsタブレット
⑧希望ソフト、アプリ （該当に○）	ワード　　　エクセル　　　パワーポイント　keynote(i-Pad)
⑨その他 伝えたいこと	オリジナルの物語も入れたいと思っています。 よろしくお願いします。

図2　教材作成依頼書②

〈開発した教材を活用して〉

　開発された教材は、魅力ある音やイラストが使われており、授業で活用することにより、児童の集中が高まった。タッチパネルで入力できるため、個別学習でスクリーンを操作しながら、ストーリーを楽しむこともできた。多様な形での読み聞かせができたため、児童の学習効果が高まった。

イラストの動きに児童も集中

タッチパネルで操作（個別学習）

〈まとめ〉

　複数の児童の前でも、個別の場面でも活用できるような読み聞かせの教材がほしいという教員の要望に応え、イラストの動きや効果音を工夫し、魅力的な教材を開発した事例である。コロナ禍のため、教員と学生は主にメールや電話を通じて要望や開発状況を伝え合うことにより、優れた教材が開発できた。これまでの学校と大学双方の教材開発に関わるノウハウの蓄積により、直接会う機会が少なくても、オーダーメードの教材開発が可能であることが確認できた。

【事例2】「ひらがなの読み書き学習に関する教材」（小学部2年　国語）

〈概要〉

　当該教員は、小学部2年の児童のひらがなの読み書きの習得に向け、映像と音により、ひらがなの字形と音を一体として示し、理解につなげられるような教材の開発を依頼した（図3）。

①依頼者	小学部2年　（　　　　　　　　　　）
②教科	国語・算数
③いつまでに	（　9　）月（　　　　）まで
④教材案 （具体的に書いてください。）	国語・算数の授業の中で、ひらがなの学習をするのに使用する。 ・画面上で平仮名の「い」を示す。 ・クリックすると、「い」の表示のまま音楽が流れる。 　（例.「いーのつくものなあに。い・い・い・い・いちごだよ。」） ・「い・い・い・い・い」の部分は、ひらがなの「い」を示した後、「い」の口形も4回繰り返して示す ・クリックすると、あひるのイラストと「いちご」と名前を表示。 　（「い」の部分は、色や出し方を工夫して強調する。） 　　　　　　　　　　　　　　　　（略）
⑤イメージ図	①　い　➡　②　い　➡　③　い　　い　口形 　　　　　　　音源を流す　　（4回繰り返し） ④いちごのイラスト　➡　⑤いちごの動画　➡　⑤他の「い」のつくもの 　　　　　　　　　　　　　　（略）
⑥入力の装置 （該当に○を）	キーボードマウス　　　スイッチ　　　タッチパネル　　　その他（　　　　）
⑦出力の仕方 （該当に○を）	パソコンのディスプレイ　大型テレビ　プロジェクター Windowsタブレット
⑧希望ソフト、アプリ （該当に○）	ワード　　　エクセル　　　パワーポイント　　keynote(i-Pad)
⑨その他 　伝えたいこと	

図3　教材作成依頼書③

〈教員と開発を担当した学生との連携〉

　新型コロナ感染症の感染拡大防止の観点から教員と学生は、メールや電話により連絡しながら開発を進めた。学生からは、設計上、パワーポイントでの作成が難しい部分について、早い段階で指摘があった。また、児童がより興味をもてるような提案がなされ、教材の充実につながった。

〈開発した教材を活用した授業〉

「い」の口形の練習

「い」のつくもの、
「いちごだよ」

全体学習後個別学習で
定着を図る

　教員が児童の反応を見ながら端末をクリックすることにより、児童は、音声や画面の動きに合わせて、口形をまねしたり、発音したりして、興味をもってひらがなの学習をすることができた。クラスの児童全体で学習した後、さらに個別学習で同じフォームを使って、読んだり書いたりすることにより、児童一人一人の課題に応じて学習を深め定着を図ることができた。

〈まとめ〉

　絵と音を効果的に提示することにより、ひらがなの理解を図りたいと考えた教員が、高い教材作成技術に期待して大学に開発を依頼し、児童が興味をもって学び、定着につながる教材が作成できた事例である。学生は教員の指導に関する細かな要望に丁寧に応え、工夫を凝らした結果、充実した教材を作り上げることができた。本事例は、依頼する側と依頼に応える側が指導の実際について共通理解することが重要であることを示唆している。

【事例3】「交通系ICカード利用に向けた学習に関する教材」（小学部4年　生活単元学習）

〈概要〉

　小学部高学年では、電車を使った乗車学習を行ってきた。作成を依頼した教員は「コロナ禍で乗車学習はできないが、模擬体験として、児童に交通系ICカードのタッチ練習をさせ、乗車学習の再開時に戸惑うことなく電車に乗れるようにしたい」と考え、教材作成

①依頼者	小学部　4年　（　　　　　　　　　　）
②教科	生活単元学習
③いつまでに	（　10　）月　（　2　）まで
④教材案 （具体的に書いてください。）	小学校高学年では、電車の乗車学習を行う。 本年度は、乗車学習はできないが、模擬体験的な交通系ICタッチの練習がしたい。 一人一人、ICカードを持ち、ICカードリーダーにタッチが 成功→通過できる→合格→電車が来る。 失敗→通過できない→「もう一度タッチしてください」などのアナウンスが流れ、電車に乗れない。　　　といったようなものができないか？
⑤イメージ図	
⑥入力の装置 （該当にを）	キーボードマウス　　スイッチ　　タッチパネル その他（ICカードリーダー）
⑦出力の仕方 （該当にを）	パソコンのディスプレイ　大型テレビ　プロジェクター Windows　タブレット
⑧希望ソフト、アプリ （該当にを）	ワード　　エクセル　　パワーポイント　　Keynote(iPad)
⑨その他 伝えたいこと	

図4　教材作成依頼書④

134

依頼書（図4）を提出した。

〈教員と開発を担当した学生との連携〉

依頼を受けた学生は、IC カードリーダーをパソコンにつなぐことにより、児童が IC カードを IC カードリーダーにかざせば残高が表示される教材を開発した。ただ、児童の中には直接 IC カードリーダーにタッチすることが難しい者もいるため、児童に自分の交通系 IC カードを持たせて模擬自動改札のカード読み取り部にタッチさせ、以下のようなシステムを構築した。

・成功すると➡「ピッ」と音がして「乗車成功」の表示が出る。

・失敗すると➡「もう一度タッチしください。」のアナウンスが流れる。

〈作成された教材を活用した授業の様子〉

児童が交通系 IC カードを
模擬自動改札の
カード読み取り部にタッチ

正しくタッチできたときは
「乗車成功！」の表示後、
電車の映像が流れる

正しくタッチできなかったとき
は「もう一度タッチして！」の
メッセージが出る

児童の中には、模擬自動改札を通過した後、本当に電車に乗れると思ってしまい、混乱する者もいるほどであった。児童の多くは、モニターに映し出された交通系 IC カードの画像や模擬自動改札を見て大喜びし、交通系 IC カードをタッチして改札を通過し、今後の乗車学習の再開にあたり、効果的な練習ができた。

〈まとめ〉

新型コロナウイルス感染症の影響で、電車を利用した校外学習が実施できない中、本教材により、校内で IC カードのタッチや改札の通過に関する学習に取り組んだことで児童が公共交通機関や公共施設の利用に向けてイメージをもつことができた。感染症予防に取り組みつつ児童生徒の学びを保証していく事例として、学校全体で認識を深めることができた。

（3）学校等と専門家が連携するための留意点等

本事例の場合の専門家は、現役の大学生や大学院生である。彼らは専攻する情報工学を活かして、本校の児童生徒のために無報酬で教材開発に取り組んでくれている。

本校にとって、この教材開発は、教員が、児童生徒の学習や生活における課題に対応した教材をオーダーメードで入手できるという点で多大なメリットがある。一方、大学（学生・院生）は、本校（教員）の要望に合った教材の開発を行うことにより、専門とする情報技術を現場のニーズを踏まえた実践的なものに向上させる機会を得ている。これまでに、本校での教材開発が契機となり、時間管理支援、音楽教育、運動指導等の分野において大学の研究につながった例がある。また、学生や院生が、教材開発の過程で児童生徒の実態を十分に観察することは、特別支援教育に対する理解を促すことにつながっている。大学、本校の両者が共に Win-Win の関係となっているがゆえに、本取組は現在まで 10 年以上にわたって継続できていると考えている。

　今後、学校と専門家である学生や院生が一層の連携を深めるために留意すべき点としては、大学が本校の児童生徒について、より関心をもち、教材開発に協力してもらえるように、日頃から様々な活動を通して、交流し合ったり、協力し合ったりする機会を増やして相互理解を図ることである。

　例えば、2021 年 12 月に中学部 1 年の生徒が、校外における就業体験として、同大学のキャンパス内の落ち葉掃きを学生と一緒に行った。生徒にとっては、初めての就業体験ということもあり、教員の支援もかなり必要だったが、学生と協同で作業に取り組み、終了後に大学から感謝の言葉をもらうことで、生徒も達成感を得ることができた。

　今後は、校外における作業学習等において、大学内の美化清掃や植栽等を学生と協同で定期的・継続的に行い、大学への謝意を示すことにより、相互理解を深め、さらなる連携の強化を図っていきたい。

大学での就業体験の様子

11　知肢併置校の自立活動部を中心にした連携システム

埼玉県立所沢おおぞら特別支援学校教頭　多田 朋子
（現 埼玉県立上尾かしの木特別支援学校教頭）

はじめに

①　本校の概要

　本校は、肢体不自由教育部門と知的障害教育部門を併置する特別支援学校である。近年、肢体不自由教育部門は小学部から高等部まで 25 名程度、知的障害教育部門は 275 名程度、合計 300 名前後の児童生徒が在籍している。肢体不自由教育部門では、近隣の病院に入院している病気療養中の児童生徒の訪問教育も担当している。

②　本校における外部専門家の位置付け

　本校では、臨床心理士、言語聴覚士（ST）、理学療法士（PT）、特別支援教育士・臨床発達心理士、看護師、動作法を専門とする大学教授、国立特別支援教育総合研究所所員の 7 名の外部専門家と連携している（表1）。全ての専門家が、肢体不自由・知的障害どちらの教育部門に対しても必要な学級への支援を行っている。

　本県の他の学校同様、本校においては、専門家の来校の機会を「児童生徒への直接的な療育」のためではなく、「各専門家がもつ専門性からの見立てや具体的なアドバイスを担任

表1　外部専門家の役割と校内担当者

	職種	主な役割	校内担当者
特別非常勤講師	臨床心理士	自傷・他傷、友達関係などへの助言	自立活動専任
	言語聴覚士	口腔機能や発音の課題についての助言	自立活動部
	特別支援教育士・臨床発達心理士	児童生徒の認識・発達に応じた授業づくりへの助言	自立活動専任
	看護師	医療的ケアの実施	看護教員
	大学教授	動作法を中心とした、教職員の研修への協力	自立活動専任
研究協力	国立特別支援教育総合研究所所員	学校研究への指導助言	研究部

が受ける機会（教職員の資質向上のための研修）」と位置付けている（実際に医療的ケアを担う看護師の場合を除く）。そのため、各専門家が直接児童生徒を指導するのではなく、各担任が指導している場面を観察してもらい、助言をもらう形としている。

③　外部専門家の校内担当者

上記のような多くの外部専門家との連携がスムーズに行われるためには、校内での窓口役が必要である。窓口役は主に専門家と担任との連絡調整を担っている。具体的には、各専門家への趣旨の説明、日程調整、希望学級の調整、担任からの主訴の整理等を行っている。

（1）連携の例（特別支援教育士・臨床発達心理士）

本講師（特別支援教育士・臨床発達心理士）は、令和３年度から新たに連携した専門家である。心理系の専門家は従前より臨床心理士が入っており、不登校等の児童生徒やその保護者、担任への心理的側面からの相談・助言は引き続きそちらにお願いしている。

この講師は有資格者の元教諭である。特別支援学校のことをよく知っていること、各種アセスメントに精通していることから、主に授業づくりについての助言を受けている。

ある日の勤務までの校内担当者（自立活動専任）との連絡調整及び当日の勤務内容は以下のとおりである。

①　学級担任からの希望提出

助言を希望する担任は、あらかじめ定められた書式に主訴等を記入し、自立活動部に提出する（図１）。

②　日程調整

授業を見てもらう必要があるため、１日当たり２～３ケース程度としている。児童生徒下校後の振り返りの時間や、学部への講義の時間なども考慮して日程を組む。

③　講師への連絡

メールにて、自立活動部より当日の日程及び各担任の主訴や助言の希望について連絡する。必要に応じ、複数回やりとりを行う。

学習相談希望調書（臨床発達心理士の○○先生との連携・協働）

所属　（肢体不自由・知的障害）部門　　学部　（一般・重複）　　年　　組 担任名： 教科・領域名
学習活動における児童・生徒の実態
担任としてのねらいと相談したい具体的な内容

※自立活動部専任のへご提出ください。データは、分掌部会サーバー：自立活動部：**R3** 年度：外部連携→○○先生フォルダの中にある、「学習相談希望調書」です。

提出日　　　月　　　日

図１　「学習相談希望調書」

④　当日の勤務例

10:00	来校
10:20 ～ 11:05	①知的小学部2年生「国語・算数・自立活動」
11:20 ～ 12:00	学校見学
12:00 ～ 13:00	給食見学
13:15 ～ 14:00	②知的中学部2年生「国語・数学」
	資料整理
15:05 ～ 15:35	①の担任との話し合い
16:00 ～ 17:00	知的中学部研修会講義「アセスメントについて」

　このように、「今行っている授業が当該児童生徒に合っているか」「よりよい授業にするためには、どこをどのように改善したらよいか」という視点での助言を受けられることから、年次研修の事例研究に関するスーパーバイズを受けている学級もある。

⑤　学級担任による「事例検討報告シート」の作成

　専門家から受けた助言をどのように日々の指導に生かすかが大切であると考え、学級担任には「事例検討報告シート」（図2）を作成してもらう。

（2）学校等と専門家が連携するための留意点

　様々なタイプの特別支援学校で多岐にわたる専門家との連携をしてきた経験から、学校・教員と学校外のバックグラウンドをもつ専門家との連携がうまくいくコツを5点挙げたい。

① 校内担当者を決める

　専門家との連携を始めるにあたり、まず大切なことはキーマ

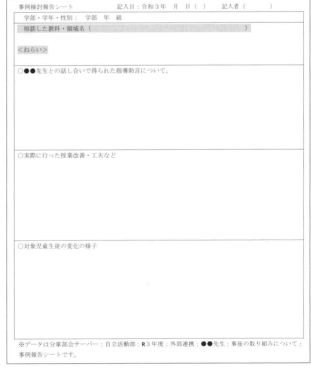

図2　「事例検討報告シート」

ンとなる校内担当者を決めることである。長く続けていくためにも、誰か一人に任せるのではなく、分掌組織の業務等に位置付け、複数人が情報を共有しておく。そのうえで主担当となる者を一人決めるとよい。本校の場合、看護師については医療的ケアを担当する看護教員、国立特別支援教育総合研究所所員については研究部、それ以外は自立活

動部が担当している。なかでも、担任外である自立活動専任は重要な役割を果たしている。

② 「何をしてもらいたいのか」を共有する

　その専門家に何をしてもらいたいのか、何のために連携するのか、その目的を校内で共有することは重要である。本校の場合、前述したように「特別非常勤講師は『児童生徒への直接的な療育』のためではなく、『各専門家がもつ専門性からの見立てや具体的なアドバイスを担任が受ける機会（教職員の資質向上のための研修）』」であることを、自立活動専任が年度当初の４月の職員会議から繰り返し職員に説明している。

③ 学校の意図を理解してもらう

　校内での共通認識を図ることと同様に、それぞれの専門家にも学校の意図を理解してもらうようにしている。「児童生徒への直接的な療育」のためではなく、「各専門家がもつ専門性からの見立てや具体的なアドバイスを担任が受ける機会（教職員の資質向上のための研修）」のために学校に協力していただきたいということを、具体的な例を踏まえ丁寧に説明している。

　特に心理・医療系の専門家については、治療や療育ではないこと、学校でできること・できないことを理解してもらうことが重要である。

④ 専門家のバックグラウンドを理解する

　各専門家のバックグラウンドを理解することも、連携には欠かせない。心理系の専門家と一言で言っても、専門分野はそれぞれである。不登校を得意とする人、発達障害を得意とする人など、それぞれの専門家がこれまでどのような場で、どのようなことを専門にしてきたのか、可能な限り調べたり、本人に尋ねたりしている。

　また、医療系の技術職は、通常は病院で医師の指示のもと仕事をしており、学校の教員とは働き方が異なることを知っておくことも必要である。

⑤ 授業を行うのは教員である

　このことを教員・専門家双方が理解しておく。②を丁寧に共有していたとしても、教員の中には、専門家が来てくれている時間の指導はお任せ、という意識をもつ人もいる。児童生徒の指導に責任をもち、計画を立て授業を行うのはあくまでも教員である。専門家は教員では教えられないことを教えてもらったり、見本を見せてもらったりといった、教員の授業をサポートする立場である。本校では前述した「事例検討報告シート」の作成を通じ教員の自覚を促している。

　学習指導要領の大きな柱の一つに「社会に開かれた教育課程」がある。児童生徒の自立と社会参加を願い、地域の優れた人的資源である専門家を巻き込んだ教育活動を展開することは、まさにこの「社会に開かれた教育課程」の実現である。学校と専門家とは、手を取り合って児童生徒を共に育てる仲間でありたいと考える。

12 特別支援学校における 児童生徒のアセスメントに基づいた助言

発達支援センターあんと　松村 裕美

はじめに

　特別支援学校知的障害教育外部専門員は、特別支援学校における自立と社会参加に向けた指導内容の充実を図るとともに、教員の専門性を向上させることを目的とした助言を行う。

　ここでは、心理の専門家として心理アセスメントに基づいて助言した事例を紹介する。

（1）担任からの相談内容

　特別支援学校中等部2年生の女子。小学校は知的固定学級に在籍、中学進学時に特別支援学校に入学した。小学校6年生時の知能検査の結果は、田中ビネーテストでIQ45だった。生徒は、学校内では教員の指示に応じて適切に行動することができる。担任としては高等部進学に向けて一人登校の練習を始めたいと考えているが、保護者は「一人での登校は困難である」と取り組むための同意が得られない。このくらいの知的能力があれば、一人登校は対応できることは経験上わかっている。保護者の同意を得るためには、どのように提案をすればよいのか。

（2）アセスメントの選択

　知能検査は、知識や考える力といった知能の中核部分を知るために重要であるが、社会的な適応能力を測ることはできない。一人登校については、知能だけでなく、適応行動能力の評価をすることが必要なため、Vineland-Ⅱ適応行動尺度を利用することを提案した。

　Vineland-Ⅱ適応行動尺度は、保護者など対象者をよく知るものに対し、心理士等が面接調査フォームに基づき、質問の変更や追加を行いながら、自由な反応を引き出す形式で実施する。所要時間は30分程度である。適応行動（日常生活を安全かつ自立的に送るために必要となる年齢相応のスキル）と不適応行動（ストレスへの不適切な対処行動として表れ、非機能的・非生産的な結果をもたらす行動）について、標準化された結果を得ることができる。

心理士として生徒の行動観察を行うこと、保護者に対し Vineland-Ⅱ適応行動尺度を実施すること、これらの結果をふまえ保護者面談に同席することとなった。

（3）行動観察

作業学習における生徒の様子を観察した。生徒は必要なファイルなどを自分で準備し、教室を移動することができた。休み時間は、一人で行動し、自分から教員や友達に話しかけることは見られなかった。授業では、指示に従って紙を折り、指定した場所に片付ける、一定数が完了したら報告することを求めていた。すでに同じ内容の授業は経験がある様子だった。紙を折る作業は、ゆっくりであるが確実に続けて行うことができた。しかし、作業の経過を生徒から教員に報告せず、求められた量が終わっても、そのまま作業を進めていた。気がついた教員が生徒に声をかけ、報告を促すと、これに応じることができた。

（4）Vineland-Ⅱ適応行動尺度結果

回答者：対象生徒母
対象生徒の年齢：14 歳 1 か月

		標準得点 平均値 100 標準偏差 15	Ｖ評価点 平均値 15 標準偏差 3	記述分類
適応行動総合得点		20		低い
領域	コミュニケーション		26	低い
	日常生活スキル		29	低い
	社会性		28	低い
不適応行動指標			21	高い
領域	内在化問題		21	高い
	外在化問題		22	高い

Vineland-Ⅱ適応行動尺度の対象生徒の適応行動は、同年齢集団の中でかなり低いところにあることがわかった。

「コミュニケーション」領域、「日常生活スキル」領域、「社会性」領域の間にも大きな差はなく、全ての領域で低いことがわかった。

「コミュニケーション」領域には、「受容言語」「表出言語」「コミュニケーション」の下位領域が含まれる。具体的な内容としては、話に耳を傾けることは可能だが、物事の経緯を相手に伝えることなどが難しいことがわかった。

「日常生活スキル」領域には、「身辺自立」「家事」「地域生活」の下位領域が含まれる。

具体的な内容としては、調理の経験が少ないこと、自分から家族に電話をかけることができないこと、緊急時に家族の連絡先を相手に伝えることができないことなどがわかった。

「社会性」領域には、「対人関係」「遊びと余暇」「コーピングスキル（他者に対する責任や気配り）」の下位領域が含まれる。共通の興味をもつ相手と話すこと、自分から話を切り出すこと、他の人のものを使う前に許可を求めること、初対面の相手に適切な態度をとること、予定に合わせて行動することなどができないことがわかった。

不適応行動はかなり高いことがわかった。「内在化問題」としては、家族に付きまとうこと、睡眠に困難（寝つき、寝起きが悪い）があることがわかった。「外在化問題」としては、衝動的、かんしゃくを起こす、外出時に不適切な発言をする、家族からの促しに対して、反抗的になることなどがわかった。家庭内よりも外出時に不適応行動が多いこともわかった。

（５）行動観察ならびに、適応行動尺度の結果を参考にした担任への助言

行動観察においては、校内の慣れた環境において、指示し、見守る教員がいる状況であれば、適切に応じることができる。しかし、教員に対し、自分から報告する、質問する行動は見られなかった。

Vineland-Ⅱ適応行動尺度の結果から、適応行動総合得点はかなり低いことがわかった。社会的な場面での行動は、知的な遅れがあったとしても、年齢相応に対応することが求められている。気が付いた教員がすぐ対応できる校内と比べ、外出時、突発的なことが起こった際に、駅員、店員などに自分から尋ねること、家族に電話で連絡することが必要だが、現時点では十分ではない。また、本生徒は、家族に付きまとう、繰り返し質問をするなどの不適応行動が目立つ。本生徒の不適応行動は、外出時に多いとのことなので、日常的な場面を離れると不安が高くなりやすいかもしれない。本人から状況を聞き出そうにも、自分の経験を相手にわかるように説明することが難しく、人に尋ねることもできないので、保護者が一人登校に不安を感じることは理解できる。

一人登校は必要な指導であると思うが、一人登校の指導だけに焦点を当てるのではなく、コミュニケーションに関する力を伸ばすことを含め、保護者が安心しながら、無理なく進める方法を提案するのはどうか。また、本人に対してもステップを少しずつ進めることで、自分自身が成長したことを実感できるようし、徐々に自分で行動できるように促すことはどうか。

（6）保護者と担任との面談へ同席しての助言

　まず、担任から学校生活において、教室間の移動や、授業準備は自分自身で適切に行い、教員の指示に応じていることを伝えた。一方、自分から教員、友達に対して、話しかけること、わからないことを確認することが十分ではないことを説明した。

　次に心理士から、Vineland-Ⅱ適応行動尺度結果によると、適応行動は低く、不適応行動は高いこと、特に外出時に不適応行動が目立つ原因として、慣れない状況下では自分に何を求められているのかがわかりにくく、不安が強くなることが考えられると説明した。将来の進路の可能性を広げるためには、一人登校の練習を進めることは必要だが、それに向けて電話を使えるようにすること、困ったときに自分から尋ねることを促す必要がある、と説明した。

　保護者は、一人登校に不安を感じた原因は、本生徒のコミュニケーション能力の課題にあることに気がついた。一人登校を進めていくために、まず、学校と協力して電話の使い方を教えることとなった。

（7）まとめ

　一人登校への取組について、教員と保護者では生徒の能力の評価に差がみられた。適応行動尺度を実施することで、生徒の課題はコミュニケーションスキルにあることが明らかになった。客観的な評価を提示により具体的に話を進めやすく、両者が共通の認識で取り組むことが可能となった。

13 特別支援学校における作業学習の実践

日の出町障がい者就労・生活支援センター あるって　地域開拓促進コーディネーター　石川 誠

はじめに

　人は誰しも環境の変化は好まないものである。ただし、ワークキャリアに沿った環境の変化は、本人の意思とは関係なく否応なしに訪れる。筆者自身も 36 年前、新入社員として研修を終え、初めて職場に出社したときの緊張感は、今でも鮮明に覚えている。作業学習では特別支援学校高等部卒業後の職業生活をモデルとして指導が行われる。つまり、次のキャリアに向かうステップとなる重要な機会であるから、その場は何よりも新たな環境に限りなく近いことが求められる。また、そこで卒業後不安があるのは当然としても、少しでも戸惑うことなく適応していけるよう、作業学習を通じて丁寧に学習を積み重ねていくことが重要である。

　筆者は、今年（令和3年度）で知的障害特別支援学校における作業学習の助言を始めて3年目になる。生徒・先生とは、良い意味での緊張感をもって丁寧に向き合い、よりスムーズに次のキャリアに進んでもらえるよう尽力したいと考えている。

（1）作業学習の目的

　図1に示したように、一義的には作業学習の目的は、できること（仕事）の円を限りなく大きくすることとなる。ただし、それだけでは職業能力開発校での作業能力習得と変わりがなくなってしまう。もちろん、質の高い製品作りや生産性を追求してテクニカルスキルを習得することは大切である。しかしそうした領域は、受け入れた企業が時間をかけて責任をもって育成を図っていくべきものである。逆に言えば、もし従業員の育成よりも即戦力を重視するような企業である場合は、生徒の就労先には向かないと筆者は考えている。

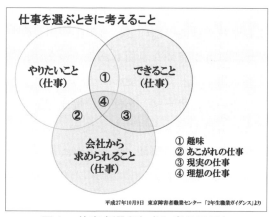

図1　仕事を選ぶときに考えること

作業学習は、作業活動を中心にしながら、生徒の働く意欲を培うことを目的としている。広義では、作業への態度、仕事に対する取組姿勢であり、意欲・向上心、報告・連絡・相談、傾聴態度、気持ちの持続性、集中力、責任感、2S（整理・整頓）などが作業学習で養うべき内容である。そして特に筆者が重視しているのは、与えられた仕事上の役割を最後まで果たそうとする責任感である。

（2）作業学習を進める上で気をつけたこと

① 先生方との関わり方

特別支援学校での対応で、筆者がまず気を配ったのは、こちらの指摘や助言を、先生方がどう受け止めているのかを注意深く観察することであった。筆者の助言に頷いてはいるものの、表情を見ると今一つ納得していないように感じられたり、もう少しブレイクダウンして説明してもらわないと具体的に行動に移せないと（先生の）目が訴えているように感じたこともあった。また、恥ずかしながら若かりし頃は、先生に対して「生徒は褒めて、認めて、長所を伸ばせ」と言っておきながら、あら探しのように問題点を指摘するばかりのこともあったのである。そこで指摘をする前に一回立ち止まって考えてみるように努めた。助言を受け止める先生方は例外なく真面目なので、全ての助言をうのみにするようなことは避けなければならないと感じたのである。

具体的な対応としては、『点検及び改善状況票』（後述）に①他の班の模範となる点やよくできていることを記録する、②終了後、こちらの指摘を具体的に説明し（先生方から）自由に反論してもらう、③指摘事項の解決に向けて要する時間や難易度に応じて優先順位をつけるように配慮した。

② 生徒との関わり方

作業学習の指導に当たっては、① OJT、②ティーチング、③コーチングの3つの方法がある。先生方には③、生徒に対しては①②が中心となるが、助言をしている特別支援学校では高等部の2、3年生が同じ縦割りで作業班を編成しているため、3年生の一部は③が有効な場面もある。つまり、コーチングは、生徒本人がもっている答えを引き出すことで、生徒のモチベーションを高める指導手法である。例えば食品加工班において、オーブンを使った焼成作業は、他の作業と並行して、鉄板に載せた生地ごとに温度や焼き上げ時間を細かく調整することが必要な難易度の高い作業である。3年生でも初めの頃は、焼き上がった商品ごとにその焼き色を先生に見てもらい判断を仰ぐことになるが、2学期ごろになると習熟度が増してくる。その段階にきたら、先生は一つ一つ指示を出すのではなく、どうすればよいか生徒に判断を委ね、その通り焼成作業を独力で行わせるとよい。結果が良ければ、生徒の判断が正しかったこと

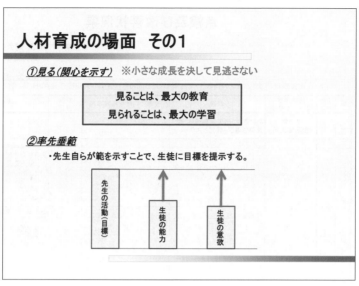

図2　人材育成の場面

作業学習における重点課題	
1 安全管理	
○作業着、帽子、マスク、軍手、手袋の着用	○材料の保管状態
○作業室内の4S	○防火扉、消火器などの表示、使用可能な状態か
○安全管理のための点検・対策・表示	○粉塵の拡散
○作業室内のレイアウト	○生徒の体調把握、見だしなみ
2 確実で効率的な作業	
○道具の管理（名称、数の表示、保管場所）	○呼称、指差し確認
○作業台の高さ	○補助具の種類、工夫、改善、改良
○作業手順の提示	○工具の活用
3 実態把握と指導計画	
○掲示物（目標、作業工程表、担当）がない、見にくい	○手順書の工夫（視覚化など）
○目標、課題を数量化して提示	○役割の明確化
○生徒にあった作業内容、作業種の設定	○工程分析
○時間配分について	○流れ作業の必要性
4 指導内容・方法	
○目標・能率への意識	○教員の指示の出し方、説明
○話を聴く姿勢	○教員の服装、言葉遣い、生徒の呼び方
○意欲的、積極的な姿勢	○教員の役割、態度、行動
○報連相の習得	○指導内容の共通理解、統一
○分業体制について	○朝礼・終礼の持ち方、内容の改善
5 雇用市場への対応	
○製品の規格の統一	○既存の作業種の内容検討
○販路を意識した商品開発	○班員の構成にあたっての基準、レベル
○生産管理、納品といった作業内容	○グループでの作業、仲間同士の協力
○IT機器の導入	○時間管理の意識
○言葉遣い、マナーの習得	○販路の開拓
6 その他	
○ゴミの分別	○校内の掲示物の改善
○学校全体の4S	○他の作業班との連携

図3　作業学習における重点課題

点検及び改善状況票

令和2年度　■企業等・□学識・就労・□ 新たな作業
・■前期・□後期・(1)回目

アドバイザー氏名　石川　誠

指摘・点検実施日(①6月24日②7月8日③7月29④9月11日⑤10月14日⑥11月18日⑦12月9日⑧1月27日⑨2月12日)

No.	指摘月日	指摘項目(学年・作業種)	状況	改善に向けた指摘事項	点検月日	改善状況
52	④	2・3年 食品加工班	あいさつ、出欠定刻通り、全員落ち着き、整然とスタート	—	–	—
53	④	2・3年 食品加工班	食品加工班挨拶練習で3年Aさん前に立ち前文唱和	表情と目線、声の強弱を挨拶の言葉に応じて変えられると更に良い。本当の意味でお手本になる。	⑥	⑤朝礼司会のFさん、もう少し大きな声で出来るとさらに良い。出欠確認は確実に出来ていた。挨拶練習はお手本レベルにはまだない。⑥3年Gさん、挨拶練習、前文唱和OK丁寧。
54	④	2・3年 食品加工班	作業台の拭き方を指導。1班Bさん・Cさん、2班Dさん、3班Eさん・STに対して。　オフィスワーク班のSTご指導のやり方で。	1.一筆書きで 2.ムダなく 3.ムラなく 4.ムリなく 5.一面が終了したら布巾(ペーパータオル)を裏返す 以上を全員に指導	⑥	⑤拭き方を意識できるようになったのはOK。ただし、まだムダ(2度拭き)、ムラ(拭き残し)がある。　⑥全員基本通り、丁寧にテーブル拭きOK。3名のTもチェック
55	④	2・3年 食品加工班	ハムコーン、チーズパン=今年度の新作	STがネットで調べて具材等レシピを作成。試行錯誤OK	–	
56	④	2・3年 食品加工班	フルーツミックスクッキー 規格品40コ:規格外35コ	歩留り率=53.3% 規格品数40÷製造数75 次回は歩留り率の向上を	⑥	⑤Fミックスクッキー製造なし ⑥規格品41、規格外23 歩留り率=64.1% ④より10.8%♪OK
57	④	2・3年 食品加工班	品名　　　　出来栄え ハムコーンパン　△ チーズパン　　○ バジルパン　　△	ハムコーンは生地の薄さ、バジルパンは成型の仕方で凹んだり、チーズがはみ出たり、流れ出たりしている。		⑤ハムコーンパン　OK バジルパン　OK
58	⑤	2・3年 食品加工班	MTより内藤南瓜は特長として水分が多く、甘みがあること。生徒から色々な意見が欲しいと朝礼で話があった。	試作品等を見て、生徒の意見も踏まえ助言、アドバイスする。	⑥	⑥内藤南瓜パウンドケーキ試食OK 表面にグラニュー糖が入り食感良し。自然な甘みもほど良く。

図4　点検及び改善状況票

になり、自信につながるからである。

③　生徒と先生の関係性

　生徒と先生との作業学習における関係は、企業においては上司、部下の人材育成に通ずる（図2）。

④　作業学習を進めるための道具

　筆者は、2つの道具を使って作業学習を進めた。まず、「作業学習における重点課題」（図3）である。これは2005年から該当校の木工班に対して担当企業の先輩がまとめられた資料を、筆者が先生向けにアレンジしたものである。作業観察者は常にこの6つの項目を頭にインプットし、多角的に観察を行うことになる。

　もう一つは、これも企業の先輩から引き継いだ「点検及び改善状況票」（図4）である。この道具には3つの機能がある。①生徒・先生とのコミュニケーションツール、②指摘しっぱなしに終わらせないようにする検証機能、③作業班全体の目標管理シートとしての機能である。筆者と生徒・先生とのリアルなやりとりをこの図4から感じ取ってもらえたらありがたい。

（3）作業学習における指導の考え方

　図5に示したように、作業学習の指導は、①4Sの定義に沿って作業環境の整備から入るのが常道である。整理とは、いるものといらないものを明確に分け、いらないものを捨てること。清掃は⑦にもあげたように、ビルクリーニング班に限らず、全作業種に共通な作業（仕事）として認識されなければならない。⑩の3Sは筆者の前職であるチェーンストアの経営手法であるが、これは作業学習の進化にも通じる原則である。単純化は、作業工程を減らし、手順をシンプルにすること。そして、誰もがわかりやすい手順書を用意することである。標準化は、学校現場では「般化」に言い換えることができよう。差別化は、それぞれの作業班が独自の特徴ある製品（商品）作りを行うことである。食品加工班で江戸東京野菜である内藤南瓜を使ったパウンドケーキは、まさに差別化された独自の商品開発だと言える。

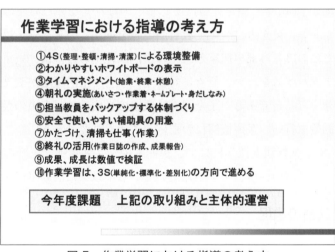

図5　作業学習における指導の考え方

おわりに

　筆者にとって当該校の食品加工班（令和元年度～2年度）、ハンドワーク班（令和3年度）の作業学習指導の経験は、楽しくかつエキサイティングなものだった。もちろん、それは感情面だけでなく、取組期間の「点検及び改善状況票」による検証結果にもハッキリ表れている。1年目、食品加工班は82の指摘に対して改善は75項目で改善率91.5％。2年目、食品加工班は83の指摘に対し全ての項目で改善が図られた（改善率100％）。令和3年ハンドワーク班では、11月10日現在、57の指摘に対し42項目解決されている（改善率73.6％）これは、2つの作業班の生徒、先生、コーディネート役の先生が一体となって主体的に協力しあって築いた素晴らしい成果だといえる。改めて心から感謝したい。

14 知的障害特別支援学校における視能訓練士の活動

かわばた眼科 視能訓練士　山城 浩哉

はじめに

　特別支援教育において、児童生徒の個々の障害の状態や発達段階に適切に対応するための一策に、医療従事者を外部専門家として活用することが学習指導要領の中に明示されている[1]。その連携を深める取組が進んでいる一方で、児童生徒の視覚機能の評価・把握については十分とは言えない側面がある。例えば学習活動において「教材をどう提示すればいいのか」「教材に顔を近づけてしまうのは見えないためなのか、発達特性によるものなのか」等、見え方について教員が問題を感じているケースは多い[2]。

　特別支援教育における外部専門家としての視能訓練士の役割は、児童生徒の視機能を把握し教員へアドバイスを行い、個々に対応した学習や生活環境が改善の方向に調えられることに寄与することである。また同時に眼鏡の必要性や眼疾患の疑いがある場合に眼科への受診勧奨を行い、医療機関につなげることも重要である。

　筆者は2018年より特別支援学校にて、視能訓練士2名体制で医師の指導のもと、外部専門員として年数回の従事機会をいただいている。以下に活動事例を示す。

（1）評価と助言の過程

　訪問予定日の1週間前に学校より送付される対象児の事前資料を精読する。内容は個人を特定する情報を除いた「実態把握表」「身体・運動・操作の様子」「認知発達」「学習到達度」「視機能実態把握表」である。限られた時間の中でアセスメントを進めるに当たり重要な資料である。

　訪問当日、対象児の受診医療機関やプロフィールの再確認後、発達年齢やコンディションを考慮しながらできうる範囲の視機能評価、および学習の様子を観察。その後レポートを作成し、教員とケース会議という流れで行っている。

　以下、代表的な視機能評価の項目について説明する。

① 視力評価

　学校保健安全法に定められている視力検査は国際標準に準拠した視力表[3]、いわゆるランドルト環による検査である。しかし、これでは測定不能で終わるケースが多く、正

しい視機能評価が難しい。

　その原因の一つは広く用いられているランドルト環視標、もしくは絵視標による視力評価手段が自覚的な方法のためである。自閉症児の多くは知覚刺激に対して感覚が敏感または鈍麻といった特性がある。そのため姿勢や動作、触感などが先に立ち、呈示された遠方の視標を見るのが困難な場合が多い[4]。結果、信頼性のある応答が得にくく視力判定が困難となり、どのくらい見えているのかが結局わからない。

　ランドルト環や絵視標の実施が困難な場合、Teller Acuity Cards（以下、TAC）という乳幼児や発達障害児にも対応する視力評価ツールを用いる[5],[6]。これは複数枚で構成される灰色のボード板で、各枚の視標面の片側に縞が印刷されている（写真1）。この縞視標の呈示に対して注視、選択できるかによって視力を評価する。自覚的な応答を求めるばかりではなく、注視する視線の動きを観察することで判定する他覚的評価が可能な面ももつ（写真2）。注視困難な例などTACでも判定できない例もあるが、これまで測定不能といわれた児童に試してみる価値はある。

写真1　Teller Acuity Cards

　視力は成長とともに発達し、健常児では1歳で0.2、2歳で0.4、5〜6歳までに1.0程度に到達する。ただし、発達年齢と視力は相関があることが知られており[7]、特に知的障害のある児童で考慮する必要がある。すでに眼科を受診し、処方された眼鏡を装用していても低視力なケースもある。生活年齢のほか事前資料や発達年齢、学校での様子も考慮し、視力評価するよう心掛けている。

写真2　視力評価の様子

②　屈折スクリーニング

　乳幼児期の良好な視覚発達のためには適切な視覚刺激、すなわち鮮明な像が眼内に取り込まれなければならない。しかし強い屈折異常、いわゆる近視や遠視、乱視があると、眼のオートフォーカス機能が働いてもピンぼけの度合いが大きく、視覚発達を阻害し医学的弱視につながりやすい。特に知的障害のある児童にとって、視覚発達の不良は認識や学習に大きな影響を及ぼす[8]。療育機関で屈折スクリーニング検査を実施したところ、眼科精査の対象となる強い屈折異常を有する知的障害児は42.2％に上ったという報告もある[9]。したがって、強い屈折異常は早期に発見されるべきであり、また、屈折矯正は弱視予防の観点だけでなく、子どもの全般的発達に必要な視覚情報を補償する重要な役割をもつ[10]。

近年になって、比較的測定が簡便な屈折スクリーニング機器が登場しており、両眼同時測定ができ短時間の固視で測定可能なこと、機器を被検者に近付ける必要がないこと等から健診現場では乳幼児への使用機会も増えている（写真3、4）。

写真3　屈折スクリーニング機器

屈折異常は数値で表され、＋表記が遠視、－表記が近視、それに続く Cyl 表記が乱視であり、絶対値が大きいほど程度が強い。

正確な屈折異常の診断は眼科での精密検査が必要となるが、学習や発達全般に関わる要因と認識し、できるだけ早い段階での屈折スクリーニングが実施されるべきと考える。ただし、屈折異常を調べるだけでは視力そのものを評価することにはならない。あくまで視力は別途測る必要がある。

写真4　屈折スクリーニング時の様子

③　その他

所持眼鏡がある場合には、写真5に示すようなレンズメーターで眼鏡度数を調べるほか、眼鏡のコンディションや装用状態、使用期間を確認する。小児は成長過程にあり、適正な眼鏡が処方されても期間が経過すると改めて度数を検討しなければならない。またフレーム調整が適正でない場合や、扱いが乱雑で歪んでしまった眼鏡枠では、顔の特定の部分への刺激が原因で、本人が装用を嫌がる、正しい矯正効果が得られていない等の恐れがある。仮に知覚過敏があると、常用するためには少しずつ短い時間から掛け慣らし、長い期間を要することもある。

写真5　レンズメーター

さらに斜視による眼位異常や、眼性斜頸などの頭位異常、眼振及び眼球運動などもチェックする。これらは学習時の姿勢にも影響し、座席の位置の配慮や教材の提示方法に留意、工夫が必要となることがある。

（2）事例

【事例1】強度近視

〈対象児のプロフィール〉

・小学6年生男児

・障害名：特記なし

・太田ステージ：記載なし

・事前資料による認知発達：およそ 3 歳程度

〈主訴〉

・集中して対象物を捉えるために必要な配慮できることは何か。

・食事する際等に、前かがみになったり顔を斜め横にして見ることが多い。どのように見えているのかが知りたい。姿勢の保持、系統的な支援方法をどんなものがあるか。

〈視機能評価〉

・屈折スクリーニング機器にて：

右 S-6.25 Cyl-1.25 Ax180 強度近視性乱視

左 S-5.75 Cyl-1.50 Ax9 強度近視性乱視

・所持眼鏡：なし

・明らかな斜視、眼球運動制限はなし

・視力：TAC、指差しにて、38cm にて換算

右眼　裸眼視力 0.15

左眼　裸眼視力 0.15

〈ケース会議での助言〉

　本日の屈折スクリーニング値では、強度近視が疑われる。精密検査でも同等であれば眼前 20cm 未満の位置からぼやけが生じ、距離が離れるほどその程度は大きくなる。数メートル先のホワイトボードに書かれていることは、本児にはかなりぼんやりとした見え方となる。眼科にて眼鏡の相談が必要である。

　前傾姿勢は、はっきり物を見るための行動と予想され、眼鏡を装用することで視距離が適正となれば姿勢が改善することが期待できる。これまでランドルト環などでの検査ができなかったことで、視力不良が看過されていたと思われる。

【事例 2】遠視性乱視 不同視

〈対象児のプロフィール〉

・小学 3 年生男児

・障害名：精神発達遅滞、自閉症スペクトラム

・太田ステージ：III -2（前）

・事前資料による認知発達：2 歳後半程度

〈主訴〉

・眼鏡を持っているが学校では使用していない。校内の視力検査では、裸眼でも見えているようだった。しかし、放課後等デイサービスでは眼鏡を使用しているようである。

学校でも眼鏡を使用したほうがよいのか、使用したほうがよい場面等を知りたい。

〈視機能評価〉

・屈折スクリーニング機器にて：

　　右 S+3.25 Cyl-0.75 Ax164 中等度遠視

　　左 S+1.75 Cyl-0.25 Ax14 弱〜中等度遠視

・所持眼鏡度数：

　　右 S+4.00

　　左 S+1.75

・明らかな斜視、眼球運動制限はなし

・視力（遠見）：絵視標、5m にて

　　右眼 裸眼視力 1.0、所持眼鏡視力 0.1

　　左眼 裸眼視力 0.5、所持眼鏡視力 0.4

・視力（近見）：TAC、38cm にて換算

　　右眼 裸眼視力 0.61、所持眼鏡視力 0.30

　　左眼 裸眼視力 0.44、所持眼鏡視力 0.44

〈授業・課題に取り組む様子の観察〉

　普段学校では使用していないという所持眼鏡を当日は装用した状態で授業の様子を観察。音楽の授業では 3〜4m 先に貼り出された校歌の歌詞を見る際に眼鏡を外す場面があった。一方、算数の授業では手元の作業中心。時折眼鏡を気にしつつも、外す場面は限定的。視力検査の結果で示されたように特に遠方で見えづらい様子であった。

〈ケース会議での助言〉

　眼科で精密検査を経て作製された眼鏡は、点眼薬を使用するなどして児童に潜伏した本来の遠視も考慮して処方される。眼鏡の掛け外しが頻繁では眼の緊張が抜け切らないため、遠方視力が低下することがある。少しずつ粘り強く装用機会を増やすことで眼の力みが弛緩され、視力の向上と安定化が期待できる。

　遠視眼、特に中等度以上で（ケースによっては弱度でも）裸眼で過ごし続けることは、常にピンぼけの状態となりピント合わせが強いられる。特に近見ほど負担となり、眼の緊張の持続や視力低下、斜視が引き起こされることがある。視力が未発達な幼児や小児では弱視となる恐れがある。

　本事例は中程度の遠視及び左右眼で大きく度数が異なる不同視と予測され、それを矯正する眼鏡を既に所持していることから、今後は眼鏡の常用を目指すことで視力の向上と安定化、ひいては学習効率の向上につながることが期待される。

【事例3】斜視・眼振

〈対象児のプロフィール〉

・小学3年生男児

・障害名：ダウン症候群

・太田ステージ：Ⅳ

・事前資料による認知発達：およそ4歳程度

〈主訴〉

・プリント学習等、教材を10cm程度の距離から見ることが多いため、教材全体の把握がしにくいように感じている。

・書字も1字ずつ近距離で書くため、自分で順番を意識することが難しい。

・平均台を怖がる様子が見られる。

〈視機能評価〉

・屈折スクリーニング機器にて：

　　右眼 S+4.00 Cyl-2.50 Ax166 中等度遠視性強度乱視

　　左眼 S+2.75 Cyl-2.50 Ax61 中等度遠視性強度乱視

・所持眼鏡度数：

　　右眼 S+3.75 Cyl-2.00 Ax180

　　左眼 S+3.75 Cyl-2.00 Ax15

・眼位・眼球運動：

　　・頭位の異常はないが、偏位角度が大きい明らかな内斜視。

　　・固視交代が可能で場面によってどちらかの眼を使うことは可能。

　　・眼振があり、片眼遮閉や右方視時に増大.明らかな眼筋麻痺は見られない。

　・視力（遠見）：ランドルト環、5mにて

　　　右眼 所持眼鏡視力 0.5　左眼 所持眼鏡視力 0.5

　・視力（近見）：ランドルト環、30cmにて

　　　右眼 所持眼鏡視力 0.5　左眼 所持眼鏡視力 0.5

〈ケース会議での助言〉

・中等度の遠視と強度乱視が疑われる。眼鏡を常用すること。

・斜視があるため、精密な遠近感は掴みにくく、慣れない段差や階段では介助が必要となる。平均台を怖がるエピソードは斜視によるものと思われる。

・程度は弱いが眼振が見られ、右方に視線を動かすと揺れが大きくなるため、見え方が不安定になることが予想される。教材はやや左側への提示の方が姿勢が崩れにくいと思われる。同様の理由から教室での座席の位置は配慮が必要。

おわりに

　学校を訪問すると、校内の児童生徒が教員の支援を受けながら懸命に学習、課題に向かう姿を目にする。その中にときどき不自然な体勢や目つきで取り組む様子を見かけることがある。体幹の弱さや四肢に麻痺をもつ場合も少なくないが、彼らなりに必死に見ようとしている姿がそこにある。

　知的障害のある児童が視機能異常を有する割合は、健常児と比べて高いと言われている[11]。このことは学習や生活上の困難を改善・克服する活動に大きく影響する。発達特性なのか、視覚機能を評価して「どのくらい見えているのか」を把握することは重要と言える。

　今後はその評価精度を更に高める工夫や、助言した児童生徒の経過推移の追跡と各事例の反省と整理を行い、他の事例への対応にも活かしたい。

　さらに理想的には、同一児に対して支援を行った他の専門家を交えてカンファレンス等を開く機会が設定されれば、意見や知見の共有がなされ児の全体像の把握にもつながり、より一層の指導内容の充実化が図れると考える。

【参考文献・サイト】

1）文部科学省：特別支援学校教育要領・学習指導要領解説　自立活動編
　https://www.mext.go.jp/component/a_menu/education/micro_detail/__icsFiles/afieldfile/2019/02/04/1399950_5.pdf
2）林京子他（2012）視能訓練士の巡回相談による肢体不自由特別支援学校教員の意識の変化. 日視会誌 42:163-172.
3）厚生労働省：学校保健安全法施行規則
　ttps://www.mhlw.go.jp/stf/shingi/2r9852000002mcipatt/2r9852000002mdgz.pdf
4）リサ・A・カーツ（著）川端秀仁（監修）他（2010）発達障害の子どもの視知覚認識問題への対処法. 東京書籍
5）貝和いづみ他（1990）Teller Acuity Cards の使用経験. 日視会誌 18:67-71.
6）白井百合子他（2009）特別支援学校（知的障害）における Teller Acuity Cards Ⅱを使用した教育的視力評価の取り組み. 特別支援教育実践センター研究紀要第7号:17-26.
7）笠井景子他（1995）発達遅延のある子どもの視力評価. 日視会誌 23:171-176.
8）佐島毅（2002）重複障害児の屈折異常への理解と対応. 重複障害児の視機能評価と教育支援についての研究:7-9.
9）釣井ひとみ他（2000）早期療育機関における知的障害児の屈折スクリーニング. 日視会誌 28:127-132.
10）佐島毅（1997）知的発達障害児における屈折異常と屈折矯正の効果. VISION Vol.9:13-19.
11）佐島毅（2009）知的障害幼児の視機能評価に関する研究. 風間書房

15 神奈川県立特別支援学校における自立活動教諭（専門職）の配置とその役割

神奈川教育委員会教育局支援部特別支援教育課教育指導グループ指導主事　堀田 亜依美

（1）神奈川県の取組

①　自立活動教諭（専門職）について

　神奈川県教育委員会は、「特別支援学校における自立活動の指導体制強化と幼児・児童・生徒（以下「児童・生徒等」という。）一人ひとりの教育的ニーズに応じた適切な指導や必要な支援の充実を図ること」および「専門職が加わり、チームとして小・中学校等からの教育相談に対応することにより、特別支援学校におけるセンター的機能の強化を図ること」を目的に、理学療法士（PT）、作業療法士（OT）、言語聴覚士（ST）、

表1　自立活動教諭（専門職）の配置

単位：人

年度	平成20	平成21	平成22	平成23	平成24	平成25	平成26
配置人数	6	12	23	27	30	35	38

年度	平成27	平成28	平成29	平成30	令和元	令和2	令和3
配置人数	41	43	45	45	46	44	46

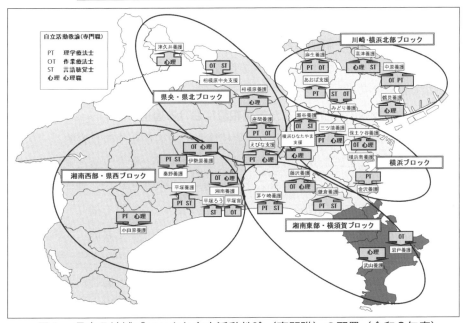

図1　県内5地域ブロックと自立活動教諭（専門職）の配置（令和3年度）

心理職を採用し、自立活動教諭（専門職）（以下、「専門職」）として特別免許状を付与し、教員として神奈川県立特別支援学校（以下、「県立特別支援学校」）に配置している（病院内に設置されている県立横浜南養護学校を除く28校）。4職種のいずれかを、各校1～2名配置しており、初年度である平成20年度は、3校に6名を配置した。令和3年11月現在、28校46名であり（表1）、県内を5つのブロックに分け、各ブロック内で4職種が揃うようにしている（図1）。

②　主な役割

　専門職の主な役割は「①自立活動の指導への指導助言」「②個別の指導計画（神奈川県では「個別教育計画」という。以下、「個別教育計画」）の作成・評価への参加等」「③地域小・中学校等の要請に応じた教育相談への対応」である。各職種における専門性を発揮するとともに、業務を担う中で教職員と連携している。

ア）自立活動の指導における連携

　自立活動は、特別支援学校の教育課程において特別に設けられた指導領域であり、個々の児童・生徒等が自立を目指し、障害による学習上又は生活上の困難を主体的に改善・克服しようとする取組を促す教育活動である。県立特別支援学校の専門職は、そうした自立活動について、特定の授業や個々の児童・生徒等の訓練等を行うのではなく、教員と連携し、児童・生徒等一人ひとりの教育的ニーズに応じた適切な指導・必要な支援の充実に向けて取り組んでいる。例えば、教員が授業を計画する際に、専門職が専門的な視点から助言をしたり、教員と協力して環境設定を行ったりすることで、教員は、児童・生徒等がより力を発揮できるような授業を展開することができる。

イ）個別教育計画の作成・評価における連携

　各教員が児童・生徒等の個別教育計画を作成・評価する際、専門職も会議に参加し、専門的な視点から助言をしている。

ウ）地域小・中学校等の要請に応じた教育相談における連携

　県立特別支援学校では、「地域の小・中学校等が、一人ひとりの教育的ニーズに応じた学習環境を整えることにより、可能な限り子どもたちが必要な支援と適切な指導を受けながら地域の学校へ通うことができるよう、小・中学校等の校内体制作りを支援すること」「居住地校交流（神奈川県では「居住地交流」という。）等を通じ、県立特別支援学校の子どもたちの地域における活動の場を広げていくこと」を目的に、センター的機能を発揮している。専門職は、所属校の特別支援教育コーディネーター（神奈川県では「教育相談コーディネーター」という。）等と連携し、相談者が県立特別支援学校に来校する「来校相談」や、小・中学校等からの要請に応じて地域の学校へ出向く「巡回相談」に参加している。また、相談の主訴により、所属校に配置されていない職種の専門職の

対応が適当と考えられる場合には、図1にある県内5つの地域ブロック内の学校間で派遣を依頼するなど、連携、調整して対応している。

③　配置の特徴

専門職の配置の特徴は、大きく4点あげられる。

ⅰ）日常性…児童・生徒等の日常場面を知っている専門職として、専門的な視点により日々の教育活動を充実させることができるという特徴。

ⅱ）同僚性…日々共に働く同僚として、児童・生徒等への思いを共有し、チームを組むことができるという特徴。

ⅲ）連続性…児童・生徒等の日常場面を知っている専門職として、外部の専門家の助言が実際の生活や授業の中に生かされているかどうか、毎日の学校生活を見ながら切れ目なく支援、評価できるという特徴。

ⅳ）発展性…ⅰ）～ⅲ）により専門職を含めた教職員がチームとして支え合い向上し合うことで、各自がさらに力をつけ、チーム全体の教育力が向上していくという特徴。

④　会議、研修の場

ア）専門職研究協議会（対象：全専門職）

学校で働く専門職として、実践的な研究を進めることによる教育力向上と、各専門職の専門性維持・向上を目的に、「専門職研究協議会」を設置している。

研究協議会は、全体会と専門部会（職種別）で構成されている。全体会（年2回）では、毎年度全体テーマを設け、研究協議を行っている（表2）。また、専門部会（年3回程度）では、全体テーマを踏まえ、職種別テーマに沿って事例検討や実技研修などを行っている。各部会には、専門的知見をもったスーパーバイザーを置き、校内外における関係機関との連携の方策や、各自の専門性発揮の手立てに対する助言や、時には叱咤激励を受ける中で、日々研鑽を重ねている。

ここ数年は、「協働」や「連携」をキーワードとして、「校内連携」「他職種連携」等を全体テーマにしている。また、新型コロナウイルス感染症の拡大をきっかけに、書面開催及びICTを活用した研究協議会や専門部会が行われる中で、改めて「研究協議の

表2　全体テーマ（過去6年間）

全体テーマ

平成28年度	見立てについて考える
平成29年度	見立てについて考える（継続）
平成30年度	特別支援学校で働く自立活動教諭（専門職）の専門性について
令和元年度	協働をとおして自立活動教諭（専門職）の業務を再考する、実践の蓄積と発信について
令和2年度	他職種連携を通して専門性を高める
令和3年度	他職種連携を通して専門性を高める～実践からの再考～

意義」を考えさせられたという声も聞かれた。専門職一人ひとりの専門分野を生かし、高めるとともに、各職種内や、職種間で補い合い、支え合いながら、専門職内の連携、協働を推進するためにも、研究協議の場を確保していくことが必要である。

イ）自立活動教諭（専門職）基礎研修講座（対象：新採用の専門職）

　新たに本県に採用された専門職が、その業務を円滑に遂行できるよう、教育に関する研修及び外部の専門職との連携について学び、児童・生徒等一人ひとりの教育的ニーズに応じた、よりきめ細かな指導の充実を図ることを目的に、独自に年間5日程度の「自立活動教諭（専門職）基礎研修講座」を実施している（表3）。講座は、県教育委員会特別支援教育課指導主事による講義のほか、児童・生徒等のリハビリや相談事業（表3※参照）で連携している、県立総合療育相談センターの専門職による講義や情報交換の時間を設けるなど、実務的な内容も取り入れ、充実した学びとなるよう、工夫している。また、県立特別支援学校の同職種の業務見学や情報交換の時間を設けることで、業務に対する不安を少しでも軽減し、早い段階から顔の見える関係を築き、疑問点などを相談できるようにしている。

表3　自立活動教諭（専門職）基礎研修講座で取り扱う内容

専門職基礎研修講座(全5回)

期間	内　容
4月〜 12月頃	・学校教育について ・かながわの支援教育について ・特別支援学校について ・自立活動教諭(専門職)について ・同職種の自立活動教諭(専門職)の業務見学、協議及び情報交換 ・センター的機能について ・医療的ケアについて ・自立活動について ・進路指導について ・就学相談・支援について ・自立活動教諭(専門職)の業務について ・県立総合療育相談センター医師による講義 ・県立総合療育相談センター施設見学、事業説明、専門職との協議、情報交換 ・同職種の在籍する特別支援学校での自立活動医事相談(※)の同席 ・県立総合教育センター事業説明、アセスメント事業見学、講義

※県立総合療育相談センターと連携した、指導に必要な医療的側面の助言を受けることにより、教員の専門性向上及び自立活動の指導をより向上させるための事業

（2）学校の専門職が連携するための留意点

　学校が留意することとして、管理職が、日ごろから教職員間の連携状況を確認することがあげられる。専門職は、校内では少数職種であり、不安や疑問を抱えこんでしまうことも考えられる。各学校においては、教員との円滑なコミュニケーションのもと、日常的に授業改善に向けた話をしたり、校内を巡回している専門職が日常的に教室に出入りしたりすることができるような、開かれた校内環境づくりが望まれる。専門職が留意することとして、自らの専門性を発揮するためには、十分に学校教育を理解するとともに、児童・生徒等を指導する教員に対し、わかりやすい言葉で助言を行うことがあげられる。

　また、教員と専門職が、互いの専門性を尊重し、協働することや、常によりよい支援ができるような高い専門性と広い視野をもち続けていくことに努める必要がある。所管課では、今後も本事例に記載した内容をはじめとした各種事業を通し、専門職への指導・助言を行い、県立特別支援学校全体の教育の充実と、センター的機能の強化に努めていく。

16 専門家チーム（心理職）からの特別支援学校高等部への支援

山梨英和大学教授　小林 真理子

はじめに

　以下３事例については、特別支援教育における専門家チームの心理学の専門家として、特別支援学校（高等部）において、特別支援教育コーディネーターとの連携のもと、教員への助言（コンサルテーション）や生徒・保護者へのカウンセリングを行ったものである。

【事例１】養育機能の低さが不登校の要因となっているＡさん（男児）

①　事例概要

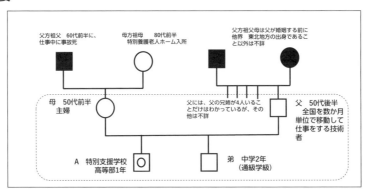

　Aは、小・中学校から学校を休みがちであった。高等部に進学し、決まって休日明けの翌日は学校を休み、また学校での授業以外の活動や現場実習への意欲も低下している状態であった。単身赴任が多い父親で、実際の子育ては母親が担っているのだが、母親の養育機能は脆弱で、子どもへの年齢相応な対応が難しいため、子どもの自立に向かう自発性を育てることができずにいた。そのためAと弟とも不登校傾向に陥っており、養育機能の向上や養育環境の改善を目指した事例である。

②　家族状況等

Ａ：高等部１年生の男児、中度の知的障害、顔色が悪く、元気のないことが多い

父：50代後半、単身赴任が多い技術者、学校行事に参加することはなく、子育てに無関心

母：50代前半、主婦、過去に就労経験はない。派手な服装を好み、子どもっぽい印象

弟：中学2年生、書字や数の計算が苦手で通級による指導を利用、Aより背が高い

③　対応・支援の経緯

　週始めに休んだ後、担任からの当日の学習の様子を知らせる電話、学校行事についての具体的で丁寧なAへの指導について、Aは嬉しそうに対応している。一方で母親は、その手厚い学校側のサポートに「私が高校生のときにはこんなふうにしてもらえなかった」「なんで子どもだけが（よい思いを）できるのか」など羨望や嫉妬の感情を露わにした。

　中学校から家庭環境に課題があることは引継ぎを受けており、週始めの休みが繰り返されるため、担任が家庭訪問を実施した。玄関は家族の靴が数多く脱ぎ捨てられており、担任から母親に家庭訪問する旨の連絡を入れてあったのだが、「部屋が片付いていないので」という理由で、玄関先での対応となる。その後、数回目の訪問でやっと部屋にいれてもらうことができた。居間は足の踏み場もない様子で、部屋の中央のコタツに潜り込んでテレビを見ているAがおり、担任が声をかけるとバツの悪い表情をしながら、「風邪をひいた」と小声で伝えてくる。

　話し好きの母親であるため、まずは学年主任が母親の思いを受け止めることに徹したところ、Aのことを（心配して丁寧に対応してもらえることが）とても羨ましいと思っていること、家事を計画的に行うことが難しいこと、思春期を迎えているAと弟への対応に戸惑っていることがわかり、母自身も知的面での制限をもっている人であることがわかってくる。

　Aには専門家チームの心理士が面談をすると、休日は家族でゲーム（スマホ）を明け方までして過ごし、食事・睡眠などが不規則になること、母親が突然怒り出し、「家にいるのも嫌だけれど学校に行くのも面倒くさくなる」と話すため、生活のリズムの立て直しのための具体的なプランを話し合う。

④　学校等と専門家が連携するための留意点

　養育者の養育機能の低さが顕著であり、子どもの成長に即した対応ができていないため、自立に向けての自発性が育たずに、意欲喪失という形で不登校状態を呈して事例化している。この場合、養育者の支援が鍵になる。まずは養育者の養育機能アセスメントを専門家チーム（心理士など）などを交えて、具体的な対応を検討していく必要がある。

　養育者の養育機能について、一定の言葉かけやアドバイスで改善できそうなら学校内の教員（可能なら担任以外がよい）、市区町村の母子保健・子育て担当者が担うのが適当であろう。養育者に明らかに知的障害や精神疾患が考えられる場合は、医療受診や福祉サービスに移行することを念頭に置きながら、市区町村の母子保健・子育て担当、障害福祉担当、保健所の精神保健福祉相談による支援を行っていくことも考えられる。劣悪な養育機能の改善が見込めない場合は、市区町村の児童福祉担当、児童相談所などと

連携を図っていくこととなる。場合によっては、虐待としての通告も視野に入れての対応となる。

Aに対しては、具体的で実行可能なプランをたてながら、成功体験を通してAの自発性・自主性を育てていく定期的な面接が必要となる。また場合によっては、生活のリズムが著しく崩れている場合は、児童相談所などでの一時保護機能を利用して、生活環境の変化をのぞむ対応も考えられる。

【事例2】 書字を中心とした学習の苦手さと性違和をもち、そのことに気づかれずに長期にわたり不登校傾向を呈したBさん（女児）

① 事例概要

いつもうつむき加減で表情も少ない。中学校では3年間ほぼ不登校状態。高等部から特別支援学校に進学となり、特別行事や宿泊を伴う活動は一切出席せず、月に1回ペースで「疲れた」「クラスの人がうざいので」という理由で2、3日休むことがあり、登校しても一人でいることが多い。とっつきにくい感じのBであるが、心理士による面談の際、性違和を抱いていることがわかっていき、アイデンティティの混乱を軽減し、制服やトイレ利用などへの配慮を行った事例である。

② 家族状況等

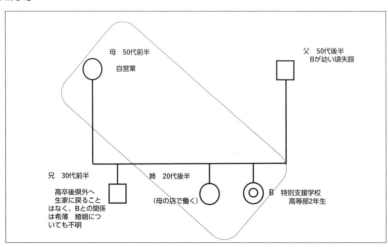

B：高等部2年生の女児（身体的性別）

父：Bが幼い頃に失踪（理由は金銭トラブルかと思われるが不詳）、現在も連絡がない

母：50代前半、自営。さっぱりした人で、学校行事は必要最小限の参加

兄：30代前半、高卒後県外で就職（詳細不明）、Bとの関係も希薄

姉：20代後半、母の店で働いている

③　対応・支援の経緯

　対人関係、特に集団場面を苦手としていること、また「自閉スペクトラム症の疑い」との医師の所見もあり、わかりやすい指示・他者との親密度によるコミュニケーションの在り方や距離感の理解を進めるワークなどを主に個別指導する。このことにBは嫌がることはなかったが、大きな改善は見られなかった。

　母親にこれまでの不登校や対人関係の苦手さなどの要因を尋ねると、明確な要因はわからないが、父母が不仲であったこと、Bが幼い頃に父親が金銭トラブルに巻き込まれ、突然失踪したことなどが原因ではないかと話し、不登校傾向については、小・中学校時代よりも登校する日数が増えたこと、また登校しない日についても、家でイラストを描く、ギターを弾くなど行動上の問題を起こすことなく過ごしているため、大きな心配をしていないとあっさりと話す。

　Bはとっつきにくく、気難しい雰囲気があったため、教員が相談にのるよりも、専門家チームの心理士とのカウンセリングをBに提案すると、意外なほどあっさり快諾する。Bとのカウンセリングによると、現在の状況に至ったのには二つ理由があると話す。一つは小学校高学年から、授業内容はそこそこ理解しているのだが、書字とそれを文章化することに困難があり、結果として学業不振状態になり、小学校の後半から不登校、中学校は特別支援学級に進学するものの担任の先生との相性が良くなく、登校しぶりの状態になった。もう一つは、中学校では制服（セーラー服とスカート）が決められ、それを着るのがとても不快だったと話す。数回の面接後、心理士はLGBTについて話題にし、その場合に生じるつらさや対応についてBと情報を共有し、思いを共感する。また、担任など関係者にこの状況を知ってもらい、必要な配慮をしてもらうことを約束する。

　担任や養護教諭は、本人が不快感が生じない通学時の服装や男女兼用のトイレの使用などの配慮を行った。また、クラスメイトには、それぞれ快適な他者との距離があり、またそれぞれ趣味嗜好が異なることを伝え、LGBTに特化しない多様性を理解し受容する授業を行っている。

④　学校等と専門家が連携するための留意点

　長く続いていた性違和によって生じる対人場面も含めた環境との相互作用により、結果として不登校状態となることがある。このように教員や支援者は、不登校や対人関係における課題などが生じる要因に、性違和による場合もあることを念頭におき、それに気づいていく必要がある。

　もちろん本人にも、その状況について自己理解をすすめるサポートが必要になる。通常の性に関しての指導への工夫と同様に行っていく必要があり、成長による身体の変化への対応も含め、学校医・養護教諭などと情報共有を行いながら対応していくことが重要である。

また、これまでの違和感や不快感などを話し合うことが重要で、スクールカウンセラー、専門家チームによる心理士などを利用して、一定の時間を準備してカウンセリングを行うことが望ましい。

性違和については、実践例も少ないため、適切な助言の在り方は今後の課題でもあり、事例対応の実績を増やし、よりよい実践を模索している段階と言える。

【事例３】問題行動への対応と高等部卒業後の進路支援に工夫を要するＣさん（男児）

① 事例概要

Ｃは乳児院・児童養護施設など社会的養護を受けながら育ってきた。中学校（児童養護施設の学区内）までは著しい学業不振が見られ、特別支援学級を利用していたが、その後、特別支援学校高等部への進学となった。小学校高学年より、登校しぶりや嘘をつく・他児の持ち物を勝手に持ち出すなどの問題行動が出現していた。高等部では、その行動への対応と就職などの進路支援の両方への対応に工夫を要した事例である。

② 家族状況等

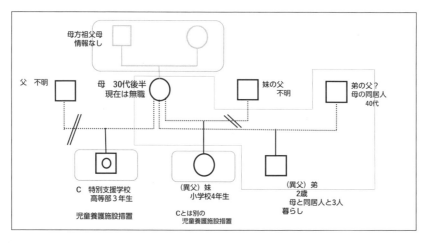

Ｃ：高等部３年生の男児、入学当初ふてくされた表情をして、教員が声かけをすると、ビクッとして緊張する様子が見られたのが印象的。その反面、クラスメートの女児とは和んだ様子で笑顔も見られた。

父：不明

母：30代後半、現在は無職で在家庭（時折、夜間の飲食店のバイトを行っているらしい）、年に１、２回、Ｃの児童養護施設に面会にやってくるが、今後Ｃと暮らす予定はないと話している。

（異父）妹：小学校４年生、母のネグレクトのため、Ｃとは違う児童養護施設に措置

（異父）弟：２歳、母と暮らしている。

同居人男性：40代の男性（Cの弟の父親と思われる。3年程前から母と同居）

③　対応・支援の経緯

　中学校からの引継ぎどおり、入学後しばらくして、虚言・盗みなど問題行動が出現するが、それらは自分をよく見せようとする結果見られる嘘であること、Cが欲しい物で購入できない物をクラスメイトが持っていると、羨ましくて眺めているうちについ盗んでしまうことがわかってくる。その都度、いけないことであることは指摘して注意を促すが、同時に、Cのよさを発見し自己理解を進めていけるような関わり、欲しい物については、現実的に購入できるものかどうか施設職員と共に教員が入っての話し合いなどを行ってきた結果、数か月すると、問題行動は減少していった。

　その後、Cは周りの同級生と同様の高校進学を果たしたかったが、全て不合格となり、不本意な思いで特別支援学校への進学となったことを話すようになり、その結果として、登校意欲が少ないことが明らかになっていく。この話ができるようになるのと同じくらいの時期から、登校しぶりが減少し、学校での行事などに積極的に関わる様子が見られ出す。

　高等部2年時より、卒後の進路に関していよいよ具体的になっていくと、具体的な「働く」イメージがもてずに、「USJの近くで暮らす」とか「夏休みは母たちと一緒に過ごす」などと将来を語り、クラスメートには更に非現実的な将来像を自慢げに話している姿も見られた。またこの頃、そもそもなぜ家族から離れて児童養護施設で生活をしているのか明確な理由を知らないことがわかり、Cへの伝え方を検討することとなる。

④　学校等と専門家が連携するための留意点

　社会的養護を必要とし、知的障害のある子どもへの対応については、児童福祉領域と障害福祉領域との連携は欠かせない。卒後の就労に向けて、特別支援学校では学内実習や現場実習など計画的に行っているが、Cの場合のように、母親側が同居することは希望しておらず、Cは独立しての生活を検討する必要が生じてくることがある。このとき障害福祉サービスとしての共同生活援助（グループホーム）や児童福祉サービスとしての自立援助ホームなどの利用が考えられるが、Cの措置機関としての児童相談所、児童養護施設、市町村障害福祉関係者などと、早めの卒後の進路に向けての相談（Cや養育者を含めて）を行い、生活・就労の両側面から具体的に計画していく必要がある。

　子どもが、自身の出自や家庭分離の理由などを詳細に知らない場合がある。措置機関である児童相談所は、子どもの自己理解が図れるよう配慮すべきであるが、子どもとの良好な関係が成立している学校側と連携しながら、適切な時機にCが理解しやすい方法を提案し進めていくことが必要になる場合もある。

17 理学療法士の立場での支援
～東京都立特別支援学校での外部専門員の経験から～

医療法人拓　能見台こどもクリニック 理学療法士　花井 丈夫

はじめに

　筆者は、2017 年度から東京都立特別支援学校の外部専門員の委嘱を受け、5 年目の現在、5 校の特別支援学校で職務している。著者が委嘱を受けている東京都においては、教員の専門性向上を目的にした外部専門家（自立活動指導員）導入事業が、2004 年度から始まり、2021 年度で 17 年間の歴史をもつ。事業の実施元である東京都教育委員会の実施要綱には、具体的な職務内容などは定められていないため、各学校では具体的な事業計画や運営要綱を立てて行っているようである。そのため、各校の規模や体制、立地環境や歴史などのリソースの違いなどからか、実際の理学療法士の関わり方には、学校ごと異なる部分も多くあると理解している。それらも含め、著者の最近の相談事例を紹介し、理学療法士の立場からの支援における課題などについて述べる。

（1）外部専門員（理学療法士）の職務内容

　表1は、年度の開始時に手渡された実施計画等に記載された理学療法士の職務内容の例（A 校・B 校）である。

表1　理学療法士の職務内容

A校	主に障害の特性を捉えた身体の取組や姿勢に関する助言及び指導を行う。ハンドリングを含む様々なアプローチ方法や、車いす及び装具等への助言も合わせて行う。
B校	・運動発達に関わること ・姿勢（ポジショニング）や身体の動き（主に粗大な運動）に関わること ・呼吸に関わること ・移乗（トランスファー）、歩行介助など日常生活動作に関わること ・車いすや装具など、補装具に関わること 　などの指導及び助言

　この職務内容からは、理学療法士に対し、児童生徒に特化した豊富な経験と熟練した技能を期待していると感じる。この事業の目的からみれば、同時にこれらの内容が自立活動においての教員の専門性の一部であると認識されているとくみ取れる。したがって、理学療法士はこの職務内容の遂行するために必要な解剖学、生理学、運動学、義肢装具

学などの知識を提供し、医療現場で体得した理学療法の技術を伝えることを求められていることになる。しかし、現実には多くの課題があると筆者は感じている。

（2）相談事例の紹介

【事例1】

〈実態〉

　高校生、重度両まひ、手で支えて長座位保持できるが端座位のバランスは不十分。床上は寝返りまたはずり這い、学校内は電動車いすで移動。立位は後方から半介助。口頭での応答は良好。

〈相談内容〉

　車いすから移乗してのトイレ介助が大変。立位で体幹が前傾して起こすことができない。日常的にどのような取組のアイデアがあるか。

〈対応〉

　座位機能からどうして立位で体幹が前傾になるのか評価し説明した。体幹が前傾しないで立つための練習の一部として、端座位で下肢を分離して伸ばす際の介助のコツを実際に行ってみせた。週2回の特設自立活動の時間を使って、体幹への介助にスパイダー（空間での姿勢保持を助ける器具）を使うことを提案した。その方が教員も生徒も安定して実施できることを説明した。また、普段の車いす上での臀部を座面奥に座りなおす動作で体幹と下肢の機能が高められる介助のポイントもアドバイスした。

【事例2】

〈実態〉

　中学生、重度四肢まひ、右凸側弯、自分で寝返り困難。意思表示困難。

〈相談内容〉

　普段の教室での右側臥位のポジショニングを、保護者が希望する通りにはできない。保護者の希望通りにすると、身体が前に転がって深い側臥位になって安定しない。そのため、右の膝下にクッションを入れるが、それでは保護者は「側弯が悪化する」と思っていて嫌がる。どうなのだろうか？

〈対応〉

　担任の言う通り、保護者が図まで書いて希望するようにはできない体の変形で、右の膝下にクッションを入れて身体が安定することを確認した。したがって、この方法で十分よいのではないかと担任に尋ねたが、担任として保護者との良好な関係性を築きたいので相談しているとのことであった。そこで、右の膝下にクッションを入れない代わり

に、生徒の左下肢を伸ばしてその重みをカウンターバランスにすることを試して成功した。ただし、厳密には、保護者が希望する通りではないという問題は残った。側弯進行予防をポイントにしたならば、右側臥位より適している凹側を下にした左側臥位でのポジショニングも紹介し、保護者に提案してみることも勧めた。

【事例3】

〈相談内容〉

担当児童の尖足の足首をストレッチするが、嫌がってさせてくれない。嫌がらずにできる方法を教えてほしい。

〈対応〉

児童本人がいない状態での相談だったので、担任になぜ嫌がっているかをもう少し考えてもらった。児童は過去の体験などから心理的に嫌なのか？　ストレッチの仕方により身体的に嫌なのか？　身体的だとしたら、担任が実際に行ったことを再現してもらい、同じように行って体験してもらうと、担任は痛みを感じるように行っていたことを気づいた。さらに、体験後に、短縮した筋は痛みを与えてもストレッチでは改善しないというエビデンスがあること、緊張している筋は痛みを与えないストレッチで緊張が緩み、本来の筋の長さまでは伸びることを説明した。また、厳密には痛みを与えるストレッチは身体を損傷する危険があり、医療行為に属するので行ってはいけない行為であることも説明した。

【事例4】

〈実態〉

小学生。ダウン症候群、体幹が弱い、ピョコピョコと歩きがちだが、その際に目が違う方向を向いたまま勢いよく進むので注意が必要。

〈相談内容〉

歩く方向へと目を向ける習慣をつけたいが、その手立てを教えていただきたい。ピョコピョコ歩くのは、体幹がまだないことが主な要因と考えられるが、体幹をつけるによい動きを教えていただきたい。（原文のまま）

〈対応〉

知的部門の小学部1年生。上記のものを書面で事前に渡され、実際の授業場面での観察と簡単な徒手を使っての評価を行った。前に障害物がなく、勢いよく進むとき（走るような動き）に顔を右に回旋するが、それ以外のときは正面を向いている。実際には前を向いていないために人にぶつかったり、転倒したりはほとんどない。姿勢も見ると立っ

ている状態で頭が少し左に傾いている変形（軽い斜頸）が見られるため、勢いよく進むときバランスをとるため顔を右に向けると評価、また、上下動が少し多い歩き方をピョコピョコ歩きと表現していたが、足首で体を前へ押し出す力が弱い分を下肢全体の上下動で代償していると思われるので、体幹をトレーニングするという考え方より、足首が弱くジャンプが苦手なことと関係していると助言した。

（3）上記の事例から筆者が感じたこと

　事例1、2は、日常的な自立活動の授業の中で助言であり、教員自身の試行錯誤を受け取りながら対話をし、一緒に答えを探すことができた事例と思っている。私自身は理想的な関係であり、外部専門家として結果を出さなくてはならない厳しい場面でもあると感じる。

　一方、事例3、4は、教員にもうまくできる方法、いわゆる HOW TO を求めてきた事例と感じる。そこでは「なぜ児童がそうするのか？」という科学的考察、検討の姿勢が欠けている気がする。おそらく、教員は身体機能に関しての基礎知識が不足しているため、考察や検討すべき材料を持ちえないためと思われる。そのため手っ取り早く改善するための答えを求めたのか、またはその課題が小さなものと捉えているからなのだろうか、筆者にはまだわからない。しかし、身体運動に制限がある児童にとって、身体に表れている現象こそが彼らが人生で抱えている重大な課題であり、「どうしてそうなるか」ということに焦点をもつことが児童の障害を理解し共感するために大切であるはずだ。したがって、このような相談に、一つ一つ共に考えていくことが外部専門員としての役割と気づいた事例である。

（4）連携の課題や留意点

　多職種が一人の患者に関わることが常である医療・福祉の分野では「連携」はいつも話題にされ、議論されるテーマである。この場合の目的は、一人の患者をそれぞれの専門によって切り分けず、患者の人生そのものを尊重する治療や支援が行えるようになるためと筆者は理解している。

　職務する都立肢体不自由特別支援学校には、特設自立活動（時間の指導）が設けられている。外部専門員がもっぱらこの時間に、表1に示した内容の自立活動を請け負っている学校もある。これは悪く言えば自立活動の下請けのようなものとなる。もちろん行った内容は記録し閲覧できるようになっているが、その後の対話は極めて少なく、事例のようなやりとりもほとんどない。対話の機会もなく、自立活動の時間に理学療法士が医学的リハビリテーションの「理学療法のような」ことを実施している時間になって

いるならば、これは望ましい連携とは思えない。この「特設自立活動（時間の指導）」は、学習指導要領の改訂によって"養護・訓練"が"自立活動"となったという変遷があり、理学療法や作業療法と類似していた、いわゆる機能訓練を行っていた時代でもあった。"養護・訓練"がなくなり"自立活動"になっても、中身が変わっていないという課題もあるのではないかと感じる。

　今日の障害児者に関わる理学療法は、国際生活機能分類（ICF：International Classification of Functioning, Disability and Health）に基づくリハビリテーションを基本にしている。特別支援学校教育要領・学習指導要領の自立活動においても、障害の捉え方は ICF の概念を基本にしている。障害医療福祉と特別支援教育は ICF の共有を通じて連携できる共通の基盤をもっている。

　ICF は、それまでの ICDH から劇的なパラダイムシフトを起こして WHO 総会で採択されたものである。障害をネガティブと見ない、健常者と同じ機能を強要しないことが基本であり、障害当事者運動の成果でもある。子どものこれまでの育ち（発達）を尊重し、個々の個性や機能にあった健康、活動、参加のための支援を受けることである。ICF 以前に当たり前に行われていた「健常者の発達をロールモデルにした訓練」をしないという誓いでもある。しかし、ICF を知っていても、子どもに対して ICF を理解し、それに基づいた指導・支援をしているだろうか。筆者はときどき ICF 以前の時代に戻ったような眼差しで子どもに対応する場面を目にする。これは、教員に限らず理学療法士にも見られる現象であり、私たちの意識改革がまだ道半ばであることを感じる。

　理学療法士と教員は、ICF の概念から逸脱した障害のある子どもへの支援を行わないように、お互いに留意し合うことが大切であると筆者は感じる。

（5）特別支援学校での理学療法士側の役割と課題

　理学療法士は、理学療法士法及び作業療法士法によって、医師の指示の下で理学療法を行うという法律上の定めがある。したがって、理学療法士は、厳密には学校現場では理学療法が行えない（これは、作業療法士についても同じである）。学校教育現場で理学療法士は理学療法を行わず、自立活動の中で教員らに指導・助言するとなっているが、理学療法士は学習指導要領にある自立活動の専門家ではない。このことを自覚していないと、学校現場に病院など医療機関で行っている理学療法をそのまま持ち込んで、逆に教員に下請けのように指導してしまう危険がある。医療機関の理学療法をそのまま持ち込むことが本当に適切なのか、よく考える必要があると思う。

　理学療法士の理学療法は問題を絞って、評価→目標立案→プログラム作成実行→再評価という PDCA サイクルを基本と医療機関における理学療法は日々それを繰り返して

いるが、学校教育は、問題を絞ってプログラム（直列）という手法はなく、プラン（並列）が手法である。リハビリテーションよりもケアリング（看護）に近い印象を筆者はもつ。その意味でも学校の中で理学療法士が、主体的に理学療法を行ったり、理学療法のように指導したりすることも、外部専門員の主旨にそぐわないと考える。したがって、教員が主体的に理学療法士を活かすということが求められていると思われる。しかし、たいていの教員は理学療法を知らないため、理学療法士を適切に活かしきれない。筆者が職務する学校の中には、理学療法士の免許をもつ常勤の教員が外部専門員の職務をコーディネートする学校がある。そこでの職務は、「自分の経験や技量が活かされている」「役に立つっている」と感じることが多い。

　また、外部専門員として活かされるのを待つのではなく、自ら何ができるかをアピールすることも大切な行動と思われる。そのための教員と外部専門員の理学療法士の対話は大切な場面であり、当たり前のことであるが対話力も外部専門員には求められるところである。

おわりに

　前述のように、東京都においては17年の歴史をもつ事業であるが、私たち理学療法士の力不足もあり、いまだ学校教育現場で理学療法士の関わり方について、オーソライズされたものは見当たらない。

　理学療法士は、教員の求める「なにをしたらよいか」という障害リハプログラムの紹介や指導助言よりも、「児童生徒が感じて、なぜそう動いてしまうのか」という彼らの感覚世界や身体図式の理解に協力し、児童生徒への共感を高めていくことが大切と感じている。そのための対話と交流を深めることが、まだまだ不足していると、筆者は感じている。

18 歯科医師からの支援

歯科医師　松田　恵里子

はじめに

　私は外部専門家として現在、東京都にある知肢併置特別支援学校の小学部・中学部・高等部、知的特別支援学校の小学部・中学部、ならびにろう学校の幼稚部・小学部に関わらせていただき、個別ならびに集団摂食指導と教職員・保護者に対する研修・講演会を行っている。

（1）指導の概要

① 年間指導回数

　学校により在籍者数や摂食指導のニーズが異なるため、指導は多いときで年間40回、少ないときで年1、2回程度である。

② 方法

　基本的には直接食事（給食）場面を個別ならびに集団観察して摂食指導（食内容や食環境、姿勢、介助方法などについて総合的に評価、指導）を行っている。個別の場合、1人当たりの指導観察時間は20分程度である。個別観察は、給食時観察が主ではあるが、給食時間外での食事観察を行う学校もあり、その際は保護者にテストフード（バナナ、プリン、白飯、スナック菓子、水分）や食べ方の気になる食物を持参していただくなど、その方法は同じ都立学校であっても各校様々である。

　摂食指導前日までに給食場面のビデオ撮影を行ってもらい、指導の予習とともに、欠席時や指導時に全く食べてくれず当日観察ができない場合、あるいは食事内容によって異なる食べ方をしたりなどと不測の事態の際の観察補足に利用している。また、担任に摂食評価表を記載してもらい、書面で児童生徒の摂食状態の状況把握をしやすくしている（後述参照）。指導当日は校内にて摂食担当の教員（自立活動部教員、養護教諭、栄養教諭など）との打ち合わせを行い、全身状態の把握や日常生活状況などの聞き取り、事前ビデオと摂食評価表を確認した後、指導に臨んでいる。摂食指導時には、担任、自立活動部教員、養護教諭、栄養教諭、保護者など、可能な限り児童生徒の食に関わる者が複数同席するようにしている。

③　摂食指導のフィードバック

直接観察中にも説明するが、指導後に担任、自立活動部教員、養護教諭、栄養教諭、保護者など関係者を集めミーティングを行い、指導の要約を繰り返し伝えている。またその内容はさらに摂食評価表に加筆するなど文書にして記載、保存し、即役立てるだけでなく、経年的にも比較検討できるようにしている。

④　研修会・講演会

教員向けには毎年、保護者向けには学校から依頼があったときのみ行っている。いずれにおいても学校側と相談し、テーマを決めている。教員向けのものは教員の入れ替わりで摂食指導に関わったことのない人も毎年一定数いるため、それら教員を中心に実践に即必要な摂食指導における基礎知識の習得や介助方法について行う場合と、スキルアップのためのアドバンス的内容の場合もある。また、学校単位の大人数でのケース会を開催し、実際に行った指導を事前や当日撮影したビデオで振り返りながら教員間の共通認識と、スキルアップを図っている。保護者向けのものは数年に1度、一般的な摂食機能療法の基礎知識などをお話しすることが多い。"百聞は一見に如かず"のため、研修会・講演会時に食べ物、飲み物を持参していただき実際飲食し、普段何気なく行っている口の動きを鏡を見て体験する形式で行うときもある。

【実際に使用している摂食評価表、摂食指導カードの例】

肢体不自由教育部門ではより緻密な全身状態などの把握が必要となるため、知的障害教育部門に比べ記載する部分が多い評価表となっている。どちらの評価表も摂食評価は基本は担任が記載したものを、外部専門家や自立活動部教員、養護教諭、栄養教諭など給食に関わる他の教員が複数でチェックしている。

摂食評価は該当する部分に○を付けていくが、左側に○が多ければ摂食機能に問題なく、右側に○が多ければ問題点が多いと判断できるように配列してある。そのため、「はい（Y）」や「時々（S）」、「いいえ（N）」がランダムに並んでいる。これを作成することで、教員のスキルアップにもつながるだけでなく、児童生徒の状態を客観的に把握し、共通理解が進むことで統一した指導が行え、さらに継続的な変化の確認や次年度への引き継ぎもしやすくなる。

＜肢体不自由教育部門＞

摂食評価表　令和　　年度
学部　　年　組　児童・生徒名　　　　　　　　　　　　　記入日　　月　　日　記入者

① 基礎資料（担任記入）

<全身の状況>

障害名：					摂食方法：経口・注入		
アレルギーや疾病　有（				）・無	医療機関		
食形態	ご飯	パン	麺	副食	デザート	牛乳・ウルトラ寒天（どちらかに○を）	
（量）						トロミ使用：有・無	
座位保持　可・不安定・不可					首の安定　　可・不安定・不可		
鼻呼吸　可・短時間・不可					安静時口唇閉鎖　　可・不安定・不可		
食事時の姿勢：学習椅子・車椅子・食事椅子（座位保持含む）・抱いて・その他（　　　　　　　　　）							

② 摂食評価（担任が記入しその後、外部専門員が診断）　　摂食診断日　記入日　　月　　日

<摂食時の様子>Y：はい　S：時々(sometime or often)　N：いいえ　？：わからない　該当する所に○をつけて下さい。

外部専門員名：

安静時	口を閉じているか	Y　S　N　？（　　　　）
	むせることがあるか	N　S　Y　？（　　　　）
	摂食拒否があるか	N　S　Y　？（　　　　）
とり込み時	口を大きくあけすぎるか	N　S　Y　？（　　　　）
	顎を下ろして食物をとるか	Y　S　N　？（　　　　）
	舌がでてくるか	N　S　Y　？（　　　　）
	つめこみをするか	N　S　Y　？（　　　　）
咀嚼時	顎の動き	左右　少し左右　上下　？（　　）
	口角の動き	左右非対称　左右対称 ほとんど動かない　？（　　　）
	歯を閉じているか	Y　S　N　？（　　　　）
	舌がでてくるか	N　S　Y　？（　　　　）
飲み込み時	口を閉じているか	Y　S　N　？（　　　　）
	喉仏が動いているか	Y　S　N　？（　　　　）
	舌が出てくるか	N　S　Y　？（　　　　）
	むせることがあるか	N　S　Y　？（　　　　）
	丸のみすることがあるか	N　S　Y　？（　　　　）
	逆嚥下することがあるか	N　S　Y　？（　　　　）
手・食具使用	手づかみ	指先でつまむ　指全体を使う
	麻痺：有・無	手の平でつかむ　？（　　　　）
	スプーン・フォークの握り方	ペングリップ　手指握り 手掌握り　？（　　　　）
	食べ物をすくうか	Y　S　N　？（　　　　）
	はしを使う	Y　S　N　？（　　　　）
水分	顎を閉じているか	Y　S　N　？（　　　　）
	唇を閉じているか	Y　S　N　？（　　　　）
	舌がでてくるか	N　S　Y　？（　　　　）
	むせるときがあるか	N　S　Y　？（　　　　）

③ 摂食の記録

摂食診断・相談の記録	診断日：R　年　月　日　　　　医師・ST
	診断日：R　年　月　日　　　　医師・ST
来年度の引継ぎ	記入日：R　年　月　日

【摂食指導カード】　　　___ 学部 ___年　名前（イニシャル）_____

記入者_____ 記入日 R　／　／

指導目標	

指導の方法	① ② ③ ④

＊写真や図など使用しても可
＊固形物摂取、水分摂取の介助の方法については必ず記入

アレルギー		服薬	食形態							
有・無		有・無	ごはん	パン	麺	副食	牛乳	人参スティック	とろみ剤	
							ウルトラ飲用	有・無		

摂食時間（　　）分　休憩の有無・ゲップの方法など（　　　　　　　　）
普段の食事量　全・ほぼ全量・半分・ほとんど食べない　（　　　　　　）
過敏　有・無　箇所（　　　　　　　　　　　　　　　　　　　　　　　）
鼻呼吸　可・一部可・不可　（　　　　　　　　　　　　　　　　　　　）
使用しているスプーンや自助具・食器
（　　　　　　　　　　　　　　　　　　　　　　　　　　　　　　　　）
好き・嫌い（　　　　　　　　　　　　　　　　　　　　　　　　　　　）
こだわる食べ物・手順等（　　　　　　　　　　　　　　　　　　　　　）
姿勢・情緒面の配慮事項（　　　　　　　　　　　　　　　　　　　　　）
安全上の配慮点

食後の指導	歯みがき・うがいの方法（　　　　　　　　　　　　　） 薬　飲ませ方（　　　　　　　　　　　　　　） 片付け（　　　　　　　　　　　　　　　　　） トイレ（　　　　　　　　　　　　　　　　　）

<知的障害教育部門>

摂食機能実態把握表

学部：高　学年：	氏名：		障害名：	記入者：
アレルギー・疾患				
食形態	ご飯・パン・麺	主菜	牛乳・ヨーグルト	
食形態と割合（／）		トロミ：有・無	硬さ：硬・中・軟	
食具の扱い	スプーン握り方（①手掌握り　②手指握り　③ペングリップ）　④はし（練習用はしを含む）			

1、食事の様子	（1）食事への関心	①ある（高い・普通）　②ない（低い）	
	（2）注意の持続	①持続　②散漫　③その他＿＿＿＿＿	
	（3）偏食	①ない　②ある	
2、捕食時 （取り込み）	（1）唇を下ろして食べ物をとる	①はい　②いいえ　③その他（歯を下ろしてとる等）＿＿＿＿＿＿＿＿	
	（2）一口量が適切、詰め込みをしない	①はい　②いいえ ③その他＿＿＿＿＿	
3、処理時 （食べている時）	（1）舌が出てくる	①いいえ　②はい	
	（2）あごの動き	①活発に動いている　②あまり動いていない	
	（3）口角の動き	①左右非対称　②左右対称　③わからない	
	（4）唇を閉じている	①はい　②いいえ　③不完全	
	（5）その他（気になる点があれば）		
4、嚥下時 （飲み込む時）	（1）むせがある	①いいえ　②はい	
	（2）唇を閉じている	①はい　②いいえ	
	（3）喉仏が動いている	①はい　②いいえ　③わからない	
	（4）何回も飲み込む	①いいえ　②はい	
	（5）いつ飲み込むか分からない様子がある	①いいえ　②はい	
4、水分摂取時	（1）食具	①コップ（ビンを含む）　②れんげ　③スプーン	
	（2）むせがある	①いいえ　②はい	
	（3）唇を閉じている	①はい　②いいえ　③不完全	
	（4）飲み込み方	①連続飲み　②すすり飲み　③一口飲み	

※①の項目については、概ね課題が達成されています。
※②・③の項目がある場合には、給食部へご相談下さい。（必要に応じて、専門家へ相談をする機会を
設定します）その他、摂食についてご不明な点がありましたら、給食部までご相談下さい。
<相談>

相談内容	助言内容・改善点等
平成〇〇年〇〇月〇〇日	平成〇〇年〇〇月〇〇日

（2）事例紹介

実際の摂食指導の風景

担任、自立活動部教員、養護教諭、栄養教諭、保護者など、可能な限り児童生徒の食に関わる者が同席している。

【事例１】摂食姿勢と介助方法を変えることで嚥下がスムーズになったAさん

Aさん（脳性まひ、精神発達遅滞）

〈小学部４年時〉

転入生。摂食指導の経験なし。座位保持は困難で、頭部も不安定。家では食形態は初期食を全介助で寝かせて食べさせている。口唇顎介助は行ったことがなく、捕食は口唇閉鎖しないため上顎前歯にスプーンをなすりつけている。処理時や嚥下時も口唇閉鎖することなく舌をかなり前後運動させ逆嚥下しており、むせることが多い。

指導 ⇒ 食形態は初期食のまま。まず姿勢は寝かせるのではなく、座位保持椅子を使用し背面を45度リクライニングさせ、頭部の角度を上向きにならないように配慮。捕食はスプーンで下唇に合図してから口唇顎介助を行い、口唇閉鎖させるようにして取り込ませ、そのまま嚥下まで口唇顎介助を継続して行う。今まで口唇顎介助された経験がなかったため、はじめは動きが止まり、食べづらそうであったが、慣れるまで根気強く継続するように指示した。また、間接訓練としてガムラビング、口唇・舌・頬訓練を指導。

〈中学部１年時〉

口唇顎介助、ガムラビング、口唇・舌・頬訓練継続中。食形態は初期食。リクライニング位で身体の緊張も減少し、口唇介助がなくても時折自力で口唇閉鎖して捕食しようとする動きあり。舌突出も減少傾向ではあるが、まだ逆嚥下は残存していた。口唇顎介助は受け入れがよくなったが、教員により食べる量が異なるとのこと。

指導 ⇒ 口唇顎介助、口唇・舌・頬訓練は継続。食形態や姿勢も変わらず。ただし、口唇顎介助に関して、自力で口唇閉鎖できるときがあるため、以前のようなしっかりした介助ではなく、サポートするように行うことにした。また、どの教員でも受け入れがよくなるように教員の介助方法スキルアップも必要と思われた。

今後の目標設定 ⇒ 安全に落ち着いて介助者が誰であっても安定して経口摂取できること。口唇顎介助が少しでも減少すること。成熟嚥下の獲得。

【事例2】 クラス全員で間接訓練を行った例

〈肢体不自由部教育門小学部1年〉

　過敏の除去訓練や口唇・舌・頬訓練を楽曲に合わせて行う体操方法を教員向け研修会の際に紹介した。また、当該クラスは初期食を食べているものが多く、過敏の残存も見られた児童もいたため、担当教員が自らクラス全員で給食前準備体操として、この体操方法を皆で歌いながら毎日実践した。この取組は訓練という感じではなく、笑顔で楽しい雰囲気の中で行うことができ、筋肉の拘縮が減少し、口の動きが全体的にスムーズになった。

【事例3】 根気強い経年的な介入によって摂食機能の向上が見られた例（B君（自閉症））

〈就学前施設にて〉

　3歳時より摂食指導開始、はじめは感覚過敏の残存が認められ、脱感作療法を行っていた。食形態は初期食で全介助。その後は徐々に食形態を初期・中期食半々にして自食開始、まずは手づかみできそうな煮野菜を試し、前歯でのかじり取り練習を行うが、手が汚れるのを嫌う。食事姿勢は問題なし。間接訓練を行っていた。

〈小学部1年時〉

　中期食から開始、食事時、周囲の動きで気が散りやすいため、ついたてを使用して落ち着いた空間を作成。処理時の顎の動きが未熟なものの捕食、嚥下には問題なし。形があるものは食べず偏食も多い。水分もとろみがないとむせることがあり、とろみなしでは飲まず。

指導 ⇒ 水分のとろみを徐々にゆるめていき、下向き加減でスプーン飲み練習。焦らずに好きなものから形のあるものを受け入れられるように偏食に対する指導と同様、試すスタンスで行い、落ち着いて食べられるように見守る。自食と介助食べ半々で、自食は手づかみできるものは前歯でのかじり取り練習、形があるものの受け入れが悪いときはつぶして介助皿に置き、スプーンですくうようにした。

〈小学部3年時〉

　中期食継続。ついたてがなくても落ち着いて食べられるようになった。自助皿使用で自食。スプーンのすくい方は以前に比べ上手になったが、持ち方はパームグリップで入れ込みあり。カレーライスの具などはそのまま食べられるようになった。偏食は依然として多く、食べられる食材は少なめ。口の動きは特に問題なし。水分はとろみがないとたまにむせる。

指導 ⇒ 後期食に変更。自食は手づかみ食べを中心に前歯でのかじり取りを積極的に行う。偏食に対しては引き続き試すスタンスを保つ。自助皿には一口量ずつ入れるよう

にする。水分はゆるくとろみをつけ、スプーン飲みからレンゲやカットコップで練習。食具使い上達のため、手を使った作業を食事以外のところで積極的に行う。

〈小学部4年時〉

後期食継続。水分はとろみなしでむせなくなり、コップで連続飲みができるようになった。偏食は相変わらずあるが、改善傾向。自助皿使用中。スプーンの持ち方はペングリップには至らず。処理時口唇閉鎖がやや弱いが、咀嚼の動きがスムーズになった。

指導 ⇒ 後期食と普通食半々にする。大きくやわらかいものを大きなままでしっかり咀嚼するように、また入れ込みしないように言葉掛けを行う。処理時に口唇閉鎖が甘くなるので、これも随時言葉掛けを行うとともに、口唇訓練を行っていく。手作業は積極的に行う。

〈小学部5年時〉

後期食、普通食半々。咀嚼もかなり上手になり、口唇閉鎖もよいが、咀嚼回数が少なくなりがち。自助皿を使用しないとまだ入れ込もうとする。スプーン使いは上達し、ペングリップで持てるようになった。

指導 ⇒ 普通食に変更。自助皿使用はそのまま継続し、入れ込まないよう、また咀嚼回数は少なくならないよう言葉掛けを行う。咀嚼回数は食事前半で具体的に数を数えて咀嚼のペースを作る。

〈中学部1年時〉

問題なく食べられるようになり、摂食指導終了。

（3）学校と外部専門家が連携する際の留意点

外部専門家として学校に関わるには、必ず学校側の窓口となるコーディネーターの教員が必要である。現在、私が関わる特別支援学校では主たるコーディネーターは自立活動部教員、養護教諭、栄養教諭とそれぞれの学校で異なる。また、本来ならば学校歯科医や学校医とも直接連携して情報共有できればよいのだが、残念ながら行えておらず、コーディネーターの教員からの聞き取りや個人ファイルに保存されている文書で歯科的所見や全身状態の把握をしているのが現状である。

近年、個人情報保護法により、当然ながら児童生徒の個人情報を学校外に持ち出すことはできなくなり、摂食指導当日の外部専門家が学校内に滞在できる短い時間の中で完結する必要があり、その際にかかる負担が増している。事前ビデオや摂食実態表のチェック、全身状態や日常学校や家庭の様子などの聞き取りを行って実際の指導に臨むようにしているが、その際、児童生徒の情報をコーディネーターの教員がいかに的確に外部専門家に伝えられるかが、より適切な摂食指導を行うことの鍵となる。学校以外の場所で摂食指導を受けている場合、そちらでの指導内容なども十分に把握しておく必要がある。

この情報を保護者から直接聞けない場合は、コーディネーターの教員から、あるいは担任からの聞き取りとなる。摂食指導に対し、外部の摂食指導機関と統一した見解をもつようにしておかないと直接食事介助に関わる保護者や担任、本人も戸惑ってしまうからである。そのため私たち外部専門家の技量はもちろんであるが、コーディネーターである教員の技量も問われることとなる。なるべくエラーが少ないように食に関わる複数の教員や保護者が摂食指導の場に同席して、情報を共有し、摂食指導の目的である"おいしく・楽しく・安全に"をモットーに、少しでも"食べる機能"が向上し、健やかに成長できるように日々奮闘したいと思っている。

第2節 特別支援学級

1 日々の指導を充実したものにするために

新宿区立花園小学校主任教諭　鈴木 理恵

（1）新宿区における外部専門家指導の在り方

　本校が所在する新宿区は特別支援教育の推進に尽力しており、様々な形で外部専門家を導入した取組を行っている。

①　新宿区より選任された専門家による支援チームの派遣

　医師・学識経験者や心理職などの専門家で構成された支援チームが、年3回に及び、各学校を巡回し、指導・助言を行っている。特別支援学級の児童を含め、全ての児童が対象となっている。

②　特別支援学級に委託された外部専門家講師の派遣

　年間10万円の予算の中、各学校のニーズに合わせて、特別支援学級の教員が講師派遣を行っている。特別支援学校に専門家指導が導入されたことを参考にして、学校間で連携し、教育委員会に要望を出したのが始まりである。当初は、特別支援教育に精通した専門家についての知識が十分ではなかったので、情報収集をしながら、各学校の教員が協力して探していた。今でも、特別支援学級担任連絡会で講師派遣の情報交換は欠かさずに行っている。

③　センター校である特別支援学校の教員派遣

　令和2年度、本校は東京都が行っている専門性向上事業の対象校となった。センター校である都立特別支援学校のコーディネーターに、定期的に訪問していただき、実態に合った授業づくりや指導方法についてのアドバイスを受けた。

（2）本校における近年の試み

　1）　新宿区が行っている、専門家による支援チームの巡回は、本校の特別支援コーディネーターがとりまとめをし、校内支援委員会を通して行っている。本学級では、

1年生の児童を主に見ていただき、アドバイスを受けている。

　２） 本校が選任する外部専門家指導は、ここ数年同じ講師にお願いしている。クリニックに勤務する言語聴覚士兼臨床心理士の先生と、療育機関の作業療法士の先生である。

　３） 専門性向上事業は1年間で終了したが、現在も指導方法等で悩んだ際にセンター的機能を利用して連絡を取り、アドバイスを受けている。

　以下、ここ数年における、外部専門家指導についての本学級の取組と成果を紹介する。

① 言語聴覚士のかかわり

　言語聴覚士の先生には、本事業が始まった当初から、本学級を含め、新宿区の多数の特別支援学級において指導をお願いしている。指導内容は主に、言語に関わるPVT-R絵画語い発達検査（語いの理解力を図り、語い年齢を算出する検査）やレーヴン色彩マトリックス検査（法則性のある幾何学図形の一部欠けている図柄を選択肢より選ぶ検査）である。

　毎年同じ検査を行い、その成長の度合いを確認している。短時間でのフィードバックになるが、児童全員が検査を実施することで、全ての児童の成長や今後の支援の方向性が確認できている。また、継続して見ていただいていることから、講師が児童の実態を把握しており、状況に合った適切なアドバイスにつながっている。

② 作業療法士のかかわり

　療育機関の作業療法士に、講師をお願いするようになってから4年目となる。特別支援学校でのコンサルテーションの経験を踏まえて、幅広い視点からアドバイスを受けている。1年目、2年目は、授業観察を行い、書字や姿勢、手指や体の使い方についてのアドバイスを受けた。2年目の後期から現在においては、個々の児童のコンサルテーションをお願いしている。療育機関独自のアセスメント方法を基に細かく検査を行い、個々の課題や必要な支援について、現在の状況を確認した上で、アプローチ方法等のアドバイスを受けている。

③ 外部専門家に依頼するに当たって

　そのときの学級の状況に合わせて依頼内容を毎年見直してきたが、長期的なスパンで計画を立てていく方向に移行している。そうすることで、検査対象の児童の優先順位が明確になったり、見通しが立ちやすかったりするメリットが生まれた。限られた時間や予算の中で、最大限に専門家指導を活用していくためにどのようにしたらよいか、常日頃、教員間で話し合いを重ねている。

　また、教員間の連携だけではなく、都や区のスクールカウンセラーとの連携も大切にし、外部専門家から受けた指導の報告を欠かさず行うようにしている。

④　教員間の連携（資料の共有化）

　児童の検査終了後、講師からのフィード
バックを行っている。授業内でのフィード
バックとなるため、出席する教員は、担当
教員１名と限られてしまう。それだけに、
担当教員からのフィードバックの記録と報
告を大切にしている。フィードバックの報
告会には、担任だけではなく、時間講師や
介助員も参加し、一貫した指導や支援がで
きるように取り組んでいる。また資料は、

個々の児童ごとにまとめて、一冊のファイルに綴じている。職員室の共有の棚に保管し、
継続的に資料を保存できるようにしている。担任が代わったときや異動になったときで
も、すぐに個々の児童の資料が確認できるようにしている。

⑤　保護者、スクールカウンセラーとの連携

　フィードバックを更に充実したものにし
ていくため、保護者やスクールカウンセ
ラーにも、参加を呼びかけている。スクー
ルカウンセラーには、普段から指導や見立
ての相談をしているので、情報を共有する
ことで、児童理解が深まることを期待して
いる。保護者が参加したときには、日課表
や個人面談で、専門家の意見をどのように
家庭や学級で活かしていけるかを再確認し

ている。フィードバックが、そのときだけの話題で終わらないように努めている。また
保護者からは、専門家の意見は非常に参考になると感謝の声が寄せられている。

⑥　連携が取れたことでの成果

ア）　カームダウンエリアの設置

　３年前のフィードバック時に、作業療法士よりカームダウンエリア（気持ちが乱れて
しまったときに落ち着かせ、再始動するための場所）の設置についての提案を受けた。
児童にとっては望ましいことだが、当時の教室や職員室はユニバーサルデザインとは程
遠く、物が溢れかえっていて、とてもカームダウンエリアを設置できる場所の余裕はな
かった。当時の教員間で話し合いを重ね、カームダウンエリアの必要性を確認し、大掛
かりな片付けに取りかかることにした。日々の指導や雑務に追われている教員にとって、

自分たちが出したわけではない物の整理や後始末は、決して簡単なことではなかった。1年近くの月日を要して、職員室を片付けカームダウンエリアを設置した。実現させることができたのは、専門家の意見に教員全員が共感し、同じ目標をもって取り組んだからだと思っている。

イ）　指導の一本化

　教員によって児童への呼びかけや指導の視点が違うことがある。教員それぞれの経験値や価値観には違いがあり、統一していくことは難しい。教員によって言っていることが違うと児童は困惑してしまう。そのような中で、外部専門家の意見は、一つの方向性を導き出すために大いに役立つ。指導の方向性が一本化されることで教員間のズレが減り、児童にとっては進むべき方向がわかりやすくなる。教員にとっても指導がしやすくなると感じている。

（3）専門家指導を通して感じたこと

　自分自身のやり方について、専門家に反対の意見を言われたときには、「でも…」「状況をわかってないから…」と、一瞬心の中で思ってしまうことがある。自分自身を否定された気になってしまうのかもしれない。しかし、そう思いながらも、専門家の言葉を真摯に受け止め、自分自身の指導を冷静に振り返るようにしている。学校はある意味、一般社会から遮断された閉鎖的な環境である。そのような中での外部専門家の意見は、自分自身を見つめ直すよいきっかけとなっている。

　専門家の指導を受けて、児童の態度が変わったり、できなかったことができるようになったりすることが顕著に見られることがある。そのときは専門家の意見に自分自身が共感をし、見通しをもちながら指導に当たることができたときであろう。専門家の意見をどのように日常の指導に活かしていくかは、指導者次第だと感じている。

　意見を全て指導に取り入れるのは、状況的に難しいときがある。そのようなときには、教員間で確認しながら、その中でできることを探っていくようにしている。

　専門家指導を受けることは、児童の指導だけではなく、私たち教員の専門性向上に深く関わっている。これからも、専門家の意見を取り入れながら、児童にとってよりよい環境づくりに励んでいく所存である。

2 「今ここにある悩み」を解消する センター的機能

大田区立調布大塚小学校校長　玉野　麻衣

はじめに

　「とにかく大変」「1日を終わらせるのがやっと」という状況でも、特別支援学級の担任は毎日へこたれずに教材・教具に工夫を凝らし授業準備を整え、児童の明日に備える。「大変」な要因は実に多様で、課題はいつも複雑に絡み合っている。どのような課題でも解決の糸口が見いだせないときは、専門家に適切に解きほぐしてもらうのが最適だと考えている。本校では、特別支援学校のセンター的機能の活用として、国立特別支援学校教諭（臨床発達心理士）を招聘している。当初は、「専門家の活用」に担任が慣れず、また、課題が複雑すぎることもあって何を相談していいのかも分からないという状態だったので、若干消極的な姿勢から連携が始まった。それでも何でもいいから今の困りごとを相談するように担任には伝え続け、講師には定期的な訪問を依頼し続けた。そのうち担任から率先して訪問日を調整するようになり、自発的に悩み相談できるようになったのは、その効果を実感できるようになったからだと思う。現在でも、月1回程度の頻度で定期的な連携を続けている。午前の授業から給食、休み時間も含めて、児童の行動と担任たちの指導内容・方法等をビデオに記録し、その日の放課後には、撮影した映像を見ながらリフレクションを行う。そして、リフレクションを基に担任が工夫を重ねながら改善を進め、次の訪問を迎えるというサイクルを積み重ねている。

　ここでは、これまでの約4年間の連携で主に取り組んできた①学習環境の構造化、②授業計画、③個別の指導計画の作成の3点について、連携前の課題と助言内容、改善してきたことを紹介する。

（1）学習環境の構造化

> 【課題1】児童に「今は何をする時間なのか」「何をする場所なのか」を理解させることができていなかった。

　児童に見通しをもたせることの必要性は理解していたものの有効な具体的な手立ては見つからず、必要と思って行っていた「個別にその都度指示を出す」ことが、かえって

見通しをもたせることにつながっていなかった。

助言内容

○ 学習の場を分けて構造化し、目的別にレイアウトすること。

○ 児童が視覚的に理解できるように「いつ」「どこで」「なにを」「どのように」行動するかを明確にすること。

○ 児童が見通しをもつことができるように、視覚化すること。

　専門家からの助言を受けて、集団学習と個別学習それぞれの場のレイアウトを変更した。集団学習の場は、児童机を撤去して児童椅子だけを利用するようにし、椅子は扇状に並べるとともに、椅子の位置をテープでマーキングして、児童が視覚的に理解できるようにしている。また、場面の切替えができるように、移動の際は音楽を活用するようにした。個別学習の場は、既存の教室構造を活用しながら、パーティションや移動式の棚で区切り、視覚情報を最小限にして集中できる空間を整えた。また、個人専用の移動式ラックを使い、引き出しの上段から順番に番号を付けて、上段から下段へと引き出しに入れた課題を順番に取り組めるようにしている。また、1日の活動の流れや1時間の学習内容を掲示物で提示し、児童が視覚的に見通しをもてるようにしている。

　学習の場のレイアウト変更に関しては、児童の実態に応じて柔軟に進化し続けている。担任が「またレイアウト変えてみました。見に来てください！」と嬉しそうに報告してくれるようにもなった。そして、その意図について具体的に説明してくれる。「こうあるべき」という慣例や先入観がなくなり、何のためのレイアウトかと考え工夫できるようになった成果ではないかと思う。

移動式の棚で空間をつくる。棚は、登りたくなる高さのため、「三角形」の斜面を載せている。

パーティションで個別の空間をつくる。個人用ラックにある課題は、いつもの最上段から取り組めるようにする。

【課題2】児童に準備・片付けさせたい教材・教具の定位置が決まっているものと決まっていないものが混在しており、自発的な行動につなげることができていなかった。

　児童が自発的に行動できることを目指していたものの、全ての教材・教具の扱い方に偏りがあるという視点はもち合わせていなかった。

助言内容

○　楽しみながらマッチング（片付け）できるような工夫をすること。

個人ロッカーの表示

　助言を受けて、教材・教具の写真をラミネート加工して片付ける場所に貼っている。児童個人の机上や道具箱の整理でも同様に写真を活用している。

　今いる児童の実態に応じて学習環境を構造化することで、児童が落ち着いて学習に参加したり、学校生活を送ったりする時間が長くなった。また、教職員が指示を出したり一緒にやったりしなくても、児童が自分で判断して行動できるようになってきた。

（2）授業計画・実践

【課題1】長年、慣例的に取り組んでいる単元活動はあったが、児童一人一人の実態に合わせてカスタマイズしようにも、どこから取りかかればよいか分からない状況だった。

　慣例的に取り組んでいる単元活動では特に、活動することが目的になりがちで、児童一人一人の実態に応じてカスタマイズする発想がもちにくくなっていた。それでは、児童の関心・意欲を引き出せていなかったり、十分な学習保証ができていなかったりする状況に課題があることは分かっているものの、具体的な改善策が打てないでいた。

助言内容

○　「○○があればできそう」という視点で、児童一人一人の実態を把握していくこと。
○　児童が興味・関心がもてる場を設定すること。
○　学習の「はじめ」「終わり」を視覚的に理解できるようにすること。
○　一人5分間でもいいので、児童一人一人が主役になれる時間を設定すること。
○　花丸など視覚的に理解できるもので即時評価すること。
○　「児童ができるようになったこと」に着目して、それをベースに次の単元へとつなげていくこと。

助言を受けて、児童が「できていないこと」ではなく「できていること」「できそうなこと」を視点にした実態把握から目標と手立てを考え、それを基にして学習環境をカスタマイズするようになった。これは、個別の指導計画にも反映させるようにした。また、集団学習でも児童の得意なことを生かせる役割を与えるような学習計画を立てることができるようになった。さらに、「見通しカード」を活用することで、教科や授業の主担当が代わっても授業の流れを統一できるようにした。即時評価と併せて、学習の終わりには学習の様子を記録した写真や映像を活用しながら振り返りを行っている。

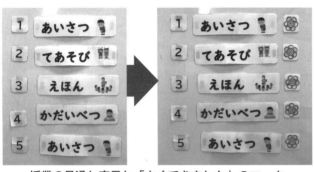

授業の見通し表示と「よくできました」のマーク

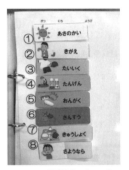

1日の見通しカード

【課題2】障害特性の多様さから、教科指導が難しく、単元の連続性や系統性まで考えた計画ではなかったため、次への単元にも見通しがもてない状態だった。

　コンテンツベースに考えていたことで、教科等横断的な視点や生活との関連性に着目することができていなかった。

助言内容
- ○ 教科の特性としての「見方・考え方」を、児童の日常生活に結び付けること。
- ○ 同じ事象でも、大きさ（算数）、言葉（国語）、色（図画工作）など、どこに着目させるかが大切で、指導者の意識次第であること。
- ○ 児童の「できるようになったこと」に着目して、それをベースに次の単元へとつなげていくこと。
- ○ 個別学習を効果的に活用して、日によっては、重点的に指導する児童を絞ることも視野に入れること。

　助言を受けて、学習指導要領に示された教科の特性としての「見方・考え方」を広げ深められるような教材・発問を考えるようになった。時間の目標は欲張りすぎずシンプルに一つに絞り焦点化している。この単元や授業が、どの学習につながっていくのか、日常生活の何に般化できるのかを考え、立案するとともに、学習する内容と日常生活とを結び付けやすいように教材や場の設定を工夫している。また、全体での学習と取り出

し学習とを併用するために、概念理解の際には、取り出して丁寧に指導し、他の児童には自力解決できる課題を準備するなど、チームで指導できる体制を明確にした。

　授業の流れを視覚化したことで、安心して授業に参加できる児童が増え、様々な場面で児童自ら挑戦する姿が見られるようになった。また、担任は、授業を単発に捉えるのではなく、単元を横断的に捉えること、教科等を横断的に捉えることや日常生活へ般化することができるようになるなど視野が広がった。

（3）個別の指導計画の作成・活用

> 【課題】個別の指導計画の活用意図への理解不足に加え、個別の指導計画と通知表の内容が混在していたため、効果的に活用できない状況であった。

　特に個別の指導計画は、作成することが目的になっている様相で、日常的に活用できる指導計画にする必要があった。

助言内容
○　児童一人一人の自立と社会参加の実現に向けて、目指す姿と重点目標を踏まえた年間目標と支援方法（手立て）を明確にし、個や集団における指導内容を教員間で検討・評価し保護者と共有すること。
○　個別の指導計画では、長期目標、短期目標、手立て、評価を記載し、通知表では、教科の視点から評価することとし、個別の指導計画と通知表の役割を分けること。

　校内で通知表の様式変更を検討しているタイミングでもあったため、併せて個別の指導計画の様式も大幅に変更し、教育課程編成や年間指導計画、学校生活支援シート、キャリア・パスポート、授業、通知表等と関連させるようにして、具体的な指導の場面を明記できるようにした。指導内容や支援方法、手立てが、系統的で一貫性のあるものになり、計画立案も含めて保護者や教員間で共有し、適宜調整することができるようになった。そして、個別の指導計画と通知表との役割が明確になり、キャリア・パスポートと連動させることで、本人と関係者とで目指す姿と目標が共有できるようになった。

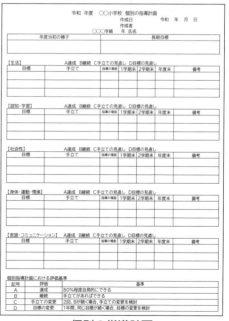

個別の指導計画

（4）「今ここにある悩み」に専門家が寄り添うことの重要性

　毎日・毎時間の指導にひたすら悩み続けている学級担任にしてみれば、特別支援教育の理念をベースにした学習指導要領への理解を深め、学級集団での多様な障害特性を理解し、的確な見立てを基に手立てを学級担任等全員で共有していくことなど、やるべきことは分かっているものの、いざ授業で実現していくことが難しいままだったりする。

　本校での連携ケースでは、概論的・一般論的な助言以前に、まずは担任一人一人の「今ここにある悩み」に寄り添いながら、担任に「それならできるかも」と思わせてくれる具体策を引き出しながら提案してくれるので、自分たちで工夫して一つ一つ改善を重ねることができている。学習環境の構造化や個別の指導計画の改善など、担任が納得しながら工夫を重ねて、その成果に手応えを感じていることも成果の一つではないかと思う。それができるのも、定期的・継続的な行動観察と、その都度行っている録画を見ながらのリフレクションを通して、担任の「今ここにある悩み」に寄り添ってくれているおかげである。ここで重要なのは、児童の実態に合わせてのカスタマイズを、担任が見よう見まねで取り組むのではなく、その考え方や捉え方に納得しながら、自分たちで作り上げていったことである。「同じ事象でも、どこに着目させるかが大切で、指導者の意識次第」との助言にもあるとおり、児童の行動や学習環境のどこに着目してどのように捉えるのかを理解し実践できるようになってきた。

　担任が一貫して助言を受けていたことは、児童の「できていないこと」ではなく、「できるようになったこと」「できそうなこと」に着目することだった。これは、通常の学級での指導でも重要な視点であり、全教職員に理解してほしいことでもあった。そこで、校内の特別支援教育研修会でも、「児童の見立てを指導に生かす個別の指導計画作成の実際」をテーマに講師を依頼した。また、中学校区の3校（小学校2校・中学校1校）の合同研修会でも、「子どもみんなが笑顔になる特別支援教育―子どもの困難さへの指導の意図を理解する―」をテーマに講師を依頼し、中学校区全体での特別支援教育への理解啓発を行った。連携している内容を特別支援学級だけに留めず、通常の学級に広げることは、特別支援学級の担任が、通常の学級の担任との演習を通して、これまでの実践を振り返り、その意義や必要性について改めて実感できる機会にもなる。

　※本事例は、筆者の前任校での実践である。

3　横浜市特別支援教育総合センター専門職による特別支援学級の支援

横浜市教育委員会事務局学校教育企画部特別支援教育相談課（横浜市特別支援教育総合センター）

指導主事　竹田 智之　理学療法士　東城 真由美

はじめに

　横浜市教育委員会では、横浜市立小中学校、義務教育学校に対する専門職（理学療法士・作業療法士・言語聴覚士）の介入支援を横浜市特別支援教育総合センターが中心となって担っている。本稿では、その概要および蓄積された支援のノウハウについて記載する。また理学療法士による具体的な支援実践事例についても紹介する。

（1）横浜市特別支援教育総合センターについて

　横浜市教育委員会事務局の一つの部署である「特別支援教育相談課」がセンターの業務を担っている。主な業務としては就学・教育相談、作業能力検査、特別支援教育に係る教職員研修、学校支援と研究を行っている。管理職の他、指導主事、事務職員、理学療法士等が配置されており、非正規職員として教育相談員（退職校長等）、作業療法士、言語聴覚士、心理判定員がいる。

　理学療法士は正規職員1名の配置となっており、就学相談等における運動機能評価、特別支援学校に対する定期的な計画研修（ケース研修）、学校支援等を担っている。作業療法士は非正規職員1名となっており、作業能力検査担当、市立特別支援学校に対する計画研修、学校支援を担っている。言語聴覚士は非正規職員2名となっており、就学相談等における言語検査、特別支援学校に対する計画研修、学校支援を担っている。

　就学・教育相談全体の件数は増加傾向が続いており、2020年度で4,800件以上の実施となっている。横浜市の就学相談の流れ、仕組みについては横浜市のホームページから就学説明会動画で確認ができるようになっているため、必要に応じて参考にされたい。

図1　横浜市における様々な学びの場
　　　（横浜市特別支援教育総合センターパンフレットより抜粋）

（2）横浜市における特別な学びの場について

　横浜市における特別な学びの場は、一般学級（通常の学級）における配慮、通級による指導、個別支援学級（特別支援学級）、特別支援学校等がある。このうち特別支援学校については知的障害、肢体不自由、病弱、視覚障害、聴覚障害全ての障害種について設置がされている。個別支援学級については自閉症・情緒障害個別支援学級、知的障害個別支援学級、弱視個別支援学級の３種類が設置されている。

　肢体不自由児については、知的発達の状況等も加味しつつ、一般学級、自閉症・情緒障害個別支援学級、知的障害個別支援学級、特別支援学校のいずれかに在籍し、個に応じた支援、指導が展開されているが、その実践に当たっては専門的な知見からのアドバイスが欠かせないものとなっている。

（3）小中学校に対する専門職派遣の概要について

　「専門職派遣による学校支援事業実施要綱」に基づき、特別支援教育相談課に所属する専門職を派遣することで、児童・生徒がより教育活動に参加することができるよう、学校を支援することを目的として位置づけて派遣を実施している。本事業で派遣する専門職は理学療法士、作業療法士、言語聴覚士である（なお、小中学校等が専門職派遣を検討するプロセスにおいて、特別支援学校センター的機能または通級指導教室支援センター機能の活用が可能な場合は、それらの優先活用を検討するよう促している）。

　派遣に向けた手続きについては、①専門職の派遣を希望する学校の学校長が特別支援教育相談課専門職派遣申請書を教育委員会に提出、②教育委員会が申請に対して派遣の可否を決定し、学校長に対して特別支援教育相談課専門職派遣決定通知書を送付する、という流れを取っている。実際は事前に専門職と学校長や担任教諭等が電話や直接のやり取りを行い、派遣に向けた下準備が進んだ上で申請が行われることも多く、申請から比較的短い期間で実際の派遣につながり、柔軟にニーズへの対応ができているケースも少なくない。

　派遣終了後、専門職は、派遣業務終了後すみやかに特別支援教育相談課専門職派遣業務報告書を作成し、支援内容等を報告することが求められている。また、派遣を申請した学校長も、専門職の派遣後すみやかに特別支援教育相談課専門職派遣報告書を提出しなければならないこととしている。派遣に向けた手続き、および報告に際して、手続きを明確にすることで支援の継続性に資する資料ができたり、申請内容の傾向やニーズ分析の根拠につなげたりすることができていると考える。

（4）支援の際のポイント ～実践事例からのノウハウの蓄積～

　教員にアドバイスをする際、理学療法士等も教員もそれぞれ専門家であるという意識をもてることが大切である。その意識が、「専門家同士の関係は、コンサルティ側の自発的な意思に基づいて始まる」という大切な部分を飛び越えない意識につながっていく。一方的な相談関係ではなく、双方向性の相談関係を築くことについて理解をしあうことが肝要である。

　実際のアドバイスに当たっては、活動の主体は児童生徒であり、支援の主体は教員であるという視点、その中で「自立活動」を支えていく、という視点がポイントとなる。学校における教科等に関する学びやそれぞれが目指す自立につなげていくための取組に対するアドバイスが、学校教育の中でより効果的に活かされやすいと言える。その上で、専門職だからこそ気づける点を付け加えていけるとよい。具体例で挙げれば、ライフステージにおいて、学校で過ごす期間で何を学び、何を経験できるかということを教員と共有するという点で専門性を発揮できると良いだろう。アドバイスに際しては、「自立活動は教育の場で行われる」「教員が立てる個別の指導計画に基づいて行われる」ということを、意識しておくことも大切である。

　小中学校等での特別支援教育において、専門家がその専門性を発揮できる部分として「予防的な視点」の共有も挙げられる。身体状況や校内環境を踏まえ、今後の状態変化を予測しながら、予防的な対応の必要性についてアドバイスをすることも、大切な役割となる。この場合、相談相手の教員のみへの伝達に留まらないように工夫すると、「現時点で対応している教員の頑張り」のみで終わらず、学校として継続的に取り組んでいける可能性が高まる。小中学校に関わる専門職として、こうした視点についても意識をし、学校と相談をしながら持続可能な支援の実践につなげていく。

　小中学校への支援においては、「出会いと関係づくり」をより大切にし、外部の批判者ではなく、「校内の実践を支援する」存在として受け入れてもらえるような自己紹介（自分は何ができる存在、専門職なのか）についても工夫や配慮が必要となる。どんな立場の人と会う場合でも出会いを大切にし、その人の校内での立場や支援実践における位置づけについて確認することも忘れてはいけない。小中学校においては背景にある考えが違ったり、実現可能ではない環境やタイムスケジュールであったりすることも少なくない。そうした状況においても、一緒に課題を解決していくのだという構えを大切にしたい。実際に支援に当たるのは小中学校の教員である。環境等も加味しつつ、取り組める提案であったかどうかについて、振り返りをする癖をつけておけるとよいだろう。

【実践事例】就学に向けて関係職種と協働し環境調整の提案をした事例

（１）理学療法士による実践

　近年、小・中学校に入学・進学する肢体不自由のある児童生徒は増加傾向にあるが、受け入れる学校施設がバリアフリーになっている所は少なく、児童生徒の入学に合わせて施設修繕を行うことがほとんどである。その多くは手すりの設置や車いす用トイレの整備で、立地条件や築年数などの条件でエレベーター工事が実施できない学校が多いことも現状である。エレベーターや多目的トイレが設置されている学校でも細かく校内動線を確認していくと、車いすでアプローチしきれない場所があったり、スロープは設置してあっても幅が狭く縁がないために車いすの自走では転落リスクが高かったりするなど、不備な点が見つかることが多い。また、進行性疾患のように身体機能が変化していく場合、改修のタイミングや内容を誤ると学校生活が困難になってしまう。

　単純に段差解消やエレベーターや手すりの設置をすればよいわけではなく、入学前に本人・保護者と共に実際に学校内を移動し確認することが大切である。確認するポイントとして以下の8項目を提案している。

　　①通学路→校門入口→昇降口

　　②昇降口→教室

　　③教室→トイレ（入口の広さ、トイレ内の移動、個室の広さ、手すりやペーパーホルダーの位置など）

　　④教室→体育館、音楽室などの特別教室までの動線

　　⑤昇降口→グラウンド、プールまでの動線

　　⑥手洗い場（水道の開け閉めができるか、蛇口に手が届くか）

　　⑦階段手すりの高さ

　　⑧各動線上にある排水溝のグレーチング（メッシュ状の蓋）に、車いすや歩行器のキャスターがはまらないか

　学校施設修繕では、校長からの依頼のもと現況調査は施設課のみで行い工事着工する場合がほとんどである。この数年、校長からの依頼のもと、建築局保全推進課や教育施設課の職員、方面別学校教育事務所の担当指導主事等を交えて現況調査を行い、対象児童生徒の身体機能や生活状況を聞き取り、今後起こりうる身体機能の変化とその際の対処方法などについて情報の共有を図りつつ施設修繕の計画を一緒に検討する機会が増えている。修繕にかけられる費用にも限界があり、大切なのは優先度・緊急度を考えつつ、対象児童生徒の自立を妨げないタイミングで修繕を進めていくことである。

（2）就学相談で保護者、学校に配布している冊子について

横浜市では、就学相談で肢体不自由のある子供の運動機能評価を担当する際、保護者との面談の中で「入学までに取り組んでおくとよいこと」「入学後、校内での生活で工夫できそうなポイント」等について簡単にまとめたハンドブックを作成し、配布している。具体的には、入学前までにADL面（トイレや手洗い）での現時点での取組を整理し、「一人でできること」「少しの手助けがあればできること」「手助けが必要なこと」等について、入学までに実際に家庭や通園先で取り組みながら確認し、小学校で必要な支援や環境を抽出していくことにつなげている。また、小学校の昇降口の段差やスペースの確認を促したり、水道やトイレの状況確認を促したりする記載も盛り込んでいる。他にも荷物を少しでも軽くして通学する考え方や、給食等における時間配分の考え方についても示している。なお、この冊子は就学予定先の小学校にも渡しており、それにより保護者との共通理解が図りやすい役割を果たしている。

令和3年度には、肢体不自由担当指導主事が中心となって「学びのサポートブック」も作成した。小中学校向けのものとなっているが、これまで冊子に記載していた内容に加えて、各疾患の基礎情報や、行事等で事前に確認しておくべきことや教室内環境整備の考え方等についても示しており、肢体不自由のある児童生徒の学びの安全と充実に資するものとなっている。

図2　就学相談時に配布している冊子の一部

図3　学びのサポートブックの一部

子どもの状態を共有するまで 時間が必要だった保護者への支援

秦野市こども家庭支援課　菊地 真由美

はじめに

　筆者は、外部専門家の立場で、市内に限らず、複数の保育園、こども園、小中学校や高等学校の巡回相談を行っている。ここでは、公立小学校の特別支援学級で本児に合わせた指導を積み重ねてきたものの、保護者と「本児の状態を共有すること」に苦慮し、外部専門家に助言を求めた事例を紹介する。

（1）事例の紹介

①　経過

　男子児童A（小学校6年生）。中等度の知的障害であるが、療育手帳は取得していない。入学時から特別支援学級を利用していたが、校内でパニックを起こすことが多く、低学年のときに受診し、ASD、ADHDの診断を受けた。現在も受診を継続しており、服薬中である。児童Aの知的能力や発達特性を考えると、保護者が願う「学年相応の学習の理解」は難しく、本児の能力に合わせた学習内容であっても、集中時間は短かった。他児に興味はあるが、コミュニケーションスキルが身についていないため、他児の文房具を取って逃げたり、大きな音を出したりすることもあった。担任が注意し、「やって欲しい行動」を具体的に伝えると、指示に従うこともあるが、暴れ出したり、教室を飛び出したりすることもあった。教室から出て行ってしまったときには、他の教員がAを刺激しないように後からついていき、Aが興味をもった物を一緒に見たり、タイミングを計って、教室に戻るように誘ってみたりする対応を続けてきた。

　特別支援学級の担任が学校での様子を報告すると、保護者は「ADHDなので、集中する時間は短いですが、自宅ではやるべきことはさせています。もっと厳しく指導してください」と担任の対応を批判することが多く、担任は「Aへの対応」とともに「保護者との情報共有」に苦慮していた。

　学校では、個別学習の際にはついたてを利用し、Aの能力と集中時間に合わせた課題と量を準備し、早く課題が終わったら、ついたての内側でAの好きな電車のおもちゃで静かに遊ぶなど、Aのペースとタイミングに合わせた指導を行った。そうすることで校内では

比較的落ち着いた時間を過ごすことができ、そのことを保護者に伝えた。ただ、他児と関わると、トラブルに発展し暴れることがあったので、教員の介入が必要であった。対人面の課題も保護者に報告していたが、保護者は「皆がAを馬鹿にした態度を取ることが原因」と捉えており、常に「勉強が遅れるので、せめて計算や漢字はやらせて欲しい」と願っていた。

　高学年になり、自宅で暴れる頻度が増えたため、保護者は主治医に相談をして、薬が増量された。暴れる頻度は少なくなったが、身体が大きくなり、腕力も強くなってきたため、自宅での対応に苦慮するようになった。このことがきっかけとなり、保護者は担任に相談を持ち掛けるようになった。担任は保護者からの申し出を「情報共有のチャンス」と捉え、外部専門家からの助言を受け、保護者から具体的な状況（エピソード）を聞き取りながらAへの対応を保護者に提案した。

② **エピソード**

　自宅で勉強をさせようとすると怒り出して、プリントをビリビリに破く。

③ **外部専門家の助言**

　1）「自宅でも学習習慣をつけることは大切」と伝え、保護者の「願い」を肯定すること。

　2）「自宅で実施している学習内容」が、「Aの現在の学習能力」に見合っているかどうかを確認するため、「過去の検査結果」や「今まで学校で実施してきた指導内容」を保護者と一緒に再確認しながら、家庭学習の課題内容を再設定すること。

　3）学校での学習の様子を踏まえて、自宅での問題量を調整すること（プリント1枚の問題数を少なくし、見通しを持たせる）。

　4）「Aが課題に集中できる時間」を保護者と共有すること。

　5）「Aがプリント（作業）に取り組めている事実」を学校でも自宅でも言葉にして褒めること。

　6）普段から「Aがやっている望ましい行動」を学校でも自宅でも言葉にしてこまめに褒めること。

④ **学校の対応とその後**

　担任が保護者に「自宅での状況」を確認すると、自宅では「小学校2年生程度の計算と漢字」を取り組ませていた。担任は「保護者が計算力や漢字を書く力を大切にしていること」に共感しつつ、学校では今は、「（数字の）点つなぎ」「図形の模写」「簡単な読み取り問題」等の課題で「学習の土台を作っている」と伝えた。また、Aは得意な課題であっても10分位で疲れてしまうので、長時間取り組ませて、疲れた状態を作るよりも、時間を決め、短時間で行い、「できた」という気持ちを育てた方が「やる気」が持続するのではないかと提案した。

当初、「こんなペースでは勉強が遅れるばかりです」「父親（配偶者）が一緒にやれば、渋々でもやるんです」と言っていた保護者だが、担任からの具体的なアドバイスを受け、自宅での実施を試みた。日によって、スムーズにできるときと、うまくいかないときはあったが、Aの能力に合わせた課題であれば、父親（配偶者）でなくても10分程度、文句を言いながら取り組む様子が見られるようになった。

Aの自宅での行動変容と並行して、保護者は「自宅では積極的に手伝いをしてくれること」を担任に語るようになった。それまでは、「二度手間になること」や「勉強の方が大切」と思い、手伝いをさせていなかったと保護者は言う。調理補助や掃除や洗濯などAが興味をもったことを教え、二度手間でも、手伝ってくれたことを言葉にして感謝した。学校が提案したことに保護者は取り組んでいた。

Aの対人面の課題に大きな変化はないが、保護者への報告の際、以前は「相手がAを馬鹿にするから」と被害的に受け止めていたトラブルを「（Aの行動は）大丈夫でしょうか」と、A自身の課題として受け止められるようになってきた。担任は保護者に、校内で実施している支援を伝えた。興奮しているときは、場所を変え（その場から離れ）、落ち着くまで待っていること（クールダウン）。Aには起こった事実を伝えるだけでなく、Aのそのときの気持ちを言葉にしてから、行動を確認していること（「○○って思ったから、△△したんだね」）。Aの行動が適切でなかった場合、「望ましい行動」を具体的に教え、相手に被害を与えた場合、「謝罪」や「弁償（償い）」を担任と一緒にやっていること。そして、自宅でAからトラブルのエピソードが語られたときに、学校と同じようにAの気持ちを言葉にし、そのときにとった行動とつなげ、「望ましい行動」を教えていくことを保護者に提案した。

（2）学校と外部専門家が連携するための留意点

① 学校を支援するための外部専門家としての留意点

・対象児童の行動変容に時間がかかり、学校が期待している望ましい結果が出ていないとしても、実施している工夫や配慮を具体的に確認して、「小さい変化」を見つけ出しながら、対象児童のスキル獲得のために「継続することが大切であること」を繰り返し伝える。

・学校とともに、医療受診状況や服薬状況（生物学的要因）、家庭と家庭を取り巻く状況（心理・社会学的要因）を確認し、現在の対象児童の状態とどのように関係しているか、考えられることを伝える。

・「対象児童の行動」に対する「周囲の対応」「その対応」に対する「対象児童の反応」を丁寧に聴き取り、対象児童の「行動の目的や意図」を一緒に考え、「望ましい行動

へ変えていくための対応」を提案をする（応用行動分析的視点）。

・対象児童の他児への言動を通して、対人関係様式を推察し、被害的になりやすかったり、幼かったりする場合は、担任だけでなく、チームで対応する体制をつくる必要があることを提案する（情緒発達の視点とチーム対応）。

②　保護者を支援する学校への提案

・学校が保護者に「対象児童のためのよりよい支援の道筋」を提案することは大切であると伝えつつ、「保護者の視点」も提案する。つまり、特別支援学級に在籍しているからといって、保護者が障害受容をしているとは限らず、障害受容は時間をかけて肯定と否定を繰り返しながら進んでいくものであること。時間をかける必要がある保護者は、「対象児童を支援する側」ではなく、「保護者自身が支援を受ける側」にいるという視点をもつ必要があること。「起こっている事実」や「正しい情報」を提供するだけでなく、保護者が「努力してきたこと」を、「その目的や意図」を含めて言葉にしていくことが大切である。

・親族の中の保護者の位置づけ（配偶者との関係や親族の中でのパワーバランス）を把握し、学校が「窓口になっている保護者」の味方になる必要があるだろう。その際、保護者へのエンパワーメントが優先されるかもしれないし、配偶者をキーパーソンにした方がよい場合もある。いずれにしても、保護者がその周囲から理解され、支援されているかどうかを把握しておくことは、子どもを支援する上で大切である。

③　子どもを支援する学校への提案

・学校がすでに実施している次のこと、ア）能力や特性に合わせた課題設定をすること、イ）見て分かる形にすること（ルールの明確化）、ウ）繰り返し教えること、エ）対象児童が既にできていることを褒め、新しいことにもチャレンジできるように安心できる言葉かけをすることに加え、オ）「援助要請行動」を育てていくための配慮として、「嫌だ、難しい」と言葉にできることを大切なこととして認め、「対象児童の訴え」と「担任の願い」との「落としどころ」を見つけていく必要があるだろう。

（3）最後に

　外部専門家の利点は、対象児童や児童を取り巻く環境から距離を置き、それぞれの立場を分けて眺めることができることだと思っている。なかには、願いが強すぎて、支援の機能がうまく働いていない場合もあるだろう。当事者同士であれば当然起こることである。外部専門家は、具体的な情報が当事者よりも少ないので、情報に縛られず、考えられる背景や視点を複数提案することができる。当事者である学校は、対象児童、家族に当てはまりそうな提案を選び取って実施し、うまくいけば採用し、うまくいかなけれ

ば、新たな違った視点を取り入れればよいのではないかと思う。こうして、外部専門家をうまく利用しながら、学校が多様化する児童、家族を支援するツール（手立て）を増やしていけたらよいと思っている。

【参考文献】

大河原美以（2004）怒りをコントロールできない子の理解と援助－教師と親のかかわり．金子書房．
Shizu（2013）平岩幹男監修，発達障害の子どもを伸ばす魔法の言葉かけ．講談社．
中田洋二（2009）発達障害と家族支援－家族にとっての障害とはなにか．学研．
米澤好史（2015）「愛情の器」モデルに基づく愛着修復プログラム．福村出版．

5　学校・家庭と連携し、保育所等訪問支援を活用して行った学習支援

うめだ・あけぼの学園副園長／作業療法士　酒井 康年

（1）お子さんの紹介

　知的障害特別支援学級に通う小学校2年生のダウン症の女の子。不器用で、文字を書いたり、はさみを使用することへの苦手意識が強く、学習意欲を持ちにくいことが相談内容であった。

（2）実施したこと

　作業療法士である筆者に相談があり、その他の相談内容も加味して、保育所等訪問支援を活用して支援提供することとなった。

　筆者が学校を訪問した上で、休み時間や放課後の時間を使い、手指の操作性や筆記の様子、はさみ操作の様子をアセスメントした。その結果を踏まえて、学校と家庭で使用する筆記用具の選定、プリントの工夫、実施量、練習用教材等の提案を行った。

　アセスメントには担任の先生、保護者も同席し、提案内容について学校で実施可能かどうか、誰が用意するのかの確認を行いつつ話し合いを進めた。結果として、学校と家庭で使用する物が統一され、その意図も共有できていたことにより、密な連携をもって支援を進めることができた。

　統一された取組が、計画通りに行えているのかについて、授業場面の観察も行いながら経過を確認し、支援を進めた。月に2回の訪問支援を行い、3カ月で一定の成果を得ることができた。

（3）支援の成果

　効率良く統一した取組が実現したこともあり、書字スキル、ハサミのスキルの向上を明確に確認することができた。何よりも本人の学習意欲が高まり、家庭では自ら宿題に取り組む様子も見られるようになった。実際のスキルの変化、学習上の変化、学習意欲の変化を、担任の先生や保護者と共有しながら進めることができた。

（4）この事例から学べること

　作業療法士が個別に対応し、保護者に種々の提案を行うことはよくあることである。しかし、今回その内容を学校の先生と保護者と三者で同時に共有することができたことは、とても大きな意味があった。

　アセスメントの場面を三者で共有することで実際の様子を共有し、その姿の背景要因も共有できた。結果として、実態とその背景、そして支援の方向性と具体的な支援内容といった、お子さんに関することの全てを共有して支援を展開できた。具体的教材も共有できたことで、学習内容の統一、その意図も統一して進めることができた。途中、レベルアップのための提案も迅速に共有でき、子どもの成長に対応することが可能であった。【関係者で情報を共有する】という基本的なことではあるが、やはりとても重要かつ効果的であることをあらためて確認することができた。

　保育所等訪問支援という制度は、支援者が現場を訪問することができるので、上記のような共有を進める上で、とても有益な制度であることも再確認できた。

　支援を展開する上で留意したことは、学校の授業の邪魔にならないことである。作業療法士であっても、先生にかわって授業を行うことはできないので、アセスメントする時間をどこにするのか、校長先生を含めて相談の上で計画・実行をした。

6 特別支援学級（自閉症・情緒障害）における支援
～保育所等訪問支援事業の活用～

独立行政法人国立重度知的障害者総合施設のぞみの園
地域支援部発達支援課課長補佐　星野 亜希子

はじめに

　保育所等訪問支援とは平成24年に創設された児童福祉サービスである。児童発達支援事業所や放課後等デイサービスの専門職員が保育園や幼稚園、学校などの普段生活をする集団場面に出向き、障害児通所施設等の見立て（アセスメント）に基づくその子どもに合ったオーダーメイドの専門的支援を、保育所や幼稚園、学校等に伝えていく事業である。

　このサービスは保護者からの申請に基づいて行われるものであり、保育所等訪問支援を行う事業所は、家族に対してサービスの趣旨説明を行った上で、保育所や学校との連携方法について個別支援計画を作成する。この過程を通して、保護者のニーズが整理され、保育所や幼稚園、学校等との信頼関係を高める関係づくりができる場合もある。

（1）事例の紹介

① Aさんの実態

　Aさん。小学2年生。自閉スペクトラム症、ADHD。知的能力は正常域。感覚過敏（聴覚）があり、疲れやすい。

② 支援の経過

　幼稚園のときから個別の配慮を受けながら生活していたため、保護者は学校での配慮事項として「教室内に落ち着ける場所を作ってもらいたい」「見通しがもてるように時間割よりも細かい具体的なスケジュールを提示してもらいたい」と就学前に伝えていた。

　小学校入学後、最初は「いい子」で過ごすことが多く、担任からは「特に問題のない児童」という評価を受け、事前に伝えていた配慮事項も「なくても大丈夫」と言われた。1年生の2学期頃より教室内で落ち着きのない行動や止まらないおしゃべりが目立つようになり、3学期には登校渋りが見られるようになったため、保育所等訪問支援を開始した。

③ 教室の環境

　特別支援学級には4人在籍。教室内には黒板の前に横一列に机が配置され、教室後方

に大きな長机があり、主に図工や実験など具体的操作が必要な単元で使用していた。教室内のロッカーには生徒の荷物のほかに学級文庫や玩具、教材や文具が雑然と置かれていた（図1）。

（2）Aさんの様子

　授業中、課題に集中できるのは5分程度。すぐに離席しては他の生徒の様子を見に行ったり、ふらふらしながら目に入った本やおもちゃで遊んでいた。担任に着席を促されてもまるで聞こえていないかのように振る舞い、担任が強めに指示するとしぶしぶ席に戻るといったパターンを繰り返してきた。また、おしゃべりが止まらず、独り言のように話し続けたり、椅子をガタガタさせて音を立て、先生や他の児童から「うるさい」と注意を受けることもしばしば見られた。放送の音やにぎやかな場所では耳ふさぎをして「怖い」と訴えていた。

（3）アセスメント〜Aさんの特性についての整理〜

・コミュニケーションについては、表出言語としては難しい言葉を使い多語文でペラペラと話しているように見えるが、許可を求めることや困ったことを伝えること、援助要求などができていない。また、受容言語としては複数指示になると理解できなかったり、長い文章の指示は前後の文脈とは関係なく、一部のみを聞いて行動するため間違った行動になることもある。

・対人関係は一方的になりがちで、相手の状況と関係なく関わってしまう。また、友達から「されたこと」は印象に残るが、自分が「したこと」は振り返ることができないため、被害的になりやすい。他者の言動が気になり、集中を阻害されることも多い。

・係りの仕事や掃除など、あらかじめ決められた役割はしっかりと行うことができる。基本的にはまじめなタイプ。

・感覚の特異性があり、にぎやかな場所や特定の音（放送の音、運動会のピストルなど）が苦手。姿勢を保つことができず、姿勢は崩れがち。疲れやすく、疲れるとテンションが上がり、ソワソワ落ち着かない様子が増す。

・見通しがもてず集中が短いため、通常の1時間の授業をこなすことは難しい。

（4）支援の提案

①　授業構成の工夫

　1時間の授業を小分けにして【①先生と学習→②休憩→③一人で学習→④休憩】など具体的に提示して、見通しもって学習ができるようにする。

②　課題の工夫

課題は始まりと終わりが明確であること、あらかじめ提示された学習ができたら、そこで終わりにすること（調子が良いからと無計画に課題を増やさない）、特に自立課題は達成感を重視すること。

③　教室の空間の工夫（図2）

活動エリアを分け、切り替えを明確にすること。余計な刺激が入らないようにパーティションなどで環境を配慮すること。カームダウンスペース（気持ちを落ち着かせる場所）を作ること。棚には目隠しの布をかぶせ、必要なとき以外は見えないようにして、おもちゃについては種類ごとに分け、片付けがしやすいように整理をすること。

④　コミュニケーションの工夫

指示はなるべく見えるようにして誤解を少なくし、忘れてしまっても見て思い出せるようにする。援助要求や気持ちを表現しようとしたときは丁寧に聞き、「伝えてよかった」体験を積んでくこと。

⑤　感覚面への配慮

苦手な音に関しては極力避けられるように配慮し、難しいときには我慢せず、その場から離れてもよいことを保障すること。落ち着きのない行動は疲れの表れとして捉え、休憩を促すこと。

（5）保育所等訪問支援の効果

・月1回の訪問支援を行いながら、支援の方法などについて先生と話し合い、工夫を重ねた。その過程でAさんの特性理解を深めることができた。

・Aさんは徐々に行動の改善が見られ、授業中のおしゃべりは軽減した。集中時間はその日によって波がありながらも、見通しをもてるようになったこと、課題の量が分かりやすくなったことで、「ここまで頑張る」と自分から取り組む姿勢が増えた。また、自分から「休憩する」と先生に伝え、カームダウンスペースを活用するようになった。登校渋りも見られなくなった。

・担任教諭からは「Aさんが何に困っていて、どこまでできる児童なのか分からず、わざとふざけているのではないか、担任を困らせようとしているのではないかと思い、正直、Aさんに対してイライラすることも多かった。保育所等訪問支援を利用したことでAさんの特性を理解することができ、実際の支援の工夫について一緒に考えてもらえることで心強かった。また、環境やスケジュール、課題の工夫は担任にとっても分かりやすく、Aさんとの関係が良好になった」との話があった。

・保護者は当初は学校への不信感が強く、Aさんの落ち着かない様子を見ては「学校の

せいだ」と話していたが、保育所等訪問支援を通して、担任教員をはじめとした学校側の対応やAさんの行動の変化を知ることができ、信頼が回復できた。

（6）学校と専門家が連携するための留意点

　自閉症のある児童の支援において構造化などのアイデアを取り入れることは非常に有効であるが、教育分野での実践は各教員に任せられ困難であることが多い。今回の事例では教育と福祉の垣根をこえ、連携を深めることで、互いの知識や経験を合わせることができたことが有効であったと考える。

＜初回訪問時の教室：図1＞

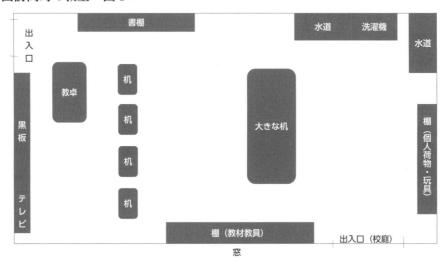

＜半年後の教室：図2＞

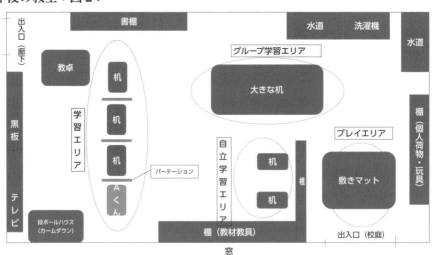

東京都調布市立飛田給小学校主任教諭　後藤 欣子

第3節　通級による指導

1　通級による指導における専門家からの支援

はじめに

　東京都調布市では、特別支援学級・通級指導教室担当教員の適切なアセスメントや指導内容の向上を図ることを目的とし、各通級指導教室で専門家による助言を受ける機会が設けられている。このため、本校でも、指導の見通しが立ちにくい事例や、指導効果が思うように上がらない事例等に対し、心理士、視能訓練士、作業療法士、言語聴覚士等の専門家による具体的な助言を基に、ケース会議をもち、指導の内容や方法の検討を行っている。本校では、令和3年度は7回実施した。その中から、4つの事例を紹介する。

【事例1】視能訓練士による検査の実施とその結果に基づいた助言①

　小学校4年生女子。話を集中して聞くことができず、絶えず身体のどこかが動いていたり手いたずらをしたりしている。文字の形がとれず、漢字を正確に覚えることができない。ノートの取り方や作業が雑に感じられる。体育が苦手で、身体をしなやかに動かすことができない。通級指導開始から1年を経て、指導内容について再検討を行うため、視能訓練士による視覚認知発達検査を行い、その結果を基に助言を受けた。まず、検査時の様子について詳細な説明を受けた。

①　注意集中・衝動性について

　最後まで課題をこなすことができたが、途中意識がそれることがあった。開始15分ほどで、椅子をガタガタさせたり、机をタップしたりした。

②　運筆・姿勢保持について

　時間が長くなると、姿勢保持は困難。鉛筆は特徴的な持ち方だったので、力の入れ方に注意が必要である。

③　指示理解について

検査態度は良好であった。指示を理解し、何をしなければならないか判断することができた。集中が途切れると、新しい情報が入りにくくなり、課題遂行までに多くの時間を要した。

検査結果から、形の恒常性が見えていないことや、図と地の分化の弱さを指摘され、在籍学級担任の算数の図形の学習が極めて苦手であるという話とつながった。指導に適した教材（形探し、隠し絵）を紹介してもらい、個別指導に取り入れた。また、お手玉キャッチをして眼と手の協応の力を高めたり、文字を書いた風船を手でつきながら、その文字を読むことで追視の力を高めたりした。保護者にも、視覚発達支援の教材を紹介したところ、ワークを購入し家庭でも継続して取り組むことができた。

通級指導教室と家庭の両方で、本児の苦手な面を共有した取組を行うことにより、児童の集中力が高まり短時間で課題を終えることができるようになった。児童自身の自信につながり指導終了とした。

児童氏名 (イニシャル)	○・○		
学　年	○年		
生年月日	H○年○月○日		
入　級	R○年1学期　通級指導開始		

WISC 検査日：R○年○月 CA ○：○ (検査をとったときの年齢 ○歳○か月)	全検査	○○	※ 新版K式発達検査 2001 検査日：H○年○月○日　CA ○：○ DQ ○○ 姿勢・運動・・・○○ 認知・適応・・・○○ 言語・社会・・・○○
	言語理解	○○	
	知覚推理	○○	
	ワーキングメモリー	○○	
	処理速度	○○	

児童の特徴	・H○年○月～就学まで、○○市発達センターにて、言語心理、作業療法を受ける ・医療機関にはつながっていない。 ・記憶することが得意(何年前の〜は、○日の○曜日)、興味関心の高い電車に関することは、より鮮明に記憶している。 ・急な予定の変更、時間に遅れる、など不安が強い状況でパニックになることもある。 ・手指を使う作業が苦手 ・発音が難しい音がある。(「す」「つ」など)
主　訴	・こだわりが強く、融通がきかないため、状況に応じて自分の感情や行動を調整して行動することが苦手である。 ・相手の気持ちを考えたり、自分の気持ちを相手に分かるように伝えたりすることが苦手であり、コミュニケーションがうまくとれない。 ・身体の動かし方がぎこちなく、手先も不器用で、書字に苦手さがみられる。
困っていること 改善したいこと 課題	〈学級〉 ・初めての活動や得意でない学習などで、分からないことを周りに発信することが難しく、パニックになることがある。 ・他者の心情や周りの状況の理解が難しい、かかわりが一方的になりがち。 ・言葉が一本調子になってしまうことで、場合によっては相手に誤解されやすい。 〈家庭〉 ・周りのことに注意が急れて、やるべきことになかなか取り組むことができない。 ・初めてのことやできないことについては、家でもパニックになることが多い、対処法に関しても試行錯誤の状況である。 ・発音が不明瞭な音があり、そのことを友達からバカにされ（たと思っている）本人も気にしている。 ・物の整理整頓が苦手、また、学校に水筒や健康観察カード、宿題のプリントなどを忘れてくることが多い。 〈通級〉 ・自分の気持ちや要求を人に伝えられるようにする。集団の中で場面に合わせた適切な行動の仕方を考え実践していく力を付けていく。 ・体験的な活動を通して、他者の意図や感情に気付き、状況に応じた対処法を考えることができるようにする。 ・身体全体をバランスよく動かしたり調整したり、眼と手を協応させたりする力を高める。

＊専門家から助言を受ける際に使用するプロフィール表

担当者が、このようにまとめることで、専門家に相談したいことを要点化するとともに、自己の指導についても振り返ることができる。

【事例2】視能訓練士による検査の実施とその結果に基づいた助言②

小学校2年生男子。注目がそれやすく、話を集中して聞くことが苦手である。登校時、朝のしたくがスムーズにできない。玄関にメモを貼っていても、忘れ物をしてしまう。音読は、読む場所が分からなくなる。漢字は正しく形をとることができない。他者の心

情や状況の理解が難しいことから、相手に嫌なことをされたと思い込み、その思い込みを切り替えられない。模倣して身体を動かすことが苦手で、手先も不器用である。通級指導開始から1年数か月を経て、指導内容を再検討するため、視能訓練士による視覚認知発達検査を行い、その結果を基に助言を受けた。

①指示が入らないことはあったが、自閉症の傾向は感じられなかった。「今、関係ないからこっちやろうか」という言葉がけで戻ることができた。

②視覚の記憶や眼球運動は悪くはないが、書くことがかなり遅い。丁寧にやろうとしても形が捉えきれない。模写はやや難しい傾向にある。斜めに目を動かすことが弱い。書字障害の場合、読むことにも障害があることが多く、読めないことは書けないことにつながり、漢字の音訓も使えないことになってしまう。書字障害が考えられるので、ストロー検査を行うとよい。

③書くときに、左手で押さえきれていない。眼と手の協応ができていない。

以上の点をふまえ、次のような助言を受けた。

・斜め傾き具合の知覚認知について、やさしい点つなぎ、数字や記号にチェックを入れる等のワークを継続するとよい。オセロ、ジオボード、あみだくじ、迷路等も眼の運動としてよい。本人の主張はさらっとかわすとよい。

・通級指導教室でソーシャルスキルを指導する必要がある。さらに医療や療育とつながることや学習支援を考えていくことが望ましい。また、家庭でも認知に関わるワークを継続して行ってもらうとよい。

　助言された内容は、保護者にも伝え、通級指導教室から課題として迷路や点つなぎのワークプリントを渡した。通級指導と合わせ、毎日の家庭での取組により、成果を上げた。負担感が強かった書くことが改善の方向に向かったことにより、積極的に自分の気持ちを言葉で表出するようになった。

【事例3】作業療法士による行動観察（指導場面の動画）に基づいた助言

　4年生男子。落ち着きがなく注意集中に困難さがある。話を聞くのが苦手で聞き返しや質問が多い。吃音があるが臆せず発言する。その際、単語だけで言うことが多い。読書は好きで没頭する。文字を書いたり、何かを作ったりするのは雑であり、運動も苦手である。友達とかかわるより、教員と接することを好む。通級指導開始から半年経過した時点で、作業療法士より助言を得ることにした。

　通級指導に至るまでの経緯や学校・家庭での様子、本人の苦手感を説明した後、通級指導で運動を行っている様子の動画を本校の他の通級指導担当教員も一緒に見ながら、ケース会議として行った。本児の状態について、行動の抑制が効きにくい可能性、姿勢

を保つこと、運動を切り替えることの難しさ、聴覚・視覚の面での苦手さ、両手動作での運動コントロールの難しさ等が原因になっている可能性があると指摘された。さらに、支援の方法について、具体的な助言を受けた。

①姿勢をコントロールする筋肉を動かしやすくする活動、脳の抑制機能の発達を促す

　活動…お手伝い活動、運動遊び、習い事など

②両手動作を高める活動

　段階１…身体の左右を協調させる活動

　段階２…身体の左右を交互に使う活動

　段階３…左右の手で固定と運動の役割を分担する活動

③気持ちのコントロールがしやすくなる支援

④朝の読書（過集中）に代わる過ごし方について

　手首を支える力が弱いとの指摘から、通級指導では、綱引きや押し相撲、指先を使うメニューでサーキットトレーニングを行った。家庭でも、腹筋や背筋の運動や綱引き、タオルを使ったバランスをとる運動等を課題として行ってもらった。また、積極的にお手伝いができるようポイントシールにも取り組んだ。その結果、苦手だったお手玉やキャッチボールなど、本児が実感するくらい上手になった。楽しく身体を動かすことを通して、運動への苦手感が和らぎ、友達とかかわる場面も増え、読書への過集中の軽減にもつながった。また、家庭とも課題を共有したことにより、保護者の本児に対する理解が深まり、気持ちにゆとりが生まれ、硬直していた親子関係が改善した。本児の課題改善とともに、保護者が本児の支援について見通しをもつことができ、指導終了となった。

作業療法士による実技を交えた助言

【事例４】言語聴覚士による行動観察（指導場面の動画）に基づいた助言

　小学校２年生男子。相手の気持ちを考えたり、自分の気持ちを相手に分かるように伝えたりすることが苦手である。こだわりが強く、状況に応じた感情や行動の調整が難しい。手先も不器用で、書字に困難さが見受けられる。正確に発音することが難しい音があり、「頑張っているけどできない」と、本児も気にするようになったことから、言語聴覚士から助言を得ることにした。

　本児が実際にどのように単語を発音しているか、通級指導教室で事前に確認しその様子を録画した。本児の発音は、以下のようなものであった。

　きつね⇒きちゅね、ねずみ⇒ねじゅみ、ライオン⇒だいおん、

　れんこん⇒でんこん、ブルドーザー⇒ブルドージャー、ぜんぶ⇒じぇんぶ

　この動画を本校の他の通級指導担当教員も一緒に見ながら、教員の研修として助言を受けた。言語聴覚士からは、ラ行と『つ』が苦手であると考えられること、音に関して指摘されるのは嫌だけど、自分自身が自分の音が聞けていない可能性があることの2点を指摘された。指導の方法として以下の助言を受けた。

① 　舌の動きをまず円滑にしたい。1～2分を毎日行うことが望ましい。

　苦手な音ではなく、出すことができている音で練習すること、うまくいかなくても、今練習中だから気にしなくてよいことを伝えるのがポイント。

＜練習方法の例＞

　・まず、できている音で練習する。

　・舌先の動きを高める運動をする。→ 歯の裏をぐるりとなめる。

　　頬の内側からあめ玉が入っているように動かす。上唇をなめる。

　・唇をすぼめる運動をする。

　・「ぶくぶくうがい」「がらがらうがい」をする。

② 　大人が発音するのを聞き分けて、正しい方に○をつける課題をやるとよい。

　通級指導では、他の課題に対する指導も行うため、発音に関しては短時間の練習にとどめた。家庭でも練習を重ね、3か月後には、不明瞭だった言葉の発音の多くが改善された。

オンラインを活用した事例検討会

まとめ

　専門家の助言を受けたことにより、通級指導担当者の見立てについて見直しを図ることができ、指導の意図を明確にもち、課題に迫る指導を行うことができた。さらに、専門家からの助言として保護者に説明し、通級による指導と家庭両方で課題に対する取組を行うことができ、指導効果を一層高めることにつながった。関係諸機関との連携を深め、幅広く専門家の助言を得たことは、質の高い指導を行うために必要不可欠であると考える。

江東区立豊洲北小学校主幹教諭　巡回指導教員　世良　泉

（1）特別支援教室と巡回相談心理士との連携

① 巡回相談心理士とは

　スクールカウンセラーとは違った側面から、心理的なサポートを行う巡回相談心理士は、通級指導教室（特別支援教室）の教員（巡回指導教員）にとって、とても力強いスーパーバイザーである。

　平成28年度から東京都の小学校全校に特別支援教室を順次導入（中学校は令和3年度に全校に導入）することに伴い、特別支援教室を設置する都内公立小学校・中学校において、発達障害の児童生徒等特別な指導・支援を必要とする全ての児童生徒について、児童生徒が抱える学習面・生活面の困難に対応した専門的な指導・支援を実施するための助言を行うことを目的として、巡回相談心理士による巡回相談が始まった。巡回相談心理士の資格要件は、公認心理師、臨床発達心理士、特別支援教育士、学校心理士のいずれかの資格を有していることである。

　公立小・中学校における巡回相談の内容は、以下のとおりである。

①発達障害の可能性のある児童生徒の障害の状態の把握を行い、特別な指導・支援の必要性について、当該校の教員などに対し助言する。

②児童生徒の指導・支援に関する校内支援委員会における検討資料の作成に関して、当該校の教員等に対し助言をする。

③児童生徒の指導・支援について、保護者と在籍学級担任等との面談に立ち会い、専門的な見地から助言する。

④在籍学級担任等が保護者に対して支援の開始等について説明する際に、必要に応じて専門的な見地から意見を述べる。

⑤特別支援教室での指導を開始する児童生徒の個別の指導計画等の作成に当たって、巡回指導教員や在籍学級担任等に対し助言する。

⑥特別支援教室や在籍学級での児童生徒の状況を観察し、巡回指導教員や在籍学級担任等に必要な助言をする。

⑦児童生徒の抱える困難さの改善状況を把握し、校内支援委員会への報告及び当該児

童生徒の特別支援教室での指導終了に関して助言する。

⑧指導の対象となる児童生徒の有無にかかわらず、各学級の授業を観察し、特別な支援が必要な児童生徒等の指導に関して、在籍学級担任等に対し必要な助言や支援を行う。

⑨（中学校）対象生徒の自己理解・自己受容を促し、将来の自己イメージを持たせる観点から、巡回指導教員や在籍学級担任、教科担任等に対して指導に係る必要な助言や支援を行う。

（一般社団法人東京都特別支援教育心理研究センターホームページ「特別支援教室巡回相談心理士について」より）。

　1 校に対して 1 人の巡回相談心理士が派遣され、年間 40 時間配当されている。この時間の中で児童生徒の行動観察、校内支援委員会への出席、学級担任等への助言等の時間を特別支援教育コーディネーターが中心となり、学校組織として計画・実施している。

　巡回相談心理士は、心理士等の資格を有するだけでなく、学校の中での児童生徒の実態を発達の視点で的確に捉え、アセスメント、具体的な支援方法、適切な合理的配慮の提案、フィードバック（助言）、連携を支えるコンサルテーションを行える等の経験に基づく能力が必要とされている。

②　特別支援教室（巡回指導教員）との連携

　巡回指導教員は、拠点校（巡回指導教員が在籍する学校）から巡回校（取り出しによる特別な指導が必要な児童生徒が在籍する学校）へ週 1 〜 2 回決まった日時に出かけて行き、特別支援教室で取り出しによる個別学習と小集団学習を行っている。巡回相談心理士は月に 1 回程度の来校なので、計画的でないと顔を合わせることが難しい。その学校の特別支援教育コーディネーターや特別支援教室専門員*に取り次いでもらいながら、連携しているのが現状である。

　特別支援教室では、在籍学級担任・保護者と作成する連携型の個別指導計画に沿った日々の指導・支援が、児童生徒との中心的な関わりとなっている。そのため、当該児童生徒のこれまでの育ちと将来を見通した縦断的な見方や、放課後の習い事や地域との関わり等の学校以外の場所でのつながりを把握した横断的な見方に立った上で、関わりを丁寧に行うことは難しいと感じることがある。拠点校や巡回校の求めに応じて児童生徒の実態把握を行う際にも、経験豊富な巡回相談心理士の視点や助言は大変有効である。他にも本区では、児童生徒の特別支援教室の入級・退級に関わる書類に、巡回相談心理士の所見は必須項目となっている。

（2）巡回相談心理士との連携の事例

　特別支援教室が導入されてからの３年間、実際に巡回相談心理士と特別支援教室が連携し、巡回指導教員が助言・支援を受けた事例について報告する。

①　拠点校Ａでの事例

　拠点校（巡回指導教員が在籍し、学校運営に関わる所属校）では、小学校で管理職の経験がある巡回相談心理士が３年間連続で配属されている。児童観察、校内支援委員会出席の他、中学校での巡回相談も行っていることもあり、巡回指導教員だけでなく積極的に保護者や在籍学級担任にも助言してもらっている。特別支援教室に通室している児童生徒は、発達障害かその疑いのため環境整備も大変重要になってくる。在籍学級での座席の位置や掲示物が貼られている場所等の教室環境や、教員の授業展開や指導法等の学習環境等について、通常の学級のことを熟知しているからこその助言は、教育的観点からしても的確である。それゆえに、在籍学級担任は授業や学習指導の仕方そのものを指摘されるということを重く受け止めてしまうという難点もある。ベテラン教員、経験年数の浅い教員というように、相手によって伝え方を変えてもらうようにお願いしている。また、毎回好評なのは、保護者会での講話である。年２回の保護者会のうち、後期に行われる巡回校・拠点校合同の保護者会の中で、保護者が気になっていることや困っていることについて意見交換をしている。その際に、テーマになるような話題について予め集約したアンケート調査を基に、巡回相談心理士が講話を行っている。子育て、進学、学習について等、ワンポイントが保護者と巡回指導教員にとって毎回参考になっている。

②　巡回校Ｂでの事例

　巡回校（巡回指導教員が当該児童生徒の指導のため、週に１～２日、２～８時間程度の指導を兼務する学校）Ｂでは、巡回相談心理士が毎年度替わっている。今年度の巡回相談心理士は、福祉分野での永年の勤務を経て３年前から現在の学校教育に関わる心理士として配属されたそうだ。この学校の他に東京都の島の小中学校にも巡回しており、島独特の文化の中での巡回相談を行っていると伺った。巡回指導教員とは今のところ直接的な連携や助言をいただくことには至っていないが、これまでの福祉分野での経験から、他職種連携の重要性について今後のテーマとして共通理解を図った。特別支援教室に通う児童生徒は、個別の教育支援計画（学校生活支援シート）の作成が必須となっている。保育所・幼稚園等から作成され（就学支援ファイル）、小学校、中学校、高校、大学とこのシートをつないで活用することで、そのとき必要な支援を円滑に受けられるようにするための大事な計画書である。このシートでは、当該児童生徒に関わる医師や放課後等デイサービス、習い事、児童相談所、児童福祉施設等の他職種連携について記

載する欄が設けてあり、その必要性は明らかである。教育現場にいる巡回指導教員の立場としては、福祉分野での経験をもつ巡回相談心理士には、学校外での支援資源の活用について多くの助言をいただきたい。

③　巡回校Cでの事例

　巡回校C（巡回校Bに同じく兼務校）の巡回相談心理士は、移行措置の期間も含め同校に4年間勤務している。現在は、巡回相談心理士の他にスクールカウンセラーも兼務しており、前職は教員だったそうだ。学校教育の中での児童生徒の困りについて様々な側面からのアプローチを行っている巡回相談心理士である。年に1回程度だが対面での情報交換の時間を設け、当該児童の支援と指導について助言を受けた。当該児童の実態を発達の視点で捉え、必要な支援について具体的に示してくれてとても分かりやすい。今年度は対面ではなく電話にて、入級時に作成した連携型の個別の指導計画の見直し方法と時期についての助言をいただいた。当該児童の主訴に関して、在籍学級担任と保護者・本人と連携して個別の指導計画を立てている。指導が開始されてから当初の計画と現状の指導目標・内容とのずれが生じてくることはありがちだが、よくよく見直しながら指導内容と目標と支援がずれないように進めていくことが重要であると、助言があった。最近、東京都は特別支援教室での指導期間は1年間と方針を定め、より一層の明確な目標設定と必要十分で適切な指導が求められている。この観点からも連携型個別の指導計画の作成において、退級が見通せる目標設定と指導・支援の内容を常に照らし合わせながら、指導開始直後から目標に沿った指導に取り組むことが不可欠であることを巡回相談心理士の助言から再考できた。

（3）連携充実のためのポイント

　巡回相談心理士は新しい職種であるが、様々な分野で心理として携わり経験を積んだ信頼できる大変よきアドバイザーである。その様々なバックボーンで培われた経験の上で巡回相談心理士として助言をしているからこそ、教員等は真摯に耳を傾けることでよりよいアドバイスとして受け入れられるのではないかと考える。また、巡回相談心理士への学校からの依頼として、児童観察、書面も含めた教員への助言が多いのは共通のようだ。巡回相談心理士による就学相談、特別支援教室の入級判定等を目的としない発達検査は、実施していない場合が多い。よりよい指導・支援のための共通理解の資料の一つとして、発達検査等の実施と結果・考察のフィードバックを期待している。

＊特別支援教室専門員：都内の小中学校に配置される非常勤職員（東京都独自の制度）。特別支援教室の円滑な運営に必要な業務である連絡調整、児童の行動観察及び記録の作成・報告、個別の課題に応じた教材作製や関係事務処理を行う。

言語聴覚士 山根 壽子

はじめに

　筆者は、小学校の通常の学級の担任、言語障害のある子供の通級指導教室を担当してきた。退職後、言語聴覚士として、いくつかの小中学校の通級指導教室の巡回相談をしたり、家庭教師のようにご家庭で指導したり、オンラインレッスンをしたりしている。その中で、子供が通級している通級指導教室の担当と対面、電話などで連携を図った事例について紹介する。

（1）事例の紹介

【事例1】文字の読み書きが苦手な生徒

① 子供の実態

　現在、中学生男子。スポーツとお笑い、ゲームが大好き。小学校の修学旅行では、友達とコンビを結成して子供たちから大爆笑をもらったそうだ。正義感が強く筋を通したいタイプ。矛盾していること、大人からの権力行使になかなかの反骨精神を見せたことがあった。

　検査ではWM（ワーキングメモリー）に課題があった。何か作業しているときに話しかけると、何をしているのか忘れてしまうことがよくあった。一方、中学校の定期テストではとてもよく努力し、美術や技術の道具名、音楽や美術の作者と作品名を覚えて高得点を取ることができた。

　初めて会った頃、文字の読み書きがとても苦手だった。音読は拾い読み、漢字テストでは得点はおろか、回答することができず、算数の文章問題では読んで理解することが難しく、とても苦労していた。

　落ち着きがないとのことだったが、個別指導では熱心に勉強した。ただし、日によって顔色が極端に悪かったり、レッスン時間が長くなるとケアレスミスが増えたりすることがあった。甘いものを食べるとミスが減った。

② 出会い

　この子が小学校中学年の学年末に、通級指導教室での言語聴覚士による専門相談で出

会った。熱心に検査に取り組み、「落ち着きがない」という様子は多少の貧乏揺すりに留まった。

　本人との面談が終わると、様子を見ていたお母様から「うちの子は先生と合う気がする。先生が家庭教師をしてくれないか」と指導の依頼を受け、ご自宅に訪問し、レッスンを始めた。

③　通級指導教室の担当との連携

　レッスンを始めてから、数年にわたって何人かの通級指導教室の担当の先生方と連携した。連携の方法は、基本的には保護者を通しての伝言や通級指導教室で使っている連絡帳に書き込ませていただくなどが中心だった。

　本人の話、連絡帳の記載、保護者の話から、学校や通級指導教室で本人が今学びたいこと、困っていること、楽しんでいること、学校行事、教室での様子などがよく伝わった。

　本人・保護者と話しながら優先順位を検討し、自分で努力すること、私が援助・指導すること、通級指導教室の担当の先生にお願いすること、担当の先生にお願いすることを一つずつ整理した。本人が努力家であること、保護者、担任の先生方も大変熱心で思いやり深い方々だったことから、環境調整、合理的配慮の依頼が比較的スムーズにできた。

　レッスンは、週1回90分の指導であった。指導回数を増やしたくても、枠がなかったり、保護者の経済的負担の大きさが気になったりして、指導内容を特に厳選する必要があった。指導開始当初は当方でリハビリテーション的要素の強い課題を実施し、通級指導教室でより実用的な指導を実施していただくよう提案した。

　連携において、直接会って話ができれば、具体的な方法をいくつかご提案したり、他のお子さんの専門相談で実践したことで、終わってから「あの子にも合うと思います」と提案したりした。直接会えないときは、保護者を通して教材を渡したり、電話で提案したり、保護者に伝言してもらうよう依頼したり、通級指導教室、在籍学級、保護者間の連絡帳の裏にメモを書かせていただいたりした。

　こうした連携の中で特にありがたかったのは、小学校卒業前、特に後期から中学校入学に向けての指導をお願いできたことだ。中学生の学習をみていると、「早く、きれいにノートを作る」ということが求められている印象があったので、その準備をどこまでできるかということが課題だった気がする。

　通級指導教室の担当の先生は、塾で中学生への指導経験がおありだった。そこで、筆者から担当の先生に「中学生になったら、板書が心配です」と訴えたところ、通級指導教室の担当の先生は、個別指導の内容を組み替えてくださり、子供が中学校の板書スピードを小学生のうちに体感できるようにした。

卒業し、中学生になった後も、通級指導教室での指導が継続され、この段階でリハビリテーションの必要性はもうないと判断し、家庭教師の先生に引き継ぎとして配慮事項を伝えた。

【事例2】手指視知覚聴覚的認知発音等のある児童

① 子供の実態

現在、小学校低学年女子。気合いと根性の子供。愛想がよく、身近な大人や高学年からかわいがられている。

複数の言語を聞き取ることができる。「ノン」以外は日本語で返答。発音は未熟音が残っていること、口腔機能の課題からか、ときどき聞き手に伝わりにくい発音になってしまうことがある。

初めて見た食べ物を試しに食べることが難しいが、学童や学校等で他の子供が食べているところを見れば食べることができるということだ。ただし、姿勢がよくなく、食べているうちに横を向いてしまうとの情報を保護者より得た。

少々体が弱いところがあり、複数の病院にかかっているため、様々な課題について整理していただいている。どこの病院でも医療スタッフからかわいがられているようだ。

読み書きについては、読み飛ばしがあったり、文字の形を正確に捉えて書くことが難しかったり、まだまだ心配なところがある。

話すことについては、状況や理由などを説明することが難しく、集団生活でうまく伝えられず損をすることがないか心配である。しかし、担任の先生がとてもていねいに接してくださっていて、今のところ楽しく暮らしていると、本人・保護者が喜んで話してくれている。

② 出会い

この子も、通級指導教室での言語聴覚士による専門相談で出会った。検査中、少々体が動いてしまうという印象があったが、検査には熱心に取り組んだ。

専門相談の保護者面談で、この子は作業療法士によるリハビリテーション、民間の療育、通級指導教室での支援を受けていることが分かった。発音の未熟さがあるが、この点についてはコンスタントに指導を受けられていない状況が続いていたとのこと。訪問リハビリテーションの事業所の小児分野の言語聴覚士予約が大変混んでいて、3か月に1回程度しかリハビリテーションを受けられないとのこと。

すると、お母様が「先生、指導してくれませんか」とおっしゃり、ご自宅でレッスンをすることとなった。

③　在籍学級、通級指導教室との連携

　レッスンを繰り返す中で、粗大運動、手指、口腔機能、発音、言語の表出面、語音の正しい聞き取り、視機能、視知覚等々、多岐にわたって指導が必要だと確信した。そのうち、語音の正しい聞き取り、視機能、視知覚については専門医による診察が必要だと考えた。

　医療機関の見解は、聴力は大きな問題なし、語音を正しく聞く力も大きな問題なし、近見視力に課題あり、視力に左右差があり要治療。視知覚とはいえ、リハビリテーションの対象になるのかどうかはなんとも、と言ったところ。というのも、小児を専門にする言語聴覚士も少ないが、子供の目のことを扱っている医療機関が少ないようだ。主治医より「視機能については大きな課題がない。視覚認知については頻度の低いリハビリを正確にするより、多少正確さを欠いてもとにかく回数です」と言われたとのこと。この話を受け、これは通級指導教室の担当の先生と分担しなければ大変だということで、通級指導教室の担当の先生との連携が始まった。

　こちらから、保護者を通して在籍学校の特別支援教室専門員、通級指導教室の先生、担任の先生に連携の提案をした。

　粗大運動、手指機能、言語の表出面は、それぞれ他機関で指導中だった。残りは口腔機能、発音指導、語音正しい聞き取り、視知覚、読み書きである。

　眼科医から保護者に「とにかく回数です」という話があったことを考えると、視知覚については通級指導教室の担当の先生に指導していただきたいと考え、保護者を通して「パーカイトリーブロック」と「WAVES」のドリルの実施を提案した。通級指導教室で週に２回程度することとなった。

（2）学校等と専門家が連携するために

　子供について、通級指導教室の担当の先生と話したことは、全て保護者に話すようにしている。保護者が我が子のことについて話された内容を知らないということは、寂しいものだと考えるからである。

　学校の先生方の中には「専門家」「国家資格保持者」というと、すごい技をもっていて、すごい指導ができる人という印象をもたれている先生がいる。しかし、学校の先生方は教育の専門家で、子供たちと日々付き合っていく大人の中の代表者の一人である。たとえ初任者の先生であっても、特別支援教育に初めて携わる先生であっても、その子供の「専門家」である。いろいろお聞きしながら勉強させていただいている。その中で、どのようなレッスンをしたら子供たちの役に立つのか思いつくことも多々ある。

　今後の連携の課題も様々ある。専門相談などで、言語聴覚士として学校で先生方、保

護者・子供に同時にお目にかかれた場合、連携がうまくいくことが多い。しかし、先に保護者・子供と出会って、そこから学校の先生方と連携しようとすると、なぜかハードルが高くなる。「お忙しいかしら」「怪しいかしら」「びっくりさせてしまうかしら」…と考え、一歩引いてしまうところがある。

　そう考えると、ちょうどよいところが「連絡帳にメモを挟む」「保護者に伝言を依頼する」「先生方にお目にかかったとき、別件でお電話・メールなどをさせていただいたときに短時間で打ち合わせる」ということになる。この子には連携が必要だ、合理的配慮がよいかもしれないと考えたら、遠慮なく学校の先生方と連携をとれるようになりたいものだ。

4　中学校通級を支援した例
～学習への無力感と書字の困難さをもつ生徒への支援～

特別支援教室巡回相談心理士／東京都立大学　飯野 雄大

はじめに

　自治体の巡回相談員として、通級指導学級を利用している中学1年生を対象として巡回相談を実施した事例である。学習への無力感をもつ生徒に対して、クラス担任、通級指導教室（以下、通級）教員、特別支援教育コーディネーターなどと連携しながら、通級での指導内容の検討と校内の支援体制を構築していったプロセスを紹介する。

（1）事例の紹介

①　授業中にうつぶせになってしまうBさん

　中学校1年生のBさんは、小学校高学年のときに落ち着きのなさなどを主訴として通級を利用し、小学校卒業前には落ち着きのなさが軽減してきていた。そのため、中学校でも利用申請をしていたが、1学期は授業を優先したいという希望があり、通級は利用していなかった。しかし、1学期の中間考査が終わった後から授業中にうつぶせになることが増え、教科によっては何もせずにいることがあった。

　筆者は巡回相談員として、Bさんがもつ困難さや今後の学校での対応について話し合っていくために授業観察を行った。数学の授業では、教科書などを机上に出し離席したり他生徒と喋ったりすることはなく、顔をあげておとなしく座って話を聞いているように見えた。しかし、配られた授業プリントには氏名だけを記入し、それ以外の欄を記入することはなかった。また、ノートに板書をすることも見られなかった。授業観察中はうつぶせになってしまうことは見られなかったが、本人が学習に積極的に参加していると言い難い状況であった。また教室等に貼ってある掲示物などの様子から、書く文章が短い、文字の大きさが安定しない、文字の形が歪みやすいことが見られた。

　授業観察後の校内カンファレンスにおいて、クラス担任、通級担当員（以下、担当教員）、コーディネーター等でこれまでの経過を共有し、今後の方針について話し合った。クラス担任からBさんが書いたプリントや作文などを見せてもらい話し合っていく中で、書くことが苦手な可能性が考えられた。そのため授業中に板書などができず、「どうせできない」と感じやすく、学習全般に対して無気力になってしまっていると予想できた。

そのため、通級で本人の困っていることなどを確認していくこと、書字等のアセスメントを行っていくこと、書字の習熟やタブレットの使用方法の修得をしていくことが望ましいと思われた。

以上の方針を基に、クラス担当が保護者・本人と面談をし、2学期から個別指導のために通級へ通うことになった。

② 支援の前提としての安心感を育てる

2学期から通級の利用が始まった。しかし、Bさんは担当教員が用意した課題などに応じてくれることが少なく、担当教員が目の前にいるのにうつぶせになってしまい、声をかけても起きないときがあった。担当教員が困ってしまい、改めて巡回相談員に相談をした。

そこで巡回相談員が通級の授業観察を行った。担当教員が話しかけたり、課題をやろうと提示しても返事をせず、うつぶせになってしまっていた。そこで、担当教員が「じゃあ、本でも読んでこの時間はゆっくりすごそうか」と声をかけ、通級にあった何冊かの本を用意し、一緒に読もうと声をかけた。すると、「はい」とBさんはその中から簡単な小説を選び読み始めた。教員も本を読みながら「どんな本が好きなの」などと質問をすると、「ライトノベルとか」と短いながらも答えてくれていた。

授業観察後のカンファレンスでは、巡回相談員はクラスでの授業時間に比べて表情がよく、担当教員の質問に答えてくれていたことから、通級での取組は一定の意義があることをフィードバックした。しかし、Bさんがもっている学習への苦手意識はかなり強く、このままでは学習に関するような課題を実施するのは困難であることを伝えた。今回のような読書活動を発展させることで、Bさんの読字のアセスメントにつながること、Bさんの興味・関心を把握し、今後の教材づくりにも活かせることを話し合った。

Bさんは、通級を苦手なことをやらされる、また自分の能力を試されるような安心できない場所と感じているのではないかと思われた。そのため最初の段階として、まずは通級を「安心できる場所」と思ってもらい安心感を育てていくことが重要であること、そのために本人が自己決定できるような枠組みを作っていくことを相談員から提案した。具体的には、通級の時間でやることを本人が選択できるようにし、選択肢の中で「休憩する（うつぶせになってもよい状態）」「本を読む」「○○ゲームをする」といった本人が負担に感じない選択肢を必ず入れるようにした。また、前半はBさんがやることを決定し、後半は教員がやることを提案するといったお互いの自己決定を保障していくような時間とすることを話し合った。

実際に始めてみると「休憩する」という選択肢を選ぶことはなく、「本を読む」や「○○ゲームをする」を選択した。図書室が空いているときは2人で本を選びに行き、読んだ

後でどんな内容だったか感想を言い合うようにし、Bさんと担当教員はやりとりをしていった。

　このような取組を継続していくうちに、3学期には通級に休みなく来るようになり、Bさんが選択した内容の後に、教員が提案した課題に取り組んでくれるようになった。文字のパズルや文字の間違い探しなど、読みに関する課題などには意欲的に取り組んでくれるようになったが、「文字を書くこと」に関しては拒否が強く、取り組もうとしなかったり、書いたとしても一言だけだったりしていた。

　2年生になり、担任、担当教員、特別支援教育コーディネーター、学年主任、巡回相談員と方針について話し合った。授業中の問題がなくなったわけではないが、うつぶせになることは少なくなってきており、教科によってはプリントの空欄が少ないものであれば書き写すようになったことが報告された。

　そして、通級の利用が安定し課題に応じてくれるようになってきたことから、Bさんがもつ書字の困難さアプローチしていくことになった。しかし、書くことに対する拒否が強く、プリントなどを用いた課題はスムーズにいかないことが予想されたため、タブレットを用いた支援を行うことになった。

③　通常の学級との接続を意識したタブレットの利用

　タブレットを用いていく上で、ローマ字入力はまだ定着していなかったため、ローマ字の学習を行うことにした。またそれだけでなく、タブレット上のフォームを使って自己紹介アンケート（例えば、好きなものは何ですかという項目と選択肢を提示し、チェックすることで回答できる）を作成し、タブレットの使用方法に慣れることができるようにした。タブレットでの学習には興味をもち、何度か取り組んでいくうちにローマ字表を見ながら入力をすることができるようになっていった。

　書字に困難さをもつ生徒は、作文などで書きたい内容を思いついても授業時間内で書けないことが多い。そして「わかっているのにできない」という感覚になりやすい。そういった場合、タブレットを用いることで書くことの負担が少なくなり、考えていることを表現しやすくなる可能性がある。

　Bさんの事例では、授業中に書けなかった作文があった場合、通級の一部の時間を使ってタブレットで下書きをするような時間をつくった。作文の内容によっては、最初に担当教員とその内容について話し合ったり、担当教員から質問をしたりし、それをもとに文章を作るといったプロセスで実施した。その結果、これまでほとんど書けていなかった作文でも、ある程度の量が書けるようになった。作文の内容を見たクラス担任は「こんなふうに考えていたんだ」と驚くこともあった。

　このような通級での取組は、通常の学級との連携が重要である。アセスメントに基づ

き、どういった内容をどの程度まで支援するのか、優先順位を決定していく必要がある。特に、今回のように通常の学級の課題を通級でフォローしていく場合、限られた時間の中でやることを共有しておかないと、通常の学級と通級の方針に齟齬が出てしまい、生徒本人の達成感につながりにくくなってしまう。

　また、全ての課題を通級で実施すればよいというものではなく、課題の中で本人の今後の学習に結びつきやすい内容を選んだり、Bさんのやりやすい方法を通級で考えたりし、通常の学級でも取り組めるように支援していくことが重要である。Bさんの学校では、特別支援委員会や巡回相談時のカンファレンスなどで、定期的に通級での狙いや活動をクラス担任や教科担任と共有していった。

　2年生の2学期では、うつぶせになってしまう教科も見られたが、教科担任がBさんができそうな課題を具体的に提示し「これは重要だからここだけでも写しておきなさい」など声をかけると、板書する様子が見られた。Bさんの変化だけではなく、教員の言葉がけも変化していったことが見て取れる。このような対応ができたのは、Bさんのできること・できないことといった課題や支援方針が具体的に教員間に共有されてきたことによるものであると考えられる。Bさん自身の困難さはなくなったわけではないが、校内の支援体制がつくられ環境が変化することで困難さが軽減してきたといえる。

　この変化のきっかけの一つが通級で安心できる場を確保し、その上で多様な活動を通してBさんが達成感を積み上げ、それを校内で共有していったことであると考えられる。

（2）学校等と専門家が連携するための留意点

①　子供がもつ困難さを読み解く

　Bさんは、授業中はおとなしく特別に問題行動を起こす生徒ではなかった。そのため、中学校1年生当初は支援の必要性はそれほど認識されていなかった。しかし、Bさん本人としては困っていたようだった。その結果が授業中にうつぶせになってしまう姿としてあらわれていた。教員からは、「怠けている」「やる気がない生徒」と見られてしまいやすい状態だった。しかし、クラス担任はなぜそうなってしまうのかを疑問に思い、特別支援委員会で報告し、巡回相談で見てもらうことを希望した。

　クラス担任は書字の苦手さなどに気づいてはいたが、それをどの程度深刻に評価してよいのかわからなかった。書字の問題が外部専門家の視点からも指摘され、カンファレンスでBさんが作文などを書く様子を話し合う中で、書字の問題を中心に考えることに自信をもてるようになった。

　外部専門家は、ほとんどの場合、いくつかの授業といった限られた場面しか見ることができず、それだけで生徒の全てがわかるわけではない。そのため、外部専門家がもつ

専門的な視点と、学校でのこれまでの学習の様子（各教科の取組、成績、掲示物、提出物）や教員がこれまでの関わりの中で感じてきたことなどを合わせて総合的に考えていくことが必要であり、そのことを通して生徒がもつ困難さを読み解いていくことができる。

そのような総合的に検討していける場をつくるきっかけとしての外部専門家であり、教員の視点を広げるような役割をもっていると考えられる。そのため、外部専門家は一方的な考えを述べるだけでなく、普段関わっている教員が感じていることやもっている情報などを丁寧に聞き取っていく必要がある。また、巡回相談の日に生徒が普段と違う姿を見せるということもよくある。教員からも、積極的に普段の様子を伝えていくことが大切である。このように情報をすり合わせ、やりとりをしていく相互的なカンファレンスを通して生徒の全体像を描いていくことが外部専門家と連携していく意義の一つである。

②　生徒と教員の安心感を支えエンパワメントする

担当教員は、Bさんが課題に応じてくれず、どのように指導を進めていってよいのか悩んでいた。特に、通常の学級で困難さをもつ生徒に対して、通級の指導では生徒の困難さを軽減し、通常の学級の生活をよりよくしていかなければならないという重圧を感じやすい。「○○をできるようにしてほしい」「問題行動をなくすようにしてほしい」と通常の学級から強く期待されることもある。しかし、限られた時間の中で対応に悩んだり、思ったような成果が出なかったりすることがある。

また、生徒にとって、通級は一時的にでも自分が所属するクラスから抜けるという制度のため、他生徒の視線が気になったり、何をするのか不安になったり、自分がダメだからここに来ているのではないかと感じたりすることがある。

通級は「できるようになること」や「問題行動がなくなること」だけが目標になるわけではなく、自尊感情に配慮した取組をし、達成感を経験できるようにしていくことの重要性が示されている（東京都教育委員会，2021）。他者からの評価を気にすること、大人への反発を生じやすいことなど、中学生の時期に生じやすい問題を踏まえ、教員との信頼関係や安心感を構築していけるよう対応を考えていく必要がある。

そのため、外部専門家は生徒の発達段階に考慮しながら、達成感を経験しやすいよう段階的な課題の設定や実施方法を教員と共に考えていくことが役割としてあげられる。そして、生徒の変化を的確につかみ、それをフィードバックしながら、教員の対応や課題の内容を調整する手助けをしていくことである。

同時に教員が感じている焦りや不安を理解し、支援体制や学校環境を踏まえて、教員を支えていくことも必要である。教員の不安や焦りは、生徒との関係にネガティブに影響したり、学校内の連携に齟齬を生じさせるきっかけにもなる。外部の視点からそれら

を調整し、教員が安心感をもって活動できるようエンパワメントしていくことも外部専門家の大切な役割であると考えられる。

③　通級（特別支援教室）と通常の学級の連携を支える

　東京都はこれまでの通級を特別支援教室に制度変更し、通級がある別の学校へ生徒が出向くのではなく、自分の学校に開設される通級（特別支援教室）に通うようになった。一方で、これまで通級を担当していた教員が拠点校と呼ばれる自分が所属する学校から、巡回校と呼ばれる複数の学校へ出向いて、そこで指導・支援をしていくことになった。そのため、担当教員は行く先々の異なる環境や異なる人間関係の中で、生徒が所属する通常の学級の課題を把握し、適切な支援を実施していかねばならない。また、担当教員は各学校のコーディネーターや専門員などと連携し、巡回校の特別支援委員会に参加していくことも求められてきている。担当教員が巡回する学校先の支援体制を把握し、その学校のニーズを踏まえた通級（特別支援教室）の運営が必要となる。

　しかし、担当教員が所属する学校（拠点校）とは異なった学校環境の中で、うまく連携を図ることが難しい例も見聞きする。そのような状況の中で、本事例のように外部専門家が校内での方針を共有するきっかけとなるように働きかけていくことで、教員をサポートしていくことにつながる。外部専門家は限られた時間しか学校に関わることができない。そのため、主として生徒に関わっていく通常の学級と担当教員の連携を支え、通常の学級と通級で情報を共有したり、支援の方針を調整していき、支援の下地作りをしていけることが望ましい。特に校内のキーパーソン、多くの場合はコーディネーターと調整し、学校の支援体制が円滑に力を発揮できるように支えていくことがポイントである。

※本事例はいくつかの事例を複合して筆者が作成した仮想事例である。

【参考文献】
東京都教育委員会（2021）特別支援教室の運営ガイドライン

5 発達障害を伴う通常学級内の問題行動解消への心理士からの支援
～通級教員と通常級担任、その他の学校関係者との連携～

東京特別支援教育心理研究センター 代表理事　三宅 篤子

はじめに

　近年、知的障害のない自閉症、学習障害、注意欠陥多動性障害など発達障害のある児童生徒への支援の必要性が増大するとともに、通常の学級（以下、通常級）及び通級による指導（以下、通級）のニーズが高まっている（文部科学省，2021；東京都教育委員会，2021）。これらのニーズに対し、様々な職種が通常級や通級での支援を行っている。

　臨床発達心理士とは、「発達の臨床にかかわる幅広い専門家に開かれた資格であり、人の発達・成長に寄り添い、必要とされる援助を提供する専門職」（臨床発達心理認定運営機構，2021）であるが、その活動の領域は医療・乳幼児、幼児教育、学童期・青年期・成人期支援、高齢者支援など多岐にわたっている（三宅，2020）。以下、通級や通常級で巡回相談を行う臨床発達心理士などの心理職を巡回相談心理士という。

　本稿では、通常級に在籍し通級に通う児童に対し、巡回相談心理士として臨床発達心理士がコンサルテーションを行い、学校内の諸職種との連携によって支援を行った事例の報告を行う。

（1）事例の概要

　本事例の対象K児は、通常級で立ち歩き・他児へのちょっかいなどの様々な問題行動が多くあったため、通級及び通常級での支援を行った。

　K児は活発で聡明な2年生である。学習能力は低くなく理解力はあるが集中力がなく、担任の指示も最後まで聞かずに自分の思いついたことを発言し、クラスメイトにちょっかいを出し攻撃する、何か言われると倍にして言い返したりやり返したりするなどの行動があるため、授業がスムーズに進まないことも多くあった。

① 通常級での問題行動、背景にある障害特性とそれへの対応

　担任の依頼により巡回相談心理士が行動観察を行ったところ、以下のような行動が見られた。

ア）多動・衝動性：担任や他の生徒に対し話を最後まで聞くことなく反応してしまう。自

分のやりたいことがあると相手の反応に関係なく発言・行動してしまう傾向があった。

イ）状況理解力・対人社会性のなさ：現在教室で要求されていること、相手が何を考えているか、コミュニケーションしようとしているかを考えることなく行動する傾向がある。K児の場合は相手の状況理解・感情理解の欠如なのか、衝動性による配慮のなさによるものなのかを明らかにする必要があった。

ウ）自己認識のなさ：上記の２つの特徴に基づく相手の行動の認識の遅れに由来してK児自身の自己認知能力が低く、自分の行ったことの理解が遅れている傾向があった。

　担任と相談の上、クラスにとっても本人にとっても方向性を明確にした継続的支援が必要であることが明らかになった。クラスにおいては、K児の問題に対応する支援員の配置やクラスの同様な問題を起こす児童との席を離すなどの対応を行ったが、問題行動は減少しなかったため、通級（特別支援教室）入級の検討を始めた。

② 通級への申し込みのプロセス

　K児の保護者は通級など発達障害児への支援システムについての知識がなく、通級への入級を進めるには配慮が必要だった。また、通常級の担任は指導経験の少ない教員であったため、保護者の状況に配慮した通級の紹介を行う際には、学校の特別支援教育コーディネーターの同席が必要だった。担任と特別支援教育コーディネーターは保護者にK児の日常状態の説明をするとともに日常の家庭での様子を確認した。保護者からは家庭でも多動性、衝動性は激しく大変困っていること、教室での問題行動を心配しているという報告があった。保護者に通級の目的と指導内容、入級に必要な手続きを説明すると戸惑いながらも入級に同意してくれた。

（2）通級における指導

　保護者の通級への申し込み、校内委員会での決定、市区町村の教育委員会の決定を経て、K児の通級での指導が始まった。通級では担当教員を中心にK児の障害特性、教室での問題行動に対応した個別の指導計画を作成した。

① 通級での個別支援計画の作成

　K児に対する個別指導計画の大きな柱として、ア）多動・衝動性のコントロール、イ）社会性、コミュニケーション能力の向上、ウ）自己認知能力、自己コントロール能力の向上が挙げられた。通級の担当教員は巡回相談心理士のコンサルテーションのもと、ア）とイ）をねらって、a.ソーシャルスキル・トレーニング（SST）とb.感情認知教育を実施した。

a．ソーシャルスキル・トレーニング（SST）

　通級では、K児の個別の指導計画に基づいて好ましい社会的行動の理解とあるべき行動の獲得のためにSSTを実施した。様々な社会的判断が必要な場面を想定したプリン

トに正しい行動を記入する課題には、指導開始当初こそいくつか誤答をすることはあったが、理由を説明して指導すると知的レベルの高いK児はすぐにその内容を理解し正しい行動を回答することができるようになった。

b．感情認知教育

自己認知能力の指導の一環として、以下のステップで感情認知教育を行った。

- ・ステップ1：様々な感情の理解をイラストや様々な視覚的手がかり（漫画のキャラクターなど）を使って促す。
- ・ステップ2：自分はどのようなときにどのような感情が起こるかを、実際に教室や家庭で起こった出来事に基づいて理解させる。
- ・ステップ3：感情が起こった場合への対処方法を様々な気に入ったキャラクターやストーリーを使って理解する。
- ・ステップ4：問題行動が起きたときの感情と問題行動の関係を理解し、その際の対処方法を工夫し、問題行動を予防する。

これらの感情認知教育の効果を実際の教室や生活の場面で生かすために、学んだ様々なスキルを実際に適用する場面を作る必要があった。通級の個別指導の場面で自己の感情について、問題行動が起こったときに対処するサインを決め、サインをイラスト化し、イラストを使用して練習を行った。

②　通級での指導と通常級との連携

K児は自分の感情のイラストを通級で使用することなどができるようになったが、通常級では不適切な質問、他児へのちょっかい、過剰な自己防衛など問題行動は相変わらず続いていた。巡回相談心理士はこの状況を受け、通常級の問題行動の解消を目的とした通級での指導を行う必要性を助言した。担当教員と通常級の担任の打ち合わせの結果、通常級での問題行動解消のための支援計画を作成することとなった。

③　通級の集団指導における指導内容

通級には個別指導と集団指導のプログラムがある。通級の集団指導には巡回相談心理士が定期的にコンサルテーションを行っていた。巡回相談心理士は、集団指導プログラムにも個別指導同様、それぞれの児童に合った課題を行う必要があるというアドバイスを行った。集団指導の課題とともに、その集団プログラムにおける個々の児童に対する課題を明らかにすること、個々の日にちのプログラム全体のめあてを明確にすること、今何を学んでいるか、練習しているかを明確にする必要があるとの助言である。

K児に対する個別の課題は以下のとおりとなった。

ア）集団指導場面でのサインの使用

通級で学んでいたサインを集団指導場面でも使用することができるように、指導を

行った。その結果、集団指導場面ではK児は様々なサインを使用することができるようになったが、集団指導場面以外での行動のコントロールには至らなかった。

イ）SSTでのロールプレイ

　感情認知教育で学習したサインを通常級で使用できても同級生とやりとりをする場面では、自分の行動や感情をコントロールすることができず、トラブルは絶えなかった。通級の担当教員は、様々な場面を想定し、それを実際の行動で再現するロールプレイ課題を作成し、通級の集団指導で実施した。

ウ）ロールプレイ課題の例

　　テーマ：「担任の指示を聞かない生徒の行動について考える」

　　ストーリー：担任が生徒に指示を与えた後教室を去る。その間に指示を守った生徒と
　　　守らなかった生徒が出てくる。教室に戻った担任は指示を守った生徒を褒め、守ら
　　　なかった生徒に注意を与える。

　　内　容：K児及び集団指導参加児が指示を守った生徒A、守らなかった生徒Bそれぞ
　　　れの役を担当する。指示を与える教員、指示を守った生徒A、守らなかった生徒B
　　　に分かれてロールプレイを行った後、指示を守った生徒A、守らなかった生徒Bに
　　　対し、どのようにアドバイスするか、次回からはどのように行動することがいいか
　　　などについて話し合いを行った。

　ロールプレイの長所は、どういう行動をすべきかがわかっていてもやれない場合、仮定の場面で行動をすることで実際の行動への障害を取り除き、必要な行動をとる力を養うことができるところにある。

　K児は攻撃行動や反社会的行動はいけないことは理解しており、指導場面では適切な行動を選ぶなど取るべき行動を理解していた。しかし、多動や衝動性の特性の影響で実際の教室での場面で少しでも気に入らないことがあると他児への攻撃行動や乱暴な言動が出てしまった。この行動を制止するために、いらいらしたときの対応方法をイラストやゲームのキャラクターにして、それを適切な行動を示す手がかりとした。気に入ったキャラクターから適切なサインを選び、困難な事態でそれを活用する指導を行った。にもかかわらず、実際の場面で起こるトラブルに機動的に対処する力を養成するためには、先述のロールプレイの実施が欠かせなかった。ロールプレイの実際の場面ではK児自身からこれまでのSSTや感情認知教育では考えられなかった様々な現実の問題行動のパターンとあるべき行動のパターンが示された。自分がどのようなときにどのような問題行動を起こしてしまうのか、それを抑制するにはどういった言い方や行動の仕方がいいのかをK児本人の立場から、K児本人の言葉で表現されるようになった。これらの経験が効を奏し、通常級での問題行動が減少していった。

これら、SSTと感情認知教育を通常級に汎化する際のロールプレイの役割について図1に示した。

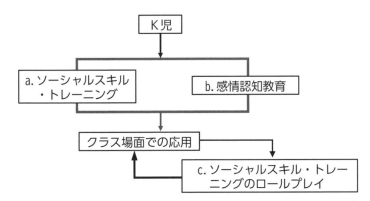

図1　ソーシャルスキル・トレーニング、感情認知教育におけるロールプレイの役割

（3）退級の準備

　問題の終息に伴う退級の基準としては、問題行動が通常級の担任の合理的配慮の範囲内で対応が可能になることが挙げられる。通級の個別指導や集団指導の効果が出てきた結果、問題行動に本人も対応できるようになってきたこととクラスでの同級生の理解も進んだことが重なって、クラスで問題が起こることがほとんどなくなってきた。にもかかわらず、通級における指導は引き続き行われていた。通常級の巡回を行っていた巡回相談心理士が通常級の行動観察と担任からの聞き取りを行った結果、K児の現在の問題行動への対応は通常級における担任の合理的配慮で対応できるという意見を担任がもっていることが明らかになった。巡回相談心理士の提案に基づき、通級の教員と通常級の担任の打ち合わせが行われ、通級の退級の検討が始められた。通級の教員が通常級を見学し問題点を確認し、必要な通級での支援を行った。最終的には通常級の担任と通級の教員との合意により、通常級の担任の通常級内での配慮のみで問題が解決するようになったので、退級の手続きを行った。退級後も約6か月間は、フォローアップ期間として通級の教員が定期的にフォローを行った。

（4）学校等と専門家が連携するための留意点

　本事例は、臨床発達心理士である巡回相談心理士のコンサルテーションのもとで、多動・衝動性・授業妨害傾向のあるK児に対して通常級と通級で支援を行ったものである。この事例から得られる教訓を以下にまとめた。
①巡回相談心理士は通常級に在籍する発達障害児の支援を行う際には、校内にあるすべての社会資源を理解しておく必要がある。発達障害のある児童生徒が在籍するクラス

の担任、通級の担任、巡回相談の調整を行う専門員、学校全体の連携の中心となる特別支援教育コーディネーター、スクールカウンセラー、学校ごとに様々な形で採用されている支援員、ボランティア、学校の管理職などそれぞれの立場、役割を理解し十分連携する必要がある。

②臨床発達心理士は巡回相談心理士として、発達障害のある児童生徒の支援に当たり教室の行動観察を行い必要な支援の在り方を整理し、担任や関係者へのコンサルテーションを行う。通級の指導の効果も、通級の場だけでなく、通常級での様々な場面の行動を観察して評価を行う必要がある。場合によっては通常級での問題行動の解消を見据えた通級での指導課題を設定する必要がある。さらに通級の退級についても、通級での状況だけでなく通常級での合理的配慮で適応可能かの判断を行ったうえで、通級の教員へのコンサルテーションを行う必要がある。

③巡回相談心理士は、場合によっては通常では連携がとりにくい通常級の担任、通級の教員、親支援を行うスクールカウンセラー、学校全体の調整を行うコーディネーターなどとの連絡・調整の橋渡しとなる場合があることが確認された。

注）本事例は通級への支援の中から抽出された支援の要素に基づいて作成された仮想事例である。

【文献・ホームページ】
服巻智子・篠田智子・納富奈緒子（2010）見える会話. ASD ヴィレッジ出版.
キャロルグレイとグレイセンタースタッフ. 服巻智子監訳（2007）. 自分について. ASD ヴィレッジ出版.
三宅篤子（2020）第 5 章　臨床発達心理士の様々な実践　臨床発達心理が活躍する様々な領域. 臨床発達心理士認定運営機構編. 臨床発達心理士　わかりやすい資格案内（第 4 版）, 80-83.
文部科学省（2021a）特別支援教育について. 5. 発達障害について
　https://www.mext.go.jp/a_menu/shotou/tokubetu/hattatu.htm
文部科学省（2021b）特別支援教育について. 第 4 部　専門家用. 巡回相談員用. 1. 巡回相談の目的と役割.
　https://www.mext.go.jp/a_menu/shotou/tokubetu/material/1298170.htm
文部科学省（2021c）「初めて通級による指導を担当する教師のためのガイド」文部科学省初等中等教育局特別支援教育課
文部科学省（2018）特別支援学校教育要領・学習指導要領解説自立活動編（幼稚部・小学部・中学部）
臨床発達心理認定運営機構（2021）臨床発達心理士とは.
　https://www.jocdp.jp/about/summary/
東京都教育委員会（2021a）特別支援学級・通級による指導. 教育課程編成の手引き.
東京都教育委員会（2021b）特別支援教室の運営ガイドライン.
トニー・アトウッド（2004）アスペルガー症候群の理解と具体的支援法. ヴィレッジ出版
トニー・アトウッド（2008）辻井正次監訳. アトウッド博士の感情を見つけに行こう. 不安のコントロール. 明石書店.
吉田友子（2011）自閉症・アスペルガー症候群－自分のことの教え方－診断説明、告知マニュアル. 学習研究社.
Feaherty, C.（2000）What does it mean to me? Future Horizons.

<table>
<tr><td>第4節</td><td>通常の学級</td></tr>
</table>

1　小学校における指導

子どもの発達相談室グッピー室長　深澤 義子

はじめに

　筆者は、巡回相談心理士として（年間 40 時間）小学校に派遣されている。

　まずは通常の学級で担任から要望のあった気になる児童を教室で行動観察し、つまずきの原因を分析する。その後、心理士として各担任にフィードバックした助言例である。対象は支援のレベル 1 ～ 2 の児童。

　ここでは、先生方が具体的に助言にそって実践してくださり、有効であったと思われる事例を紹介する。

【事例 1】視空間処理がうまくいかないケース

　視空間処理がうまくいかず「場所が変わると並ぶことができない」児童について、巡回心理士としての在籍学級担任への直接助言と具体的な対応方法を紹介する。

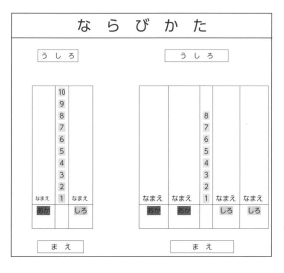

★　廊下や体育館、校庭で並ぶことができない

<手順>

① 教室にあらかじめ2列・4列に並ぶときの並び順を名前入りで書いたものを用意し掲示する。

② 先頭の位置にあらかじめ床にカラーテープでマークを付けておく。

③ 先頭の子は自分の位置についたら、手を挙げて位置を知らせる。

気になる子は、先頭の次にすると声がかけやすい。

④ 場所を移動して上手に並ぶための練習をする。（1年生用）

■目で確認できることを手掛かりにする方法

<シナリオ>

「これから、並ぶ練習をします」

先生が両手を挙げてそれぞれの手をグーとチョキにして見せる。

「男子はグー、女子はチョキの前に並びましょう。わかりましたか？誰にも気づかれないくらい静かに移動しますよ」

先生が先に移動し、グーとチョキを出して笛を吹く。

「迷子さんはいないかな？　いないみたい。ずいぶん早く並べたね。それではもう一回」

<教室環境の整備>

妨げになる物（音・光・においも含む）を減らせば何に注意を向けるべきかがわかりやすくなる。ノイズキャンセラーも保健室に用意してもらうとよい。

提出物を出すA4サイズのケース

　※教室の黒板に「みぎ」「ひだり」、前後に「まえ」「うしろ」の表示をつける。1年生の場合、机の上に名札がある方が右と伝える。

（左右の弁別獲得　4歳半過ぎ）

　※各自の机の位置がわかるように床にしるしをつけておく。

　※時々言葉がけで机の位置を直す。掃除のときの机並べに役立つ。

机の脚と椅子にテニスボールをつけることで雑音を減らすことができる。

下駄箱の中

<手順>

提出物を出すケース（Ａ４サイズ）を用意

体育着に着替えたときに後ろ前に着ることが多い子には、名札が付いている方が前、ズボンにタグが付いている方が前というように目印になるポイントを教えておくとよい。着替えたら教室を出る前に隣同士チェックする。

【事例２】目と手の協応・微細運動や書字が苦手 〜指先が不器用な場合〜

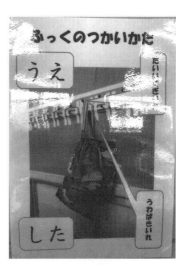

フックの使い方

目と手の協応・微細運動や書字が苦手な児童の在籍学級の担任への、巡回心理士としての助言を紹介する。

わかっていてやろうとして努力しても、技術がない場合は努力不足と誤解されないため注意が必要である。

鉛筆の持ち方（三本指で持つのは３歳半）が不完全。人差し指が優位になっていない。したがって、はさみを使うことがむずかしい。箸が握り持ちのことが多い。

<考えられる工夫>

筆圧が弱いあるいは強いために文字を書くことに必要以上に時間がかかる。

筆記具を握りやすい太さに調節する。
⇒①補助具を使用する。

学年が上がるごとにノートに書く文字をきめる。⇒「めあて」と「ねらい」のみにするなど、②量を加減する。また、ワークシートのようなものに記入させるときは空白・白紙のところに書き入れるのではなく③マス目や罫線を入れると文字バランスが整いやすい。

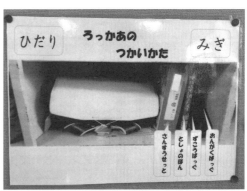

ロッカーの使い方

※タブレット使用の難しさ筆圧が弱い場合書いても認識されないことがある。

⇒だれかが、④代わりに書く。

早くから、⑤パソコン入力を教える。

手先がうまく使えないことにより、学校生活の中で「苦労する」ことはとても多い。

> ・はさみで回し切り（両手の使い分け）ができない。
> ・定規でうまく線が引けない。
> ・コンパスで円がかけない。
> ・一人縄跳びが飛べない。
> ・スキップ（4歳半レベル）ができないなど。

　これらは、丁寧な個別の取り出しにより獲得できることも多い。学校での学習する前に前もっての練習が効果的といえる。これらの特徴が見られたときは、療育センター・医療機関などで専門的にOTの指導を受けることも一つの方法。

＜いつも物が散らかってしまう悪循環への対応＞

　原因は、物の出し入れに時間がかかるため、机の上が片付かない、プリントも机の中に押しこんでしまう。机の中の道具箱の中がいっぱいになってしまう。結果、しまえない物がいろいろ下に落ちる。そのため、必要なときにすぐに物が取り出せない。

＜具体的な方策＞

　A4サイズが入るトートバッグと、100円ショップで売っているA4サイズが入る書類入れを用意し、内側にバッグをかける。

　授業が終わったらその都度使用した教科書を入れる。

　帰りの支度時、そのバッグごとランドセルに入れることができるので便利。

　普段から時間を決めて一緒に整理する時間をとる必要あり。

　まず、いつもゴチャゴチャでも平気？ではなく、すっきりと片付いていることを覚えることが大切。自分一人ではできないため一緒にすることが必要

・名札付け苦手➡ピンを使わない方法で名札を付ける

⇒代わりに名札をつけてもらう…外すことも苦手なので
　ホック式がのぞましい

・給食着のボタンができない

⇒代わりに先生か友達にボタンをとめてもらう…＞ボタ
　ンを外さずに頭からかぶって着脱する

・縄跳びを結べない

⇒代わりに結んでもらう…＞マジックテープで束ねる

穴をあけないフック式名札

【事例3】行動のコントロールが苦手で衝動性が高い

　不注意・多動傾向のある児童に対し、在籍学級の担任に対して巡回心理士としての助言、教室で実践できる支援法について紹介する。

　指示を出す側が、感情を抑えて静かなトーンで伝えるほうが効き目あり。

①　言葉の多動　不規則発言に対しての対応

　教室での勝手な発言が多い・思いついたことは何でも口にしてしまう。

　普段から集中時間が15分であったら（4歳児レベル）それを目安に授業中水のみ、お手伝いの時間（保健室に届け物をする）などその都度振り回されるのではなく、おそらくこうなるだろうと行動を予測し、課題を少なくすることでストレスを減らす。

＜具体的な方策＞

　事前に本人に、個別に「授業中は手を挙げてから発言するルールを伝える。守れないときは、違反なので先生がイエローカードを渡す・机に貼る」ことを伝える。もし、イエローカードが5枚になってしまったらレッドカード。ルール通りにできたときは、ご褒美のシールをもらえる。

②　教室から飛び出してしまう子供への対応

　繰り返さないために、パニックを起こす前に前兆を読み取れるようにするのが望ましい。考えられる行動として、ソワソワ落ち着かなくなる、手遊びをする、机の上に寝そべる、離席する、大声を上げるなどが始まる。こんなときは、落ち着く物（プチプチ・好きな手触りのもの）を触っていてよいことにする、自由画を描くなどして過ごすのも一つの方法。

　もし教室から出て行ってしまったら、すぐに追いかけないで見守る。

　担任だけでなく、支援に入る先生にも対応をあらかじめ相談してきめておく。

　図書室で過ごすなど居場所を決めるとよい。気持ちが落ち着いたら教室に戻って来る約束をする。なかなか戻れないときは、得意な科目から参加できるように言葉がけをする。できなくてもよいのではなく、一緒に参加できたことを認めることが大切。

＜がまんするほうほう＞　台本

①3回　しんこきゅう・そのばをはなれる
②10までかぞえる
③わたしは、（　　　　　　　）をがまんできるとこえに出していう
④かわりに、（　　　　　　）をするとこえに出していう

※何度も練習しておくとよい

③　独り言を言い続けるときの対応

　教室で、テスト など静かにしているときにブツブツ「うるさいからやめるように」と叱るのではなく「今は、それを言う時間じゃないよ」と肩をたたきながら伝える。

【事例4】

　つまずきの原因を分析し、全体指示が一度では通らないワーキングメモリーが弱い児

童と在籍学級の担任に対する巡回心理士としての助言を紹介する。

　ワーキングメモリが弱く、なかなか毎日の学校生活での支度が自立できない。途中で注意が周りの刺激に行ってしまい、行動が止まってしまう、ぼーっとすることが多い。登下校時の支度に時間がかかる。一人でできない。

＜手順＞

＜あさのしたく・かえりのしたく＞　　メモを用意する。

レベル１：言葉がけをしながら、一緒に手伝ってもらいながらメモに従い準備する。

レベル２：メモを渡す。一人でそれを見ながら支度をする。終わったらメモを返してもらう。

あさのしたく	かえりのしたく
ぼうし・うわぎ きょうかしょをだす ふでばこ れんらくちょう きゅうしょくせっと らんどせるをかたづける	らんどせるをもってくる きょうかしょ ふでばこ れんらくちょう うわぎ ぼうし

＜音楽の持ち物＞

理科・図工・家庭科も作っておくとよい

こんなときは…

　途中でほかのことに気をとられ中断してしまう。

　合図の出し方は言葉がけでなく肩を軽くたたいて知らせる。

　忘れ物が多い⇒学校と家庭に教科書を置くのも一つの方法。

　どうしても忘れてはいけない物のときには、色つきの紙に書いて連絡帳に貼る。

おわりに

　今、小学校には15人に1人の発達障害のある児童がいるといわれている。したがって、どのクラスにも少なくとも2人の発達障害のある児童が存在するということを前提に対処法を構築していく必要がある。

　小学校入学時の保育園、幼稚園からの申し送りをもとに対応を考えていくことが大事になる。

　いずれの場合も、支援が必要と思われる児童の認知のアンバランスや偏り、遅れがないかを確認する必要はあり、客観的に児童の状態を把握してから対策を考えることが望ましい。

　まずは、発達障害のある子供たちの大変さを知ること。弱さをもちながらもいずれ社会人となっていくための方法を幼少期から手探りで始めていくことが将来を確実なものとする。また、教育・医療・福祉の連携が必要であることも早くから知っておく必要があると思われる。

　低学年と高学年ではやり方が違って当然であるが、基本的に弱さを補う方法は変わらないため、その学年が上がっても中断せず引き続き支援していくことが望ましい。

＜1年生の保護者会で親御さんに伝えてほしいこと＞
「小学校で気持ちよく学習に向かうために家庭でできること」

　親御さんがどんなに忙しくても、筆箱の中を一日1回必ず確認してください。夜寝てしまってからでも構いません。もし、鉛筆が削れていなかったら代わりに削っておいてあげてください。消しゴムは、ちゃんとありますか？

　翌日学校で筆箱を開けたとき、親御さんが削ってくれたことは本人に伝わるでしょう。

　上手に見守ってあげてください。一人でできないことはまだまだあります。

　筆箱の中を確認することは、子どもが学校でちゃんと学習できているかどうかのバロメーターになるのです。学校は勉強するところです。きちんと学校生活を送ることができているかどうか日々の観察で明らかになります。

　もし、鉛筆を噛んだ跡や、消しゴムがボロボロになっていたら、本人を問い詰めるのではなく、先生にお子さんの学校での様子を伺ってみてください。

2 保護者面談についての支援

はじめに

　東京都では、公立小・中学校の児童・生徒が抱える学習上又は生活上の困難さに対して、専門的な助言等を行う巡回相談心理士の派遣を行っている。筆者は、その巡回相談心理士として、児童の指導・支援について、保護者と在籍学級担任との面談に立ち合い、専門的な見地から助言した事例を紹介する。

（1）他児とうまく関われないA君

　巡回相談も近くなったある日、学校から、今回は小学校2年の男子児童（以下、A君）の保護者面談に、A君への支援等について、専門的な立場として同席してほしいという連絡が入った。

　当日は、まず校長からA君についてのお話があった。

　入学当初から元気で活発な児童で学習理解も良好であるが、授業中は落ち着きがなく、座ってはいるものの、先生の話を聞かず文具で遊んでいたりノートに絵を書いたりと学習に集中していない。一方で興味のあることには夢中になり、特に昆虫が好きで、休み時間の校庭では友達に見つけた昆虫の説明をするなど「昆虫博士」と言われている。

　今一番困っていることは、周囲の児童とうまく関われないことである。児童たちと楽しく交流しているように見えていても、自分の思うようにならないと感情が高ぶり、手や足が出てしまい、暴力的な行為で相手を傷つけることが多い。特に勝ち負けには強いこだわりがあり、負けを認めることができないため、最後は相手に暴力を振るってでも自分の勝ちとしてしまうほどである。そのため、相手の児童が傷つくこともしばしばである。保護者との関係もあり、母親に連絡をすることが多いのだが、入学当初からその繰り返しで、最近では「どうしてわが子ばかりが注意されるのか」という思いが募っている様子。そのため、母親に連絡してもつながりにくいことや、保護者会や個人面談には仕事を理由に欠席が続くなど、学校に対して拒否的な思いがあるのではないかと感じている。これからのA君の成長が心配であり、特別支援教室（東京都の通級指導教室）での学びがA君には必要ではないかと思われるが、それを伝える困難さを感じている。

しかしこのままではよくないと思い、母親に「3年生になるのも近くなり、面談を行いたいと思うが、今、専門性をもった巡回相談心理士（以下、心理士）による巡回相談というものがあり、A君の学校での様子を見てもらった後、心理士も交えて担任と面談するのはどうでしょう」と提案したところ、珍しく「仕事が忙しいが面談を希望する」という返答があった。多分、母親は担任という学校関係者のみとの話し合いではなく、先入観のない専門家に、今のわが子を見てもらい話し合えるということで、了解したのではないかと感じている。

　A君はすでに学校では目立つ存在であり、スクールカウンセラーからも、A君が休み時間に相談室に一人でふらりと遊びに来ることがあるが、家族や友達のことを聞くと「忘れた」という言葉の繰り返しで、話したくないという気持ちがあるのではないかと担任に報告がなされている。

（2）A君の授業観察

　A君の休み時間と国語の授業観察を行った。休み時間には周囲の児童とふざけあいながら楽しそうに会話をしていて、大きく目立つことはなかった。次に国語の授業が始まり、一番前の席に座ってはいるものの、授業に参加するというよりは、机上の鉛筆や消しゴムで遊んでいたり、音読のときには教科書を上下反対に開いていたり、静かなときは机の下に入っている本を手前に出して読んでいる様子もあった。担任の話によると、今日はかなり落ち着いているとのことであった。

（3）保護者面談

　授業観察の後、筆者と担任とで母親と面談することにした。面接室で担任と共に待ちながら、担任は今回もキャンセルかもしれないと心配していたが、予定時間より15分程遅れてやや硬い表情で来室した。お互いの挨拶の後、担任から「今日は落ち着いた様子で、友達とも楽しそうに会話をして、授業にも参加していました」と伝えると、母親は少しほっとした表情で、自ら「子どものことについて相談したい」と次のように話し始められた。

①　A君の幼児期

　子どもは大きく元気に生まれたが、歩き始めた頃から、公園に行ってもスーパーに行ってもすぐに自分の好きなところへ行ってしまうため、追いかけるのが大変だった。特にスーパーでは商品をすぐ手にしてしまうために、手をつないで買い物するしかなかった。でも、男の子であればこのくらいの元気さがあるのがよいのかとも思っていた。一方で、2歳違いの弟はおとなしいタイプで、弟の子育てのときに兄との違いを実感したことは

今でも覚えている。子どもたちもまだ小さく、経済的なこともあり仕事をしなくてはならないので、自分の実家に戻っての生活が始まった。

保育園に入っても落ち着きがなく、自分の思い通りに遊びたいのか、周囲の園児とのトラブルも頻繁で、保育園からの連絡も多かった。しかし、まだ小さいということもあり、先生方からは「本人は理由があってやっているのだから」ということで受け止めてもらっていたように思う。

② 小学校入学後

小学校に入ってからも同様で、自分の思うように行動したいのか、周囲の児童とのトラブルは続き、学校からの連絡で相手の保護者にお詫びをすることが多かった。家でも、おとなしい弟と遊んでいても、自分の意にそぐわないと、急に荒い言葉を投げかけて叩いたり蹴ったりすることもある。止めさせようと注意すると、祖父母が来て「注意の仕方が悪い」と自分を責めるので、祖父母と自分との関係も悪くなるばかりである。さらに、近所に住む姉からは、A君が落ち着かないのは、叱ってばかりのあなたの育て方に問題があると言われ続けている。

③ 発達障害の診断と支援

母親は一方で、さすがに自分でも、もしかするとわが子は発達障害ではないかと思い、Kクリニックを受診した。医師からは「確かに発達障害ではあります。良い行動を教えてくれるところに行くのがよいでしょう。この子は大成します。将来を悲観することはありませんよ」という言葉をいただいたと語られた。

ここまでずっと傾聴していたが、「Kクリニック」という名を耳にして、筆者から「Kクリニックは私も知っています。優しい先生で人気もあるので予約が取りにくかったでしょう。でもとても良い病院につながりましたね」とお伝えしたところ、今まで緊張と共に一気に話し続けていた母親の表情が少し穏やかになり、「このクリニックを受診したことは間違っていなかったのですね。私がこのクリニックに子どもを連れて行ったことで褒められたのは今が初めてです」と語られた。そして、身内からは、このクリニックに連れて行くということ自体が、自分の子どもに何か問題があると思っているのであり、子どもを信じないのは母親失格だと事あるごとに責められていると話された。身内の理解や助けもなく、周囲の人たちには謝ることが多いA君の子育ての大変さを思い、「今までつらいことがたくさんあったでしょう。よくここまで一人で頑張ってお子さんを育ててきましたね」と話しかけると、少しの沈黙の後、涙を流しながら「分かってくださる方に話を聞いてもらえて今日は本当によかった…」と静かに語られた。

筆者からは、A君の行動面での問題は、子育てが悪いのではなく、また本人のわがままでもなく、生まれつきのものと言われていること、発達障害専門医である小児科の先

生は著書の中で「その人に元来備わった個性が発達障害であり、その障害を個性として自分の一部として受け入れてもらいたいが、その個性には他者からの支援が必要な部分があることを知ってほしい」と書かれていることをお話した。これは受診したKクリニックの医師の「良い行動を教えてくれるところに行くのがよいでしょう」という言葉と、表現こそ違うものの同じ意味であることを説明したところ、母親は、「このような子どもたちには何らかの手助けが必要ということなのですね」と支援の必要性について気づかれた様子であった。

④　「特別支援教室（東京都の通級指導教室）」の紹介

そこで担任と共に、今、学校はこのような子どもたちが健やかに成長するための支援の一つとして「特別支援教室」があることをお伝えした。そこでは、それぞれの児童の抱えている問題を受け止めるだけでなく、その児童の得意なことを評価し、不得意なことはその児童に合った指導の工夫や配慮をするなどして、児童が「わかった」「できた」という実感を体験しながら、それぞれの児童の困難さを改善していくということを丁寧にお話した。A君はこのままでは、だんだん周囲の児童とうまくいかなくなって、自信を失っていくことがあるかもしれないが、そのようなことになる前に、個別もしくは少人数の安心した教室の中で、褒められ体験をしながら良い行動を学び、そして良いところも伸ばしながら成長していってほしいと伝えた。母親は今までの話し合いから気持ちが落ち着いたのか、「特別支援教室のことは聞いていたが、わが子が問題児とレッテルを貼られるように感じて考えたくもなかった。でも今日のお話から、わが子の成長にとって、特別支援教室で学ぶことは本当に必要なことと心から納得できたので、ぜひお願いしたい」と語られた。

さらに、筆者からは、A君は医療面からの理解と対応も必要と思われるので、Kクリニックの受診を継続することをお勧めした。母親は身内からいろいろ言われても、今回の話から続けていきたいと思ったことと、医師の話を学校と情報共有することで、自分の子どもの理解につなげてほしいことを希望された。

担任は「学校には医療と連携している児童はほかにもいるし、児童理解のためにはとても役立っているので、そのように希望してくださることは本当にうれしい」と語り、「A君のことは担任のみならず、他の先生方も何とか良い成長へと支えてあげたい気持ちがあるので、皆で共通理解をしてA君を支えていくことでよろしいでしょうか」と伝えたところ、母親は笑顔で「ありがたいです。お願いいたします」と感謝の気持ちを述べられた。

そして、最後に母親が「仕事が忙しくなかなか休みも取れないので、特別支援教室に入るための書類があれば、今日持ち帰って記入して届けたい」と話されたので、必要な

書類をすぐにお渡しすることができ、その書類をしっかり手にして帰られた。

（4）心理士としての役割

　児童が発達障害やその傾向が疑われる場合、その保護者は学校や教員に対し警戒心や不信感をもち、保護者面談においては面談が進みにくいこともあると思われる。本事例では、筆者は、母親の話を傾聴し、その苦労をねぎらい、その上で問題を明確化していった。母親のA君に対する理解が得られたところで、心理士としての立場からのA君支援、そして学校における担任の立場からのA君支援をお伝えした。筆者と担任というそれぞれの専門的立場を認識し合い協働しての母親との話し合いで、母親は心を開き、A君への深い理解につながった事例であったと思われる。

3 心理士の印象報告から、通級による指導の利用につながった事例

臨床発達心理士　細木　俊明

はじめに

　筆者は心理士として、小中学校の巡回相談を行っている。その中で、特別支援教室（東京都の通級指導教室）の利用につながった事例を紹介する。

（1）事例の紹介

①　心理士の印象報告

　ある学級集団の一斉授業を観察する際に、先生たちが気になっている生徒として数人の名前が挙がっていた。その生徒たちは、授業の流れとは無関係な発言をする、離れた位置の生徒と大声で私語をする、相手を蔑む言葉を発するなど、自己中心的な言動でしばしば授業進行を妨げることがあるようだった。実際に観察をしてみると、明らかにその生徒たちの言動が授業全体を支配しており、授業者は対応に苦慮していた。

　一方で、その生徒たちとは別の生徒（Ａさん）が印象に残った。Ａさんは先生たちが気になっている生徒として名前は挙がっておらず、特段に目立つこともなく真面目に授業に参加していた。また、Ａさんと授業進行を妨げる生徒たちがかかわる様子は見られなかった。

　Ａさんが印象に残ったのは、次の点だった。

・座っている姿勢は概ね良好に保たれていたが、首や肩などに必要以上に力が入っているように見えることがあった。

・学習用具等を机上に配置する準備や、指示された印刷物を自分の学習ファイルから探し出して取り出すまでに、周囲の生徒より時間がかかっていた。

・前席の生徒から印刷物資料を受け取り、後席の生徒に手渡しで送る際、自分の手元に置くべき資料も一緒に後席に送ってしまい、その生徒に指摘されるまで気づかなかった。

・筆記動作の途中で、気持ちが逸れたように動きが止まることがあった。

・しばしば指や爪を見つめるような動きが見られ、視線が自分の手元に向く時間が長かった。

・机上は整っていたが、消しゴムや筆記具等を机上から床へ落下させてしまう場面が複数回あった。さらに、板書をノートに書き写す作業中に机上のタブレットパソコンも落下させた。

・授業者の説明を聞きながら熱心に記録をしているような姿だったが、板書を写す作業に追われ、授業者の説明は聴きとれていないように見えた。

・情報の方角に顔を向けてはいるが、必要な情報に焦点を合わせてしっかり目で追っているようには見えなかった。

・教科書や資料集等の指定箇所を開く際に、ページを行ったり来たりして時間がかかっていた。

・授業開始時と終了時の挨拶で、日直の合図とともに一斉に立ち上がる姿勢移動の際に、足元がふらつき体全体が揺れる様子が見られた。

・授業終了後、交錯する生徒たちの間を通り抜けて教室後ろの私物ロッカーへ移動する場面で、通り抜けのタイミングが取りにくいようで、しばしば立ち止まる様子が見られた。

　担任、特別支援教育コーディネーター、学年主任、特別支援教室専門員が参加した放課後の検討会で、授業進行を妨げる生徒たちに関する意見交流と助言のあとに、観察対象以外で印象に残った生徒としてＡさんの件を報告した。担任の先生と学年主任の先生からは、Ａさんの日頃の様子として次のような実態や印象が語られた。

・おとなしくのんびりした性格だが、最後までやりきろうとする意欲はある。

・学力は中位集団の下位であり、努力はしているようだが定期考査の得点に反映されないことが多い。

・完成度は高くないものの、課題提出は概ね指定期間内に完遂できている。忘れ物や紛失物で目立つことはない。

・社交的ではないが、学級内や所属する部活動内の対人関係は概ね良好である。

・対人関係のトラブル情報は聞いたことがない。

・小学校からの情報も含めて、生徒指導や特別支援の対象として名前が出てきた記憶はない。

・この学級集団の最大の課題は授業の進行を妨げる生徒たちの対応なので、Ａさんのことが気になる授業者はいないと思う。

　参加した先生たちにとって、Ａさんの名前が出てきたことは予想外のようであり、行動観察場面の印象を報告しても、先生たちからの共感的な反応は乏しかった。

　今後は学年の先生たちにＡさんをさりげなく観察してもらい、気になる点があれば次回巡回時にあらためて話題として採り上げてもらうことにした。

② 先生たちの印象の変化

　次の巡回訪問時、Ａさんについて、以下のような報告を担任の先生から受けた。

・その後、心理士の所見を学年の先生たちで共有し様子を見てきたが、Ａさんは集団
　一斉活動に順応していない場面がかなりあることがわかった。

・その原因は、理解力不足よりも場面展開の速さに自分の思いや動きがついていかな
　いことのように見えた。活動からの顕著な離脱がないように見えていたので集団の
　流れには追いついてきていると思っていたが、実際には相当な遅れが出ていた。

・意図的に手を抜いたり周りに迷惑をかけたりして注意を受けるような場面はない一
　方で、例えば、給食当番の際には自分の分担が終わると他者を手伝うことなく佇ん
　でいたり、班活動の新聞作りでは役割分担を丁寧にこなしていたが時間がかかり過
　ぎて全体の活動を停滞させたりすることがあった。

・武道や水泳の更衣に手間取り、次の授業時間に遅れることや、学年行事の係別活動
　の際に集合場所を間違えることがあったようだ。

・スクールカウンセラーとの個別面談時には、授業についていこうとしても途中で分
　からなくなることが多い、帰宅すると疲れてしまう、宿題や提出課題をやり終える
　までに時間がかかる、同世代とかかわることは嫌いではないが波長が合わないと思
　うことが多い、などと語った。

・保護者は、Ａさんの個性を共感的に受け止めながらも、要領の悪さや融通がきかな
　いことを気にしていた。

・所属する部活動（制作系の文化部）の顧問によると、制作活動を各自のペースで進
　めていけることが気に入っているようで、Ａさんはいつも積極的に参加し仲間と楽
　しく活動をしているようだ。活動場所に最初に入室し、自主的に準備をしていたこ
　ともあったらしい。

・積極的に仲間と交流する性格ではないものの、対人関係は良好と思っていたが、学
　校生活や友人関係の充実度を測る記入式心理検査の結果をあらためて確認すると、
　支援を要する範囲に近接していることに気づいた。

・これまでは授業妨害の生徒だけに気が向いて、心理士の指摘で初めてＡさんを気に
　するようになった。もしかしたら、ほかにも気にしなければならない生徒がいるか
　もしれない。

・Ａさんが集団一斉活動の中で苦戦をしていることが学年の先生たちで共有でき、個
　別支援検討の必要性を指摘する意見が出てくるようになった。

　担任の先生や学年の先生たちがＡさんの実態を丁寧に把握し、個別支援の検討対象と
して捉えるようになったことに敬意と賛意を伝えるとともに、校内委員会の協議事項と

して採り上げてもらうよう、特別支援教育コーディネーターの先生に打診することを提案した。

③ 特別支援教室の利用

先生たちの観察所見と心理士の印象を校内委員会で共有してもらい、本人と保護者の了解のもと、しかるべき手続きを踏んで、週2時間の特別支援教室利用となった。

そこでは、特別支援教室の担当教員が、物事に丁寧にしっかりと取り組むAさんの姿勢を長所として承認し伸長させるとともに、情報の取捨選択方法や優先順位のつけ方、時間配分などの見通しの立て方、混乱や葛藤が生じたときの支援の求め方等について、具体的場面を想定して指導をしている。Aさんは、自分の特性を客観的に捉え、その場に応じた対応方法を広げることで、学校生活の充実感が増しているようだった。

さらには特別支援教室の担当教員と在籍学級担任の先生の連携がうまくとれ、連携型個別の指導計画も有効に活用されていた。

（2）学校等と外部専門家が連携するための留意点

① 静かに悩んでいるように見える生徒に気づく

立場上、集団一斉活動の場面で特性や課題が目立っている生徒、中でも学級集団全体の安定や授業進行に影響を及ぼすと先生たちが心配している生徒の行動観察と助言を求められることが多い。

しかし、その生徒は既に多くの先生たちに注目されており、配慮や対応もされている。上記で紹介した授業妨害をする生徒たちの事例でも、お互いの干渉が弱まるような座席配置を工夫したり主導的生徒に個別介入をしたりするなどの対応が行われていた。

一方、行動観察をしていると、目立っている生徒の陰で授業者から注目されることなく静かに悩んでいるように見える生徒に気づくこともある。そのときは、印象を先生たちに伝え、支援が必要かどうかに注目してもらうことも連携のために巡回相談心理士が担う役割と心掛けている。

これまでの経験では、印象を伝えたことがきっかけとなり、先生たちの視点が、目立っている生徒以外に広がり、環境調整や対応方法が組織的に実行され、学年全体が安定したことがあった。また、連携や信頼関係が深まると、心理士が観察対象者以外の印象として挙げる生徒名に関心をもつ先生が増え、先生同士の情報共有が促進したり校内委員会が活性化したりすることもあった。

個人的には、行動観察の場面で静かに悩んでいる生徒を集団の中から特定するのは、それほど難しくはないと思っている。その生徒が信号を発信してくれるので、それを受信すればいい。発信元は着席姿勢の足元、指先の動き、机上の学用品配置などがある。

場合によっては、視線の動きや呼吸の間隔のような微細なときもある。ただし、それらの発信元を探し出すことだけに集中してしまうと、思い込みだけで決めつけてしまう危険があるので、先入観をもたず、謙虚な気持ちで発信を待つことに専念するよう心がけている。

②　意見交流を大切にする

　多忙を極める中学校の先生たちは、対象生徒や集団の安定に向けて、即効的な解決方法の助言を心理士に期待していると感じることがある。「どうすれば私（相談者の教員）の悩みや対象生徒の課題をなくすことができるのか」「この指導を続けたら、半年後にあの生徒の問題行動はどうなるのか」のような予言や占いのような助言や、「忙しいので説明はいらない。どうすればいいのか、その方法だけを教えて」というような助言を求められることがある。

　助言を伝える場も、静かな部屋で椅子に座って対話する設定ばかりではなく、職員室を一緒に歩きながら、回っている印刷機の脇に立って大声で、トイレで用を足しながら、という状況もしばしば経験している。

　身近で先生たちの忙しさを目にしているため、要望どおり結論だけ短く伝える必要性を感じることもあるが、突発的な生徒指導や保護者対応等が生じない限りは、意見交流を優先してもらうようお願いしている。

　具体的には、意見交流の機会設定の重要性を特別支援教室専門員や特別支援教育コーディネーターの先生、機会があれば副校長先生にも説明し、実現に協力してもらえるようお願いをしている。年度途中のシステム変更は難しいので、巡回初回に丁寧に説明し、年間を通じて時間の確保をしてもらう。巡回初回が情報共有と意思疎通の重要な機会になると実感している。

　具体的には、行動観察1場面につき、放課後等の対面協議に20～30分間程度の時間設定をお願いしている。その理由は、行動観察の結果報告と意見交流に必要な時間と考えるからである。30分間程度が確保できると、参加した各先生から多角的な情報や個々人の思いも十分に聴きとることができ、助言に生かすことができる。また、最長30分間に固定することで、先生たちの都合もつけやすいようである。意見交流は連携の根幹であると考えている。

4 高等学校における読字困難をもつ生徒への支援

特別支援教室巡回相談心理士／東京都立大学　飯野 雄大

はじめに

　自治体の特別支援教育心理士として、高等学校へ巡回相談を実施した事例である。高校1年生である生徒との面接や心理検査の実施を通して、生徒本人が感じている困難さを把握し、教員やスクールカウンセラーと連携しながら、学校での合理的配慮を検討していったプロセスを紹介する。

（1）事例の紹介

①　学習困難を訴えたAさん

　公立高等学校1年生のAさんは、入学後1学期の定期試験の点数が思うようにとれず、2学期になって学習への無気力が目立ち、腹痛などを主訴に学校を欠席することが多くなった。2学期が終盤になり、単位取得が難しい可能性が出てきたことをきっかけに、本人・保護者がスクールカウンセラー（SC）に相談した。「勉強がわからない」「片付けができない」といった相談から、学習困難の背景を探る必要があるということでSCより心療内科を紹介してもらって受診し、知能検査であるWAIS-Ⅳを受けた。

　WAIS-Ⅳの結果から、FIQは平均の上であり、処理速度に比べて言語理解が高いこと、素早く作業することが他の活動に比べて苦手なことが明らかになった。Aさんは結果に対して「平均より高いとすれば、なぜできないんだろう、なんでやる気がでないんだろうと疑問がある」と訴えていた。

　その後、1年生3学期に外部専門家（特別支援教育巡回心理士）である筆者が、学習の困難さに対する背景を探るために、学校の様子を観察するとともに、本人・保護者と面接を行った。授業観察では、授業のスピードに間に合っていない様子があり、特に問題を解くことが間に合わないようだった。さらに、Aさんは「集中が保てない」「板書が間に合わない」「教科書や問題文を読む際、どこを読んでいるかわからなくなる」「勉強に興味をもてない」といった困難さを感じているとのことだった。一方で何とか進級したい、大学受験をしたいという気持ちも話してくれた。

②　本人が感じている困難さをアセスメントする

　本人との面接の中で、Ａさんは知能検査の結果が平均より高く出ていることにいまだ信じられない気持ちがあり、「できるはずと思われることがつらい」と話してくれた。筆者から「１つの検査で全ての能力が分かるわけではないこと」「検査場面は１対１で本人のパフォーマンスが発揮されやすく、それが学校という集団場面で必ずしも発揮できるわけではないこと」「なぜ学校で困ってしまうのかを考えていく必要があること」などを伝えた。

　そして、具体的に学校で困っていることを聞いていくと、特に「みんなと同じように読むこと」にやりにくさを感じていることが分かってきた。授業中に文章などを読んでいると、教員が設定した読む時間では足りず、他の生徒はもう読み終わっているのに自分だけまだ読み終わっていないことが多々あり、それが何度も繰り返されるうちに学習への意欲や自信を失っていってしまったようであった。

　そこで、読みに関することは WAIS-Ⅳ では明確にわからない部分があるため、読みに関する検査の実施を提案した。Ａさんからぜひ実施してほしいという希望があり、次回の面接で筆者が標準読み書きスクリーニング検査（STRAW-R）を実施した。検査の結果として、高校１年生の平均に比べると、読む速度がかなり遅いことが明らかになった。特に、説明文など場面や状況をイメージしにくい文章を読むことに時間がかかるようであった。

　定期的に受診していた医療機関に、STRAW-R の検査結果を持参し、改めて学習の困難さについて相談したところ学習障害（LD）の診断を受けた。

③　本人も含めた情報の共有と方針の決定

　これまでの経過や検査結果等を本人・保護者の希望に基づいて、学校側と共有することになった。Ａさん、保護者、クラス担任、スクールカウンセラー、外部専門家が参加してケース会議を実施した。Ａさんの困りの背景について教員間で共有し、今後の方針について話し合った。

　Ａさんは、読むこと、書くことが遅く、そのため教員の説明等を聞いている余裕がなくなってしまっていた。そのため書いても分からなくなってしまい、内容への興味もなくなってしまうという悪循環に陥っていたことが明らかになった。また、これまでは、Ａさんの意欲の問題として捉えられることが多かった。そのため教員としては、Ａさんの状況を何とかしたいと叱咤激励したり、良かれと思い追加の課題を出したりしていた。しかし、そのことにより情報量や作業量が多くなってしまうため、さらに課題をこなすことが難しくなり、教員の期待の応えられないことから、さらにつらくなってしまっていたことが分かってきた。

授業観察の様子や検査結果等を共有することで、生徒が置かれている状況の理解が深まり、これまでの対応を見直し生徒の特性に合わせて変えていくことになった。診断がついたことで、学校としてどのように対応していけばよいかの方針が明確になり、学校でできる合理的配慮について話し合った。すでに部分的に利用していたタブレットの使用を拡大すること、授業を録音することなどが方法としてはあげられた。ただし全ての授業で実施するわけではなく、本人が特に困難さを感じている教科に対して実施していくかどうかを個別に検討していくことになった。

　定期試験における合理的配慮に関しては、大学共通テストでの配慮事項や『合理的配慮ハンドブック』（日本学生支援機構，2019）などを参考にして、どのような方法がよいのかを検討した。学校ですぐに対応できる合理的配慮の方法として、定期試験での試験時間延長があげられた。

　後日のＡさんとの面接で、自分自身が感じている困難さの背景が客観的に理解できたこと、自分が感じていた日常的困難さを先生や保護者も理解してくれたことに安心感をもったことを話してくれた。留年を覚悟しながらも、もう少し頑張ってみようという気持ちになったとのことだった。

④　生徒の自己理解と自己決定による進路選択

　ケース会議において合理的配慮が検討され、学校側からいくつかの方法が提案された。日常の方法としてはタブレットを使って授業中の板書を撮影すること、補習や追試の実施、定期試験に対しては試験時間の延長であった。

　具体的な合理的配慮の実施について本人を含めて相談していったところ、補習や追試の実施は本人なりに頑張って受けたいと希望があった。また、タブレットによる撮影は、教科や単元によって板書量が多いときに利用することになった。しかし、定期試験の試験時間延長については本人の希望により実施されなかった。定期試験に関して試験時間延長を実施した場合は、別室受験となってしまう。障害のことはクラスメイトには伝えていないため、目立つことはしたくないとのことだった。まずは通常通りの試験を受けて頑張ってみたいという希望であった。

　２年生の定期試験は通常通りの実施となった。単位を取得できなかった科目もあったが、欠席が減っていたこともあり、追試を受験することで３年生への進級が可能となった。３年生に進級するに当たって、美術系の選択科目が多いコースを選択し、進路に関しても美術を学べる大学を目指すことになった。美術系コースへの進路選択に関しては提出する課題が多くなり、大変なのではないかと教員から心配されたが、美術系は好きな科目であるため、Ａさん自身が頑張ってみたいということだった。

　本人のもともとの苦手さが改善されたわけではないが、自己理解や進路選択により、

自分自身に合った環境を選択し、必要な支援を自分で決定しながら勧めてきているといえる。今後も継続的に必要な支援を検討・選択しつつ、スクールカウンセラーなどと相談をしながらすすめていくような体制がつくられた。

（2）学校等と専門家が連携するための留意点

①　生徒本人の主観的な違和感を捉える

　高等学校の場合、外部専門家が直接生徒と面接をする機会が多い。高校生ぐらいの年齢になると、生徒本人の自己理解が深まり、かつ自分が置かれている状況や自分が感じていることを的確に話せるようになる。教員や保護者が感じていることとは、異なった感覚や考えをもっていたりする。しかし、そのような生徒の感覚や考えも日常的な場ではなかなか表現することができず、それがつらさにつながることもある。外部専門家は、生徒が所属する学校や生活の場とは少し離れた立場で話を聞くことができる。そこでは、生徒を困難さを感じている当事者として捉え、その子が感じている世界を確認しながら支援や連携をすすめていくことが必要である。

　そのための外部専門家の役割の一つは、個別の面接をしながら主観的な違和感や困っていること、学校での状況を聞き取っていくことである。学習に関することであれば、本人の学習方略を確認したり、学習に関する自己効力感を把握したり、生徒本人の主観的な感覚と成績や学習状況などの客観的情報と関係づけて考えながら、総合的に生徒のもつ課題を捉えていくことが重要である。そして、その情報を共有しながら学校側と連携して支援体制を構築していくことになる。

　一方で、生徒本人のプライバシーにも配慮しなければならない。生徒によっては外部専門家には話をしても、教員や保護者には伝えたくないこともある。連携をしていく上で、本人が誰にどこまで話をしたいと考えているのかは尊重するべきである。共有した方がよい情報がある場合、共有の必要性をきちんと説明することや、どのように伝えるかを一緒に考えていくことが求められる。

②　多面的なアセスメントの必要性と検査実施上の留意点

　自治体や制度によっては外部専門家が学校で検査を実施することもある。教員から検査の依頼があることもあるだろう。しかし、検査の実施は本人の意思によって実施されることが前提となる。本人が検査を拒否する場合もあるだろう。そのため、「なぜ検査が必要なのか」「検査からどのようなことが見えるのか」「検査結果をどのように活かしていくのか」といったことを、本人、保護者、教員等ときちんと共有し、本人が納得の上で検査をすすめていく必要がある。

　また、様々な事情により実施することができなくとも、生活や学習に関する情報だけ

で支援の方法を検討できることは珍しくない。最初の段階として教員・外部専門家の両方の視点を合わせて、日常の様々な情報（聞き取りや授業観察、成績や提出物）から本人が感じている困難さを軽減することができる方法について検討していくことが大切である。日常的な情報から支援を開始してみたうえで、改めて検査の必要性が判断されることもある。

知能検査などのツールは生徒を理解する上で有意義な情報を与えてくれるものである。しかし、検査を強制したり検査が支援の絶対条件とならないようにすることは当然であるし、検査結果で生徒を排除したり、序列化したり選別したりすることがないようにしなければならない。あくまで生徒本人の学習等を保障し、支援をするために用いられるべきである。

また、検査を実施したとしても、その結果が本人の感覚や実態とうまくそぐわず、結果に対して納得ができない、疑問があるということもある。そのため、検査結果のフィードバックは丁寧に実施する必要がある。他機関で実施した検査に関しても、直接的に解釈や説明はできなくても、本人がどの点で納得できないのか、どう感じているのかを聞き取り、次のステップを提示していくことが大切である。場合によっては、他の検査の実施を検討しテストバッテリーを組むこともあり得る。

本事例においても、学習不振や学習への無力感の背景を探るため医療機関にて検査が実施されたが、その結果に対する疑問を受け止め、学習の様子を聞き取る中でテストバッテリーの必要性を感じ、生徒本人と相談して追加の検査を行った。このように様々な情報を総合した多面的なアセスメントをすることが外部専門家の役割であると考えられる。

③　本人の意思を尊重した支援体制の構築

アセスメントを行っていく上で、本人・保護者・教員など、それぞれの問題の捉え方を総合してみていくことにより、生徒を多面的に描いていくことができる。そこでの外部専門家の役割は情報を総合し調整していくことになるだろう。また、支援は学校を中心として実施される。外部専門家は支援に関する視点や方法論を提供することはできるが、どのような支援ができるのかは学校体制によるし、どの支援を受け入れるのかは本人の選択であると考えられる。特に高等学校は思春期・青年期の生徒である。本人の自己決定を尊重し、本人の希望と学校側ができる支援の調整をしていくことが重要である。

本事例でいえば、日常的な学習に対する支援（課題の調整、補講、追試の実施）などは、Aさんだけではなく他の生徒にもある程度の適用が可能なことであろう。一方で、定期試験の時間延長といった別室受験が前提となるような方法の場合、学校側の負担やAさんが周囲との違いを意識せざるを得ないなど、環境の変化を伴う支援であるといえる。

このような環境に与える影響が大きい支援の場合、段階的に導入することもあり得る。

　例えば最初は、試験時間延長以外の支援を行い、通常通りに定期試験を受けてみる。そのあと、本人のやりやすさがどうであったかを確認し、その結果によって次の配慮の仕方を検討していくという流れが考えられる。そのため、一度決定した合理的配慮や合理的配慮を実施しないという決定であっても、環境や本人の変化によって再検討し、本人が感じている困難さに沿って支援を調整していけるようにしていくことが必要である。

　高等学校での支援では、進路選択を意識した本人の自己理解と自己決定が重要になる。中学校に比べて、高等学校やそれ以降はより広い社会へ参入していかなければならない。そのような中で自分の得意な点、苦手な点、好きなことなどを把握し、それを活かしながら必要な支援を選択し自ら発信していくことが求められる。生徒本人が意見表明できる力や環境を整えていけることが必要になってくる。

　そのため、当事者として本人の意思を尊重しながら、合理的配慮を一緒に考えていく経験は、生徒の今後の育ちへとつながっていくための重要なプロセスである。外部専門家はそのチームの一員として、自己理解のための様々な方法を提供したり、当事者との面接等を通して困難さの背景を探り、支援についての方法を学校と調整していく一助を担う役割であると考えられる。

　※本事例はいくつかの事例を複合して筆者が作成した仮想事例である。

【参考文献】
日本学生支援機構（2019）合理的配慮ハンドブック～障害のある学生を支援する教職員のために～.
　ジアース教育新社

第4章

保護者の声

1

外部専門家に期待すること

東京都立村山特別支援学校ＰＴＡ会長　空岡 和代

■これまでの体験から

　今回執筆の機会をいただき、我が子の体験を振り返ってみた。

　肢体不自由特別支援学校に入学以来、多くの外部専門家にお世話になっている。日頃は寝ている姿勢が多く足の筋肉を使わないため、ときには自立活動の時間に立位ボードを使って立つ経験をしている。そのときの子どもの姿勢や教員の支え方を見て理学療法士が教員にアドバイスをすることで、子どもが楽で安全な支え方が実践されている。別のときには学習がしやすいように、車椅子に座った状態で手を動かすときの肘置きの形について教員と作業療法士で一緒に考えて、工夫して作っていただいたこともある。

　本校の隣に療育病院があり、病院の医師やセラピストが指導医や外部専門家として学校に入り専門性を活かして、教育の場に携わっていただいている。専門家と先生方が連携して、子どもの姿勢を安定させて支援の仕方を工夫してくださることで、子どものできることが増えてとても感謝している。

■新しい取組

　私のこれまでの外部専門家のイメージは、医療関係の専門家や教員の授業力向上のための教育関係の専門家であった。

　しかし令和３年度本校では、新たな取組としてダンスやお花植えの学習活動がスタートし、子どもたちは教員と一緒に直接プロの方から学んでいる。プロの方々はどのような制度で関わってくださっているのか、校長先生に伺ってみた。するとプロの方は、「都立特別支援学校外部専門員」として「自立と社会参加に向けた指導内容の充実、教員の専門性の向上」を目的に招聘している、というお話だった。本校のダンスやお花植えの学習活動でも、子どもたちの自立と社会参加に向けて外部専門員が活用されているのである。

　学校ホームページや学校だより、子どもの連絡帳を通じて、活動の様子は日々伝わってくる。ダンスでは、はじめは皆硬い表情で真剣に先生の動きをまねていたようであるが、定期的に教わることで今ではそれぞれが積極的に体を動かし、ダンスを楽しんでい

る。大きく腕を広げる姿や笑顔を見ると、保護者も嬉しい。お花植えでは、グリーンアドバイザーが花を植えるときの注意事項を話し、扱い方を実演するのを見ながら、子どもたちが作業をする。肢体不自由のある子どもたちは自ら土に触れる機会が非常に少ないので、貴重な経験となる。

　プロに教わるよさについて校長先生が、「ひとつのことを深くご存知なので、教え方が全然違う。同じことを教わるにも言葉の重みが違う。それは教員にとっても勉強になるし、子どもたちが社会に出るためには大きな経験になる」と仰った言葉が印象に残っている。きっと、子どもたちのできることや課題をよく知っている先生方とその道のプロがタッグを組んだら、子どもたちに必要な学習と経験がこれまで以上にたくさんできるのではないかと期待の持てるお話である。

　ダンスやお花植えの活動は、どちらもその時間で終わりではない。それぞれのよさを活かした教育が、一年を通して行われている。校内で行う「ダンスフェスティバル」に向けての室内装飾、花飾り作りは、グリーンアドバイザーから教わる。2回目のお花植えの前には好きな花の色をグループごとに選び、「ダンスフェスティバル」のTシャツ作りのために、好きなデザインを自分で投票する。ダンスイベントに向けての準備にお花植えの知識が活かされ、活動の事前学習として自分の好きなものを選ぶことは、将来のための主権者教育にもつながっている。

■今後に向けて

　本校での外部専門家の活用を知り、今後への期待は大きくなっている。

　子どもたちはこれまでの直接的な体の取組での学習の他、多種多様な外部専門家との交流を通して、教職員以外の職業を知る大切な機会となる。初めての経験も多くする。それが素敵な出会いでありワクワクする活動であれば、将来の夢につながることもあるだろうし、自主性が出て新たな活動への意欲につながることもあるだろう。外部専門家を学校の実態に合わせて積極的に活用し子どもたちが様々な経験をすることで、様々な感情も経験し、人間性豊かな成長につながると期待が膨らむ。

　また保護者にとっては、外部専門家の活用の意義とその様子を知り子どもの変化を感じることで、特別支援教育の良さを実感することにつながる。外部専門家の活用は先生方との連携で子どもの可能性を開き、学校と保護者が一体となって子どもを教育していくことにも良い役割を果たしていると思われる。

　今後ますます充実していくことを希望したい。

2

特別支援教育における学校・保護者・専門家の連携
～保護者として思うこと～

埼玉県立大宮北特別支援学校　保護者　齊藤 真吾

■はじめに

　筆者の次男として平成16年に生まれた息子は、1歳半健診で発育の遅れとの診断を受けた。その後、2歳半のときに精密検査を受けたところ、染色体8番の過不足が判明し、短腕欠失・長腕重複による「先天性四肢体幹機能障害及び重度知的障害」との診断を受けた。S市立療育センターにて月2回のOT・PT・ST訓練をスタートさせ、3歳からは障害児通所支援事業所（児童発達支援センター）に通いながら訓練を続けた。こうした訓練は、平成23年に県立肢体不自由特別支援学校へ入学するまで続いた。

　小学部4年次からは県立知的特別支援学校へ転学し、現在、高等部3年生である。てんかん発作や弾発股、ナットクラッカー症候群などの診断も受けており、現在も週1回のストレッチ・歩行訓練の支援も受けている。なお、就学に伴って、OT・STによる訓練に関しては小学部低学年のうちに終了している。

■訓練内容

　PTについては、自立歩行に向けて手すりや階段・スロープなどで伝え歩きから始めたが、泣いていやがることも多く、当初はかなり苦労した。外反扁平足に対応するため、靴は踵の高いものを選び、インソールも入れて安定させることにした。成長に伴い、靴やインソールは何度も買い替えたが、本人にフィットする商品がなかなか見つからず、主治医にも指摘を受けるなど常に両親の頭痛の種となっている。

　OTについては、特に左手がうまく機能しなかったため、手先の動きを活発化させるよう、玩具や楽器などで刺激を与え、物を運んだり自分で動かしたりするような工夫された訓練メニューに取り組んだ。お陰で、掴んだり持ったりはできるようになった。しかし、食事や着替え・排泄など、基本的な日常活動を1人でやり切ることはまだ難しい。介護者の補助によって、自らある程度の動きができるようにはなった。

　STについては、3歳くらいまでは「ママ」「パパ」などの発語があった。しかし、その頃から多発したてんかん発作の影響なのか、発語は徐々に減少し、就学時には「あー」

「うー」などの喃語のみとなって現在に至っている。しかし、保護者・教員・支援者などの言葉は、ある程度理解している。食事・着替え・風呂・トイレ・外出などは言葉で説明すると、自ら必要な動きをとることができる。

■保護者としての願いと期待

　学校・教員や医療機関・各専門家は、それぞれの立場や知見・経験で我が子に真摯に向き合い最善を尽くして頂いていることを保護者は理解している。障がいは人それぞれであり誰一人として同様のケースはない。ましてや発語がなく意思疎通の困難な我が子に対しては、戸惑うことも多いと思う。だからこそ、保護者も含め、立場を超えて連携し、見守り続ける必要があると思う。

　特別支援学校では、学年・学部が替わるごとに教員間の引継ぎが、行政や医療機関でも医師や担当者が交代するごとにファイルやカルテの引継ぎがある。しかし、時に、情報が正確に伝授されていないと感じることがある。また、我が子は重複障害であるが、一般的に知的障害特別支援学校では医療的ケアに十分に対応するシステムがなく、支援の在り方にも不安はもっている。幸い、肢体不自由特別支援学校での勤務歴のある教員に毎年担当してもらい、自立活動時などにケアをしてもらっている。ただ、教員は医療の専門家ではないので、やはりここでも医師や専門家の診断内容などを取り入れ、本人にとって何がベストチョイスなのかを見極めてほしい。

　忘れられないのは、中2の夏休みに「PT訓練を直接見てもらい、学校での対応に生かしてはどうか」と担任に提案したときのことである。担任は快諾し、訓練の模様を撮影したり支援員と積極的にコミュニケートしてくれたりした。簡単なストレッチや座位保持の方法であったが、秋からは療育センターでのPT訓練、学校での自立活動、家庭での取組と、統一した訓練ができたことが印象に残っている。

　このように、子どもへのアプローチにおいては、支援側の意思疎通や共通認識が必須であることは明白である。しかし、実際はできているとは言えず、子どもにとって不幸な状態が続いている。特別支援学校にPT・OT・STなどの専門家を導入し、子どもの様子や必要な支援内容について教員へ助言している現状を知らない保護者も多いと感じる。今後も広く情報を共有し、関係者一丸で子どもの成育に関わってほしいと願う。

＊埼玉県立大宮北特別支援学校は、知的障害のある児童生徒が学ぶ特別支援学校で、小学部・中学部・高等部がある。臨床心理士・言語聴覚士・作業療法士等が「社会人特別非常勤講師」として、不定期ではあるが「年間総時数263時間」という形で来校している。児童生徒の実態把握や指導・支援のポイント、環境調整等について、教職員が相談したり助言を受けたりしている。

3

外部専門家との連携で生まれた気づき
～ASD の息子への支援を通して～

NPO 法人東京都自閉症協会　与語 亜樹

　初めての緊急事態宣言下で長期間の休校の後、約2カ月遅れで高等部の入学式を終え、新しい学校生活がスタートしました。重度知的障害を伴う ASD の息子は、早い段階で初めての環境での混乱と不安を担任の先生にパニック、自傷、他害という形でアピールをしていました。環境の変化への適応はやはり苦手なので概ね想定通りの新学期でした。その後、個人面談の際に担任の先生から、息子の学校での普段の様子を「外部専門員」の先生方に見ていただき、本人にとってよりよい支援方法を考えていきたい、というお話がありました。専門家の視点での見立てや見解はどのようなものなのか、とても興味を持ちました。本来は外部専門員の方々のコメントを保護者へフィードバックするルールはないということを知らずに、今思えば、半ば強引に担任の先生を通じてコメント（本人の様子とそれに基づいた支援のポイントなど）を共有していただきました。

　こだわりがいろいろあり、マイワールドに入ってしまい、動きがゆっくりなので、指示を出す前にはマイワールドから呼び出してから伝えてみてはどうか。自分の状況、何を求められているのかを理解できない、理解したいけど情報の処理に時間がかかり、難しい様子があるので、情報量は少なく（一つずつ理解する）、写真や絵で本人に伝わる形で伝えること、周囲の環境の構造化を意識してみてはどうか…等々。本人の気持ち、感覚過敏なども含め、困難に感じている部分を明確に言語化され、指摘されていると感じました（実際に時間割に写真を使用してもらい日常生活がスムーズになりました）。

　これまでも保護者として本人の特性は理解して子育てしているつもりでいましたが、改めて息子に対する専門家の方々の客観的なご意見を伺えたのは、新たな気づきや、忘れかけていたものを思い起こさせてくれるきっかけになりました。非常に貴重で有難い機会でした。家庭の中でも、なぜ困難になってしまうのか、どうすればうまく伝わるのか、今後の息子の生活を考えていく上で参考になるお話でした。

　何より、学校生活の中でこのような専門家の方々のアドバイスを取り入れつつ支援していただけていることを知り、その情報を共有していただけたことで、大きな安心感を得られたことを鮮明に思い出します。息子の実態、特性は学校と共通認識をもち、家庭も連携し本人がいつも安定して過ごせる環境づくりを目指したいと思います。

4 子どもと家族の宝物

福井県自閉症協会事務局　木下 美智子

　我が家の長男は特別支援学校の高等部1年生である。知的障害を伴う自閉スペクトラム症とてんかんがある。1歳半健診で言葉の遅れを指摘され、額を打ちつける自傷行為もあった。1歳くらいから熱性痙攣があり、てんかん発作が頻繁になると、歩行状態もかなりふらつくようになった。ありがたいことに最近は大きな発作はない。「アンパンマン」と「千と千尋」と「Eテレ」が大好きで、何度も映像を見てセリフを覚え、はじめは意思疎通に使えない言葉も、写真や映像も交えつつ、やり取りが上手になるにつれ、日常生活に使える言葉になった。家にいる大半は、iPadとテレビ、アンパンマンの指人形を巧みに操って、大人に常に語り掛けながら過ごしている。

　特別支援学校では、小学部は個別の特性に合わせた関りも多いが、中高と進むにつれて、みんな一緒に同じことに取り組む練習が多くなると何となく聞いていた。例外ではなく、長男が通う学校でも中1に進級した時は、黒子の先生の声掛けがある集団で過ごすことを覚えていくように見えた。しかし最近は、個別の取り組みも大切にしつつ、集団の活動にも個別の支援が活かされているように見える。きっかけは、年に数回、外部講師の先生が訪問してくださることも関係している気がする。例えば、歩行状態に合わせて、毎日取り入れられる運動やストレッチ、体育の関り方、コミュニケーションのコツ、困った時に、イライラしないで伝えられる方法、個別課題の時に、大人が黒子にならず、一人で取り組める構造化のアドバイスなどがあったようである。

　毎日、通う学校でいろいろな視点があり、無理なく、たのしく本人に程よい環境で学びを得られ、なおかつ、集団で過ごす時の本人に対する配慮の仕方がわかると、卒業後の事業所へもつなげていく材料になると思う。学生時代にいろいろな視点で積み重ねていく経験は、子ども本人と家族の大きな宝物になると感じている。

★もう一つの宝物★
<材料>紙粘土、越前和紙、水のり＆パパの
　　　　愛情
<コンセプト>
　投げても壊れない
　たとえ壊れてもすぐに治せる
　自立立位ができる
　越前和紙の風合いが素敵
　パパの愛情を感じてもらう
　長男がその時に作ってほしいキャラクター

専門家との連携がもたらす保護者の安心感

NPO 法人全国 LD 親の会理事長　井上 育世

　2021 年度全国 LD 親の会フォーラム「発達障がい児の育ちと学びを支える〜家庭と教育と福祉の連携・協働に必要なこと〜」のパネルディスカッションでは、教育現場における「学校と親の連携」「巡回相談の利用の仕方」「学校と専門家チームとの連携」が課題として挙げられた。わが子にどのような教育的ニーズがあり、どのような支援が必要なのか、学校との懇談の中で丁寧に説明を受けることができれば、保護者は大きな安心感を得ることができる。文部科学省もそれを本来の流れと位置付けていると思われる。今回、書字に困難を抱える小学生のお子さんについて、保護者が学校に専門家との連携を求めた事例を報告したい。学校（教員）と専門家との連携システムが機能してこそ、特別支援教育も大きく進むのではないだろうか。

■保護者の手記 〜書字困難があるわが子への専門家の支援〜

　わが子は書字に大変な困難があった。字はとても薄く、マス目からはみ出すうえ、「トメ」「ハネ」など無くまるで「つづけ字」のようで、自分でも書いた字が読めないことが頻繁に起こった。また、「つ」「く」「し」が鏡文字になり、「む」「よ」を書く際にはどっちに丸めたらよいのか、よく迷っていた。漢字の練習が難しかったので字が覚えられず、読みがなをふることもしなかったため、「読み」の方にも影響が出るようになってしまった。算数についても、「3」「5」「8」や「7」「9」の字を書くと判別が難しく、位を揃えて書くこともできず、筆算をまちがうことも多くなった。学年があがるにつれ、書字の困難から学習への意欲もどんどん下がっていった。特に通常の学級で授業を受ける際には困ることが多く、板書写しはもちろんのこと、先生が用意してくれた穴埋めのワークシートやプリントの拡大コピーにも何も書かないことが度々あった。自分の名前すら書くことを嫌がるようになり、宿題も一切しなくなった。

　放課後等デイサービスに通い始めてから相談支援事業所とつながることができた。相談支援事業所の担当相談員に、学校での学習（特に書字）の困難について話を聞いてもらい、子どもが書いた字を見てもらった。相談員からは、学習指導をしている放課後等デイサービスのことや、書字障害があっても大学に進学した方のお話など、いろいろな

ことを教えてもらえた。

　後日、全国LD親の会が開催していた学校・家庭・福祉の連携をテーマにした公開フォーラムで「作業療法士の学校への派遣」のことを知り、思い切って相談員に、小学校の特別支援学級の懇談会に同席して、作業療法士の学校への派遣について学校に説明してもらえないかお願いした。小学校の特別支援学級担任にも懇談会の際に相談員も同席してよいか交渉し、学校側からも快諾してもらえた。懇談会当日は、相談員が資料を用意してくれて、作業療法士の学校への派遣について特別支援学級担任にていねいに説明してくれた。特別支援学級の担任が、「ほかにも書字に困難な生徒がこの学校に何人かいるので、この機会に作業療法士の学校への派遣をぜひ活用したい。早速、管理職に相談してみます」と言ってくれて、本当にうれしかった。学校は当初、作業療法士派遣に係る費用の負担を懸念していたらしいが、相談員が「自治体の事業の一環なので無料であること」を伝えてくれた。

　翌月には作業療法士2名がわが子の通う小学校へ来てくれることになった。作業療法士の来校に合わせて相談員も同席し、わが子の様子（筆圧、力の入れ具合、姿勢など）を見てもらえた。何種類もの鉛筆・補助具（グリップ）・消しゴムを使わせてもらい、わが子にピッタリの文具を選んでくれた。また、左利きなので見本を置く場所のこと、字そのものではなく「ぐるぐる」をかく練習指導、姿勢をただすゴムひもを使った訓練、目の動きの検査などもして、わが子への支援についていくつもの提案があった。特別支援学級担任に本もすすめてくださった。その後、管理職の先生方も交えて学校側と作業療法士と相談員とで情報共有の場も設けてくれた。

　わが子の書字への支援について家庭で工夫できることなども、作業療法士から聞くことができた。早速、紹介された特別な鉛筆・補助具・消しゴムを購入した。わが子に合った書きやすい文具を用意したおかげで書字へのハードルが軽減したのか、課題に取り組めるようになり、次第に学習への意欲も出てきた。今は学習指導をしてくれる放課後等デイサービスにも通えている。

　学校に作業療法士が来てくれて、専門家の視点から支援のアドバイスがもらえたことは本当に心強く思った。作業療法士の派遣はこの1回だったが、わが子の成長とともに学校での学習のことで何かしら困難が生じることがあれば、ぜひこの制度を活用したいと思う。また、親は参観でしか子どもの学校での様子を見に行く機会はなく、懇談で相談する時間も限られているので、相談員が間に入ってくれて本当に良かった。学校と専門家との連携の輪に入ってくださり、子どもに必要なことをていねいに教えてくれたことが、とてもありがたかった。

おわりに

　今日、特別支援教育を推進するに当たり、学校・教員と専門家の連携は不可欠なものとなってきている。実際にこの20年もの間、国及び自治体でも積極的に専門家の導入を図ってきている。

　具体的には、作業療法士、理学療法士、公認心理師、医師、看護師等々多くの専門家が、学校現場での支援・助言等に参画している。しかしながら、こうした専門家の中には、学校等の教育内容や教育課程が分かりにくく、どのような支援を行ったらよいか悩む場合があるとの言を耳にする。一方、学校側でも、専門家に求める支援と、専門家が提供してくれる支援に相違があるという意見も聞く。つまり、連携と言いながら様々な課題が積み残され改善も容易ではない。

　このような現状を改善し、学校・教員と専門家との有機的な質の高い連携を構築したいとの意図から本書が企画された。まずは、企画立案・執筆に携わってくださった市川・緒方の両校長先生に感謝申し上げたい。

　本書は、4章構成としている。第1章は、学校・教員と専門家の連携の在り方について、第2章は、専門家へ特別支援教育の教育課程への理解を進めてもらうこと、第3章は、専門家と学校・教員の連携の好事例を、特別支援学校・特別支援学級・通級による指導・通常の学級と教育の場ごとの事例を様々な職種の方々に執筆いただいた。

　この専門家との連携の事例の執筆に当たっては、様々な専門家の関連職能団体事務局に執筆者の推薦をいただいた。執筆いただいた方々共々お礼申し上げたい。第4章は、保護者の声として、ご自身のお子さんの体験等に基づいた専門家との連携についての期待等を述べていただいている。

　今後一層の特別支援教育の推進のために学校・教員と専門家の連携が進み全体として有機的なネットワークを構築することが不可欠である。本書が、いささかなりとも、学校・教員と専門家の連携の在り方に関して、現状の改善に役立てられたら望外の喜びである。

　結びに、本書の出版に当たっては、ジアース教育新社の加藤勝博社長、編集部の市川千秋さんに大変なご尽力をいただいた。心から感謝申し上げたい。

令和4年 壬寅 長月　敬老の日に

全国特別支援教育推進連盟　理事長　宮﨑 英憲

企画・編集 ━━━━━━━━━━━━━━━━━━━━━━━━━━━━━━━━━━

市川　裕二　　東京都立あきる野学園統括校長・全国特別支援学校長会会長
緒方　直彦　　東京都立町田の丘学園統括校長（現 東京都立永福学園統括校長）
宮﨑　英憲　　全国特別支援教育推進連盟理事長

編　著 ━━━━━━━━━━━━━━━━━━━━━━━━━━━━━━━━━━━━

全国特別支援教育推進連盟

執　筆 ━━━━━━━━━━━━━━━━━━━━━━━━━━━━━━━━━━━━

はじめに・おわりに
宮﨑　英憲　　前掲

第1章
市川　裕二　　前掲

第2章
市川　裕二　　前掲〔第1節，第3節（1）〕
緒方　直彦　　前掲〔第2節，第3節（2），（4）〕
原島　広樹　　東京都立南大沢学園校長〔第3節（3），（5）〕
小島　　徹　　多摩市立永山小学校校長（現 多摩市立大松台小学校校長）〔第4節〕
山中ともえ　　調布市立飛田給小学校校長〔第5節〕

第3章
第1節
髙久　聖也　　埼玉県立騎西特別支援学校教諭〔1〕
後藤多可志　　目白大学保健医療学部言語聴覚学科准教授〔1〕
小林　直紀　　埼玉県立越谷西特別支援学校校長〔2〕
　　　　　　　（現 埼玉県立草加かがやき特別支援学校校長）
山﨑　達彦　　東京都立あきる野学園主幹教諭〔3〕
伯耆田文彦　　東京都立南大沢学園主幹教諭（現 東京都立蒲田高等学校副校長）〔4〕
芋川恵美子　　東京都立町田の丘学園主幹教諭〔5〕
成田　晶子　　埼玉県立越谷特別支援学校自立活動専任〔6〕
飯田佐代子　　埼玉県立越谷特別支援学校自立活動専任〔6〕
西塚　裕人　　埼玉県立越谷特別支援学校自立活動専任〔6〕
神田　綾子　　東京都立あきる野学園主任教諭〔7〕
熊井戸佳之　　東京都立城東特別支援学校主幹教諭〔8〕
朝日　滋也　　東京都立大塚ろう学校統括校長（現 東京都立墨田特別支援学校校長）〔9〕
原田　　勝　　東京都立調布特別支援学校校長〔10〕
多田　朋子　　埼玉県立所沢おおぞら特別支援学校教頭〔11〕
　　　　　　　（現 埼玉県立上尾かしの木特別支援学校教頭）

松村　裕美　発達支援センターあんと〔12〕

石川　　誠　日の出町障がい者就労・生活支援センター あるって
　　　　　　地域開拓促進コーディネーター〔13〕

山城　浩哉　かわばた眼科 視能訓練士〔14〕

堀田亜依美　神奈川教育委員会教育局支援部特別支援教育課教育指導グループ指導主事〔15〕

小林真理子　山梨英和大学教授〔16〕

花井　丈夫　医療法人拓 能見台こどもクリニック 理学療法士〔17〕

松田恵里子　歯科医師〔18〕

第2節

鈴木　理恵　新宿区立花園小学校主任教諭〔1〕

玉野　麻衣　大田区立調布大塚小学校校長〔2〕

竹田　智之　横浜市教育委員会事務局学校教育企画部特別支援教育相談課
　　　　　　（横浜市特別支援教育総合センター）指導主事〔3〕

東城真由美　横浜市教育委員会事務局学校教育企画部特別支援教育相談課
　　　　　　（横浜市特別支援教育総合センター）理学療法士〔3〕

菊地真由美　秦野市こども家庭支援課〔4〕

酒井　康年　うめだ・あけぼの学園副園長／作業療法士〔5〕

星野亜希子　独立行政法人国立重度知的障害者総合施設のぞみの園
　　　　　　地域支援部発達支援課課長補佐〔6〕

第3節

後藤　欣子　東京都調布市立飛田給小学校主任教諭〔1〕

世良　　泉　江東区立豊洲北小学校主幹教諭　巡回指導教員〔2〕

山根　壽子　言語聴覚士〔3〕

飯野　雄大　特別支援教室巡回相談心理士／東京都立大学〔4〕

三宅　篤子　東京特別支援教育心理研究センター代表理事〔5〕

第4節

深澤　義子　子どもの発達相談室グッピー室長〔1〕

仲村　照子　臨床発達心理士〔2〕

細木　俊明　臨床発達心理士〔3〕

飯野　雄大　前掲〔4〕

第4章

空岡　和代　東京都立村山特別支援学校PTA会長〔1〕

齊藤　真吾　埼玉県立大宮北特別支援学校保護者〔2〕

与語　亜樹　NPO法人東京都自閉症協会〔3〕

木下美智子　福井県自閉症協会事務局〔4〕

井上　育世　NPO法人全国LD 親の会理事長〔5〕

（所属・役職は原稿執筆時）

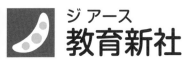

特別支援教育における学校・教員と専門家の連携
～障害のある子供への支援を専門家と共に進めるために～

2022 年 10 月 16 日　初版第 1 刷発行

企画・編集　市川 裕二・緒方 直彦・宮﨑 英憲
編　　　著　全国特別支援教育推進連盟
発 行 人　加藤 勝博
発 行 所　株式会社ジアース教育新社
　　　　　〒 101-0054　東京都千代田区神田錦町 1-23　宗保第 2 ビル
　　　　　TEL：03-5282-7183　FAX：03-5282-7892
　　　　　E-mail：info@kyoikushinsha.co.jp
　　　　　URL：https//www.kyoikushinsha.co.jp/

表紙デザイン　小林 峰子（アトリエ・ポケット）
本文デザイン・DTP　株式会社彩流工房
印刷・製本　株式会社日本制作センター

Printed in Japan
ISBN978-4-86371-640-7